Müller-Wiener
Die Kunst der islamischen Welt

Martina Müller-Wiener

# Die Kunst der islamischen Welt

Philipp Reclam jun. Stuttgart

RECLAMS UNIVERSAL-BIBLIOTHEK Nr. 18962

Umschlagabbildung: Fliesenfeld mit Mekka-Fliese, 16. Jh., Istanbul, Rüstem Pascha Moschee (Foto: M. Gussone)
Gesamtherstellung: Reclam, Ditzingen. Printed in Germany 2012
RECLAM, UNIVERSAL-BIBLIOTHEK und RECLAMS UNIVERSAL-BIBLIOTHEK sind eingetragene Marken der Philipp Reclam jun. GmbH & Co. KG, Stuttgart
ISBN 978-3-15-018962-7

www.reclam.de

# Inhalt

**Der islamische Westen I**

Das Kalifat von Córdoba und seine Nachfolger



**Der islamische Westen II**

Das Kalifat der Fatimiden

## Der islamische Osten im 10.–13. Jahrhundert
Vielfalt und Experimentierfreude



## Ägypten, der syro-mesopotamische Raum und Kleinasien im 12.–13. Jahrhundert
Kulturelle Blüte unter den Zengiden, Aiyubiden und Rumseldschuken

## Ägypten und der islamische Osten im 13.–15. Jahrhundert

### Kulturelle Neuorientierung unter den Dynastien der Mamluken, Ilkhane und Timuriden



## Die drei großen Reiche der Safawiden, Osmanen und Mogulherrscher

**Das 19. und 20. Jahrhundert**

Kolonialisierung und Aufbruch in die Moderne

# Einleitung

## *Wissenschaftsgeschichtliche und methodische Grundlagen*

Im August des Jahres 924 richtete der General Muflih al-Aswad für seinen Herrn, den abbasidischen Kalifen al-Muqtadir (reg. 908–932), ein Fest aus. In einem eigens ausgewählten Garten wurden Wasserläufe mit silbern glänzendem Blei ausgekleidet und anschließend mit Eis und unterschiedlichen Sorten von Getränken gefüllt. An den Ufern stellte man feine, mit Leder gefütterte Körbe auf, die die verschiedensten Backwaren enthielten. An die Äste der Bäume wurden gebratene Lämmer, verschiedene Sorten gebratener Vögel und Geflügel gehängt. Im Schatten der Bäume ausgebreitete Decken, Kissen und Matratzen boten kühle und bequeme Lagerstätten. Prächtige Räuchergefäße, duftende Blumen und Früchte vervollständigten das künstlich geschaffene Paradies.

So schildert im 11. Jahrhundert Ibn az-Zubair in seinem *Buch der Geschenke* eines der denkwürdigen Ereignisse im Umkreis des Kalifenhofes von Bagdad. Es sind Beschreibungen wie diese, die bis heute das Bild des Orients bestimmen. »Märchenhaft«, »phantastisch«, »geheimnisvoll« oder »faszinierend« sind Attribute, mit denen Reiseveranstalter in ihren Prospekten für Reisen nach Marokko, Tunesien oder Ägypten werben und die in den Feuilletons der Printmedien stimmungsvolle Bilder assoziieren. Die »Faszination Orient«, die auf eine bis in das 11. Jahrhundert zurückreichende Geschichte zurückblicken kann, scheint nichts von ihrer Anziehungskraft verloren zu haben, wobei dieses Faszinosum keineswegs nur positiv besetzt ist. Ein umfangreicher Komplex von Assoziationen beschwört den grausamen Orient. Die sprichwörtliche »Türkenangst« und der »Orientalische Despot« bilden die Schattenseiten des imaginären »Orients«, der durch unvorstellbaren Reichtum, Weisheit und Grausamkeit gleichermaßen anziehend und schaudererregend wirkt.

In der unmittelbaren Vergangenheit haben konkrete Ereignisse wie die Ölkrise der 1970er Jahre oder die Anschläge vom 11. September 2001, oder übergreifende Phänomene wie das Zusammenwachsen der Welt infolge der zunehmenden Globalisierung, Migration und internationaler Terrorismus zu einem verstärkten Interesse an der islamischen Welt geführt, das sich auch auf ihre künstlerischen Traditionen erstreckt. Allein die Zahl der auf Kunst und Architektur bezogenen Überblickswerke, Ausstellungskataloge, Bildbände und spezialisierten Studien ist in den vergangenen Jahren sprunghaft angestiegen. Allerdings befassen sie sich zumeist mit speziellen Themen, Regionen oder Perioden. Einführungswerke, die auf den deutschen Sprachraum und die hiesige Universitätslandschaft zugeschnitten sind, bilden die Ausnahme.

Vor diesem Hintergrund unternimmt der vorliegende Band den Versuch, eine Orientierung in Form einer Einführung zu geben, die in einigen Punkten bewusst vom klassischen Kanon abweicht. Ziel ist es, dem Leser nicht nur Basiswissen zu ausgewählten Monumenten und Objekten an die Hand zu geben, sondern auch aktuelle Forschungsfelder, Fragestellungen und Zugangswege vorzustellen und dadurch für die Komplexität der Thematik zu sensibilisieren, intellektuelle Konzepte und Gedankenwelten erfahrbar zu machen und neue Zusammenhänge zu erschließen. Der chronologische Rahmen, innerhalb dessen die Darstellung sich bewegt, überschreitet dabei die in den meisten Überblickswerken eingehaltene Grenze und umfasst auch das 19. Jahrhundert, bis in die Gegenwart.

## *Forschungsgeschichte*

Die Fülle der Neuerscheinungen und Spezialuntersuchungen der vergangenen Jahre sind aus wissenschaftsgeschichtlicher Sicht ein Ausdruck des Entwicklungsstands einer vergleichsweise jungen Disziplin, deren Anfänge in den letzten Dekaden des 19. Jahrhunderts liegen. Historische Phänomene wie die Orientmode, der europäische Kolonialismus sowie die Industrialisierung und ihre Begleitumstände führten damals zu einer intensiven Auseinandersetzung mit der islamischen Welt, insbesondere mit den Regionen rund um das Mittelmeer. Die Reisetätigkeit nahm zu und damit auch die Zahl illustrierter Reiseberichte und Landeskunden. Zugleich begannen die großen Universalmuseen wie das British Museum in London, Objekte aus der islamischen Welt zu sammeln. Ihre Ausstellungskonzepte zielten darauf ab, die Geschichte der europäischen Kultur von ihren Anfängen im Alten Orient bis in die Gegenwart darzustellen, wobei die Länder des Orients als Teil einer Weltkunst einer Geschichtskonstruktion einverleibt wurden, die der europäischen Kultur den höchsten Entwicklungsstand zuwies. Die Kunstgewerbemuseen hingegen, die etwa zeitgleich in den europäischen Großstädten entstanden, hatten einen wesentlich pragmatischeren Ansatz, Objekte aus der islamischen Welt in ihre Sammlungen einzubeziehen. Als Reaktion auf die Industrialisierung und den damit einhergehenden Verlust an handwerklichen Traditionen und Kenntnissen gegründet, sammelten sie in ihren Beständen beispielhafte Objekte, die sich durch Technik, Dekor und Form auszeichneten. Einige der größten europäischen Sammlungen islamischer Kunst wie die des South Kensington Museums, des heutigen Victoria & Albert Museums in London, aber auch repräsentative kleinere Bestände wie die des Frankfurter Museums für Angewandte Kunst oder des Hamburger Kunstgewerbemuseums, sind in diesem Umfeld entstanden. Den Nachschub an Objekten besorgten professionelle Kunsthändler, aber auch europäische Diplomaten oder Industrielle wie beispielsweise der britische Direktor der persischen Telegrafenkompanie, Robert J. Murdoch Smith, der als Agent im Auftrag des South Kensington Museums Objekte und ganze Sammlungen in Persien ankaufte und nach London weiterleitete.

Ein weiterer Katalysator, der das Interesse an der islamischen Welt und ihren künstlerischen Traditionen beförderte, waren die seit 1851 regelmäßig veranstalteten Weltausstellungen. Diese technischen und kunsthandwerklichen Leistungsschauen waren weit mehr als reine Industriemessen. Für ein breites Publikum wurden hier landestypische Produkte der europäischen Staaten und ihrer Kolonien ausgestellt und technische Neuerungen präsentiert. Zugleich sorgten großräumliche Installationen wie die mehrfach nachgeahmte »Rue du Caire« oder Völkerschauen für Unterhaltung und exotisches Flair. Damit kam den Weltausstellungen nicht nur eine zentrale Rolle zu bei der Konstruktion jenes imaginären Sehnsuchtsorts, der bis heute das westliche Orientbild prägt. Vielmehr bestimmten sie auch ganz entscheidend den Blick auf die Objekte, die in diesem Zusammenhang nicht als Kunst, sondern als Requisiten oder Waren präsentiert und inszeniert wurden.

In diesem von europäischen Vormachtsphantasien und Fortschrittsdenken geprägten Umfeld begann die wissenschaftliche Auseinandersetzung mit den künstlerischen Traditionen der islamischen Welt. Getragen wurde sie zunächst von einzelnen Forscherpersönlichkeiten mit spezifischen Interessen wie beispielsweise dem Schweizer Max van Berchem (1863–1921), der die Bedeutung arabischer Inschriften als historische Quelle für die Forschung erschloss. Zwischen 1887 und 1905 dokumentierten er und seine Mitarbeiter während ausgedehnter Reisen in Ägypten, Palästina und Syrien eine eindrucksvolle Zahl arabischer Inschriften auf Bauten und Objekten, die später als *Materiaux pour une Corpus Inscriptionum Arabicarum* in einem bis heute aktuellen Standardwerk veröffentlicht wurden. Der österreichische Kunsthistoriker Alois Riegl (1858–1905) hingegen kam über die Auseinandersetzung mit der Geschichte des Ornaments zu der Beschäftigung mit der Kunst der islamischen Welt. In seinem Grundlagenwerk *Stilfragen: Grundlegungen zu einer Geschichte der Ornamentik* argumentierte er gegen die bis dahin dominierende These, dass die Entstehung des Ornaments eng verknüpft sei mit den spezifischen Bedingungen des Materials und seiner Bearbeitung. Stattdessen vertrat er in einer darwinistisch gefärbten Terminologie die These, dass die Form sich aus sich selbst heraus entwickle und diese Entwicklung in Form einer Stilgeschichte nachvollziehbar werde. Einen ähnlich universalen Ansatz verfolgte auch der zeitweilige Kollege von Alois Riegl, der österreichische Kunsthistoriker Josef Strzygowski (1862–1941). Für ihn war die Frage nach den Ursprüngen der spätantiken und mittelalterlichen Kunst Europas der Ausgangspunkt für die Auseinandersetzung mit der Kunst der islamischen Welt. In seinem 1901 erschienenen Buch *Orient oder Rom. Beiträge zur Geschichte der spätantiken und frühchristlichen Kunst* vertrat er mit teilweise stark rassentheoretisch gefärbten Argumenten die These, dass der Stilwechsel der spätantiken Kunst auf orientalische oder semitische Einflüsse zurückzuführen sei. Erbitterter Kontrahent Strzygowskis schließlich war der deutsche Archäologe und Architekt Ernst Herzfeld (1879–1948), der sich unter anderem als Ausgräber der frühislamischen Residenzstadt Samarra einen Namen gemacht hat. Die mit großer Schärfe geführte Kontroverse der beiden Wissenschaftler um die Zuordnung der Fassade von Mschatta, in der Herzfeld, der das Bauwerk als frühislamisch erkannte, letztlich Recht behalten sollte, gehört zu den eindrucksvollsten Zeugnissen der frühen Geschichte des Faches.

Abgesehen von ihren grundlegenden Beiträgen sind van Berchem, Riegl, Strzygowski und Herzfeld auch deswegen repräsentative Vertreter der frühen Geschichte des Faches, weil sie den verschiedenen gelehrten Soziotopen entstammen, in denen man sich mit diesem abgelegenen Themenfeld beschäftigte. Van Berchem kam aus einer wohlhabenden Schweizer Familie und hatte in Genf, Stuttgart und Leipzig studiert. Riegl war über zehn Jahre als Kurator und Leiter der Textilabteilung des Museums für Kunst und Industrie in Wien tätig, bevor er 1894 Extraordinarius an der Universität Wien wurde. Strzygowski durchlief eine klassische Universitätskarriere und Herzfeld, der Architektur und Archäologie studiert hatte, arbeitete jahrzehntelang im Gebiet des heutigen Irak und Iran als Archäologe. Die Verbindung und wechselseitige Beeinflussung von Forschung im universitären Umfeld, praktischer Museumsarbeit und archäologischer Feldforschung, die in den Karrieren der vier Gelehrten aufscheinen, wirken bis heute nach.

Welche Folgen diese Wechselbeziehung zwischen Wissenschafts- und Sammlungsgeschichte haben kann, zeigt beispielsweise ein Blick auf die Bestände islamischer Keramik im Museum für Angewandte Kunst in Frankfurt. Die seit dem späten 19. Jahrhundert zusammengetragene Sammlung, die vor allem in den 1950er Jahren durch Ankäufe erweitert wurde, umfasst repräsentative Beispiele von Keramiktypen des 9. bis 18. Jahrhunderts. Aufschlussreich ist die Auswahl von Regionen und Perioden, die hier vertreten sind, denn sie folgt klar einem Vorbild: den beiden 1947 und 1957 erschienenen Grundlagenwerken von Arthur Lane, *Early Islamic Pottery* (1947) und *Later Islamic Pottery* (1959). Lane hatte in seinen beiden Büchern eine Objektauswahl vorgelegt, die innerhalb kurzer Zeit den Status eines verbindlichen Kanons erlangte, an dem sich Kuratoren – nicht nur in Frankfurt – beim Aufbau einer repräsentativen Sammlung orientierten. Dass dieser Kanon, ebenso wie seine Fortsetzungen, eigentlich ein Konstrukt westlicher Kunstgeschichtsschreibung ist, zeigt sich spätestens dann, wenn man versucht, auf derselben Basis die Keramikfunde einer beliebigen archäologischen Ausgrabung in der islamischen Welt zu bearbeiten. Dann nämlich wird man feststellen, dass die eigentliche Masse an Keramik – das Kochgeschirr, die Vorratsgefäße und die unglasierte Gebrauchskeramik – in diesen Überblickswerken keine Aufnahme gefunden hat.

Doch kehren wir noch einmal zurück zu van Berchem, Riegl, Strzygowski und Herzfeld und den Anfängen der islamischen Kunstgeschichte und Archäologie. Die Thesen und Fragestellungen, die sie in ihren Arbeiten entwickelten, ebenso wie die Argumente, mit denen sie diese vertraten, waren geprägt vom intellektuellen Klima des 19. Jahrhunderts, in dem Kunstgeschichte für ein gebildetes Laienpublikum geschrieben wurde. Unter dem Einfluss von G. W. F. Hegels teleologisch ausgerichteter Philosophie der Weltgeschichte verfolgte man universale Fragestellungen und entwarf großangelegte Entwicklungsgeschichten. Dabei systematisierte diese frühe Generation von Gelehrten das Material, mit dem sie sich auseinandersetzten, nach ethnisch definierten Kategorien. So spricht Riegl von »frühsaracenischer« Ornamentik, während Strzygowski über »persische« oder »indogermanische« Traditionen schreibt. Damit folgten sie der im 19. Jahrhundert üblichen Vorstellung, dass Kultur Ausdruck einer Rassenmentalität sei. Riegl beispielsweise führte die Entwicklung der Arabeske auf einen »orientalischen Geist der Abstraktion« zurück. Und auch andere Theoretiker wie der Vordenker der englischen Kunstgewerbebewegung, Owen Jones, verwendeten in ihrer Auseinandersetzung mit der Kunst der islamischen Welt ethnisch definierte Attribute wie »arabisch«, »persisch«, »türkisch« oder »maurisch«, um eine genauere Zuschreibung vorzunehmen. Die heute gebräuchliche Bezeichnung »Islamische Kunst« hingegen war zu diesem Zeitpunkt noch nicht üblich. Und auch die damit einhergehende Vorstellung einer spezifisch islamischen Ästhetik entstand erst später, angeregt durch den Einfluss der Religionsgeschichte, die zu Beginn des 20. Jahrhunderts als historische Wissenschaft an den Universitäten etabliert wurde. In Grundlagenwerken wie William Robertson Smiths *Lectures on the Religion of the Semites* von 1894 wurden die Beziehungen zwischen sozialer Organisation, Ritual und Glauben analysiert und der Islam als eine definierbare kulturelle und religiöse Größe etabliert. Damit war die Grundlage geschaffen, die es erlaubte, den (vermeintlich einheitlichen) Islam als den transzendenten Impulsgeber einer Ästhetik zu interpretieren, die sich durch charakteristische Erscheinungsformen auszeichnet. Herausragende Forscherpersönlichkeiten, die diesen Gedanken aufgriffen und ausarbeiteten, waren Louis Massignon (1883–1962), George Marçais (1876–1962) und Richard Ettinghausen (1906–1979). Der Islam galt ihnen als dominierende Kraft, die in umfassender Weise das kulturelle und politische Leben und dessen historische Entwicklung bestimmte. Dieser Auffassung entsprechend musste die Kunst, die unter seinem Einfluss entstand, primär eine »Islamische Kunst« sein. Als Kennzeichen dieser »Islamischen Kunst« wurden die Vorliebe für vegetabile und geometrische Ornamente, die Ablehnung figürlicher Darstellung und die herausragende Rolle der Kalligraphie definiert. Damit griff man ebenjene Schlüsselbegriffe auf, die bereits im 19. Jahrhundert für die Beschreibung der »arabischen«, »persischen« oder »maurischen« Kunst verwendet worden waren, deutete sie nun aber nicht mehr als Kennzeichen einer semitischen oder allgemein orientalischen Mentalität, sondern als Ausdruck einer Religion, die nicht die Natur, sondern Gott als alleinigen Schöpfer aller Geschehnisse und Phänomene betrachtet. Zugleich stellte man eine ursächliche Verbindung zwischen den drei Phänomenen her. Das Bilderverbot oder die Bilderfeindlichkeit, die nahezu ausschließlich als Produkt theologischer Konzepte oder Vorschriften beschrieben wurde, galt als ursächlich für die Entstehung einer dem Ornament verhafteten Kunst, die die Kalligraphie als Ausdrucksmittel kultiviert. Ob der Bilderfeindlichkeit auch ein politischer Gehalt oder ästhetische Relevanz zugemessen werden kann, wurde nicht thematisiert. Als Textbelege zum Thema zog man jene Quellen heran, die auch den muslimischen Rechtsgelehrten als Grundlage dienen. Da der Koran, nach muslimischem Verständnis die wichtigste Quelle für rechtsverbindliche Urteile, keine diesbezüglichen Aussagen enthält, berief man sich vor allem auf die überlieferten Taten und Aussprüche des Propheten Muhammad (*hadith*). Sie enthalten Äußerungen sowohl zum Umgang mit figürlichen Darstellungen als auch zu ihrer Herstellung, ohne allerdings ein eindeutiges Bilderverbot zu formulieren. In den betreffenden Passagen werden grundsätzlich zwei Gründe für eine Ablehnung figürlicher Darstellungen angeführt: zum einen die Anmaßung, die darin besteht, dass der Mensch sich als Schöpfer betätigt und damit in Konkurrenz zu Gott, dem einzig wahren Schöpfer, tritt; zum anderen bringen die Hadithe figürliche Darstellungen beziehungsweise ihre Herstellung mit Götzenanbetung und der Gefahr der Abkehr vom Monotheismus in Verbindung. Dabei boten die Textquellen den islamischen Rechtsgelehrten allerdings weiten Spielraum für Interpretationen. Dass dieser reichlich genutzt wurde, zeigt die Geschichte der Umsetzung des Bilderverbots. Sobald man sich den Objekten und Monumenten zuwendet, wird deutlich, dass man nicht von einem generellen islamischen Bilderverbot sprechen kann. Der differenzierende Blick, der regionale Kulturräume berücksichtigt und die Ereignisgeschichte einbezieht, zeigt vielmehr, dass der Umgang mit figürlichen Darstellungen grundsätzlich an die Funktion des jeweiligen Objekts oder Baues gebunden war. Es wurde unterschieden zwischen profanen, bildoffenen Bereichen und solchen, die mit der Ausübung der Religion verbunden waren und in der Bilder verpönt waren. Außerdem stehen bilderfeindlichen Phasen Epochen ausgesprochener Bilderfreude gegenüber.

Wie der vorangehende Überblick gezeigt hat, sind universalistische Konzepte wie die Vorstellung von einem »Orientalischen Geist der Abstraktion« oder dem spezifischen Charakter einer »Islamischen Kunst« letztlich Adaptionen von Geschichtsmodellen und Klassifikationssystemen, die im 19. Jahrhundert entwickelt wurden und damit ein Konstrukt westlicher (Kunst-)Geschichtsschreibung. In den Regionen, in denen die »Islamische Kunst« entstand, ist die Vorstellung einer einheitlichen islamischen Kunst vor der Moderne unbekannt. Das arabische Wort für Kunst *(fann)* und die zusammengesetzte Form *al-fann al-islami* (islamische Kunst) sind moderne Bildungen ebenso wie das persische *hunar-i islami*. Umso fragwürdiger erscheint es, dass seit den 1960er Jahren entsprechende Konzepte vor allem bei Autoren aus der islamischen Welt eine späte Blüte erlebten. Kristallisationspunkt dieser Orientalisierung des Orients war das *World of Islam Festival*, das 1976 in London stattfand. Autoren wie Hossein Nasr, Titus Burckhardt, Nader Ardalan oder Laleh Bakhtiar griffen die panislamische Agenda der Veranstaltung auf und vertraten die Vorstellung einer universellen islamischen Ästhetik, in der das abstrakte Ornament als zentraler Ausdruck der Einheit Gottes (*tauhid*) fungiert. Sie definierten islamische Kunst als das Zusammenwirken zeitloser Formen, in denen sich die absolute Transzendenz Gottes jenseits von Raum und Zeit abbildet. Die schlagwortartige Überschrift, mit der dieses Konzept umschrieben wurde, *unity in variety*, findet sich in zahlreichen Abwandlungen im Titel von Ausstellungskatalogen und Fachbüchern wieder.

Diese essentialistische, teilweise ins Mystische abgleitende Interpretation der islamischen Kunst war allerdings bereits damals grundlegender Kritik ausgesetzt. Eine der prominentesten Forscherpersönlichkeiten, die sowohl die Ausstellung als auch die begleitenden Publikationen kritisch kommentierte, war Oleg Grabar. Er hatte in seiner 1973 erschienenen Monographie *The Formation of Islamic*

*Art* eine explizit historische These vertreten und argumentiert, dass die islamische Kunst das Ergebnis eines Entwicklungsprozesses sei, der im ersten Jahrhundert muslimischer Herrschaft einsetzte und in dessen Verlauf antike und spätantike Kunsttraditionen des Mittelmeerraums und des Irans rezipiert und umgedeutet wurden. In diesem Sinne kritisierte er den essentialistischen Versuch, ein »Wesen der Islamischen Kunst« zu erfassen, mit der Begründung, dass dies der Komplexität der historischen und regionalen Ausprägungen künstlerischen Gestaltens in der islamischen Welt nicht gerecht werde. Die Kunst eines Raumes, der sich von Spanien im äußersten Westen bis nach Indien, Zentralasien und Südostasien erstreckt, und die auf eine Geschichte von 1400 Jahren zurückblicken kann, als ein umfassendes, einheitliches Phänomen darstellen zu wollen, verleugne die Realitäten der historischen, sozialen und politischen Bedingtheit der Entstehung von Kunst.

## *Forschungsansätze und Fragestellungen*

Das kritische Nachdenken über die Geschichte des Faches und die Analyse des eigenen Standpunkts, die in den 1970er Jahren einsetzten, haben durch den postkolonialen Diskurs des ausgehenden 20. und beginnenden 21. Jahrhunderts entscheidend an Dynamik gewonnen. Dies, ebenso wie die deutliche Zunahme an Kenntnissen über einzelne Monumente, Objekte oder Objektgruppen, hat zu einer zunehmenden Ausdifferenzierung der Forschungslandschaft beigetragen. Mit der Lösung von der Vorstellung einer »Islamischen Kunst«, deren Wesen es zu ergründen gilt oder deren Geschichte in einem großen Bogen erzählt werden kann, kommt der Spezialisierung auf bestimmte Arbeitsfelder zunehmende Bedeutung zu. So werden entweder eine bestimmte Region und/oder Dynastie untersucht oder bestimmte Medien und Techniken in den Blick genommen.

Weitere Möglichkeiten sind die monographische Auseinandersetzung mit einem einzelnen Bau, einem Objekt oder einer Objektgruppe sowie die vergleichende Untersuchung ikonographischer oder formengeschichtlicher Fragestellungen. Der Islam wird in allen diesen Fällen nur noch als einer von mehreren Faktoren gesehen, die prägend auf die Produktion von Kunst in der islamischen Welt einwirkten. Viele der grundlegenden Fragestellungen, die, auf die »Islamische Kunst« angewendet, zu kontroversen Diskussionen und wenig überzeugenden Deutungen geführt haben, eröffnen bei einer solchen fokussierten Sichtweise inspirierende Erkenntnisse. Die Beschäftigung mit dem Ornament etwa gewinnt eine neue Dimension, wenn sie auf die Formensprache einer sinnvoll definierten Einheit angewendet wird. Spezifische Gesetzmäßigkeiten werden erkennbar, die Rückschlüsse auf einen ästhetischen Kanon erlauben und Aufschluss über dessen Genese geben. So wird in der Verfremdung natürlicher Formen bis hin zur kunstvollen Augentäuschung, die die Formensprache der abbasidischen Hofkunst des 9. Jahrhunderts kennzeichnet, ein umfassendes ästhetisches Konzept erkennbar, sobald man sie auf die Zeit und Region ihrer Entstehung bezogen betrachtet. Ornamente, die man gleichermaßen als Darstellung eines Tieres oder als Pflanzenform lesen kann, oder solche, die das Auge hin- und herspringen lassen beim Versuch, Hintergrund und Muster voneinander zu scheiden, aber auch Keramiken mit metallisch schillernden Lüsterglasuren oder die in den Quellen beschriebenen, artifiziell verfremdeten Gärten – sie alle betreiben ein subtiles Verwirrspiel um Form und Material. Dass hier letztlich ein ästhetisches Konzept umgesetzt wird, hinter dem eine Kunstauffassung steht, lässt die Auswertung zeitgleich entstandener Texte zu philosophischen Fragestellungen erkennen. Sie stellen die Malerei und die Gauklerei auf eine Stufe mit der Begründung, dass beide darauf abzielen, Erstaunen hervorzurufen. Dieses Staunen bezieht sich auf die kunstfertige Manipulation der visuellen Wahrnehmung. Hier zeichnet sich eine Auffassung ab, die als Ziel und wesentliches Kriterium von Kunst deren Fähigkeit sieht, die Sinne zu täuschen, ein Kunstverständnis mithin, das deutliche Bezüge zu antiken Auffassungen erkennen lässt.

Mit der zunehmenden Spezialisierung auf spezifische Arbeitsfelder ist auch das Spektrum der Methoden und Forschungsansätze breiter geworden. Die beiden traditionellen Fachrichtungen – islamische Kunstgeschichte und islamische Archäologie – haben durch die Einführung neuer Techniken und durch die zunehmende Bedeutung interdisziplinärer Forschungsansätze an Breite gewonnen. So wird für die klassischen Gegenstände kunstgeschichtlicher Untersuchung – künstlerisch gestaltete Objekte, Gebrauchsgegenstände, Architektur und Baudekor – zwar weiterhin das klassische Instrumentarium kunsthistorischer Analyse angewendet, zu dem vor allem die Untersuchung der formalen Gestaltung, die Einordnung in die Formengeschichte und die Interpretation zählen. Diese formenanalytischen Ansätze werden allerdings zunehmend abgelöst oder ergänzt durch kontextbezogene Forschungsansätze, die nach dem historischen, politischen und/oder gesellschaftlichen Umfeld der Entstehung und Verwendung von Objekten fragen. Ein Grund hierfür ist die wachsende Skepsis gegenüber rein formenanalytischen Untersuchungen, die den Untersuchungsgegenständen nicht immer gerecht werden. Form- und Stilanalyse sind Methoden, die von der europäischen Kunstgeschichte entwickelt wurden, um sich den von ihr behandelten Gegenständen systematisch anzunähern. Eine Übertragung dieser Methoden auf die Untersuchung einer Kunst, die in einem ganz anderen kulturellen Kontext produziert und rezipiert wurde, erfordert gleichermaßen Aufmerksamkeit und kritische Distanz. Anders als die europäische Kunstgeschichte, die sich primär mit den Bildkünsten und Architektur auseinandersetzt und deren Untersuchungsmethoden vor allem aus diesen

Arbeitsbereichen heraus entwickelt wurden, beschäftigt sich die islamische Kunstgeschichte neben der Architektur vor allem mit der Objektkunst. Keramik, Metallarbeiten, Glasgefäße, Textilien und Teppiche sind klassische Themenfelder. Selbst die Malerei und die Kalligraphie sind Teil der Gattung Objektkunst, da sie bis in das 18. Jahrhundert als Buchkunst in einen funktionalen Zusammenhang eingebunden waren. Für die Wahl der Untersuchungsmethode ist dieser Umstand insofern von Bedeutung, da Gebrauchsgegenstände wie Keramikgefäße, Metallarbeiten, aber auch die Buchmalerei in der Mehrzahl der Fälle die anonymen Erzeugnisse traditionell arbeitender Handwerksbetriebe waren und nicht selten von mehreren Personen in Serie produziert wurden. Unter diesen Umständen ist beispielsweise eine Stilanalyse von Buchillustrationen, die darauf abzielt, Künstlerpersönlichkeiten oder den persönlichen Stil, die »Hand« eines Künstlers zu identifizieren, wenig aussagekräftig, weil sie von falschen Voraussetzungen ausgeht.

Anders gelagert ist die Situation in der islamischen Archäologie. Die Frage nach der Angemessenheit bestimmter Untersuchungsmethoden stellt sich nicht. Das methodische Instrumentarium archäologischer Quellenerschließung ist neutral und lässt sich auf die unterschiedlichsten Objekte und Zusammenhänge anwenden. Zu tiefgreifenden Veränderungen hat hier vielmehr die starke Zunahme neuer Techniken geführt. Die klassischen archäologischen Erschließungsmethoden – Ausgrabung und Oberflächenbegehung – sind in den vergangenen Jahren durch zahlreiche neue Methoden wie beispielsweise die geophysikalische Prospektion, Archäobotanik, Archäozoologie oder Archäometrie ergänzt worden. Damit einhergehend haben sich die Fragestellungen grundlegend geändert. Neben konkret auf baugeschichtliche Zusammenhänge bezogene Untersuchungen treten nun zunehmend solche, die übergeordnete Themen verfolgen wie beispielsweise siedlungs-

und wirtschaftshistorische Zusammenhänge, Fernhandelsbeziehungen oder Wasserwirtschaft. Im Verein mit einem kritisch geschärften Bewusstsein für die Fachgeschichte und die daraus resultierenden intellektuellen Zwänge haben diese grundlegenden Veränderungen teilweise zur radikalen Neubewertung von Zusammenhängen und historischen Prozessen geführt. So wird beispielsweise die Bedeutung der Arabischen Halbinsel als kulturtragender Region inzwischen deutlich anders bewertet als noch vor wenigen Jahren.

Angesichts dieser zunehmend komplexen Fachkultur kann jede wie auch immer geartete Einführung in die Kunst der islamischen Welt nur eine Auswahl darstellen. Als solche ist sie zwangsläufig subjektiv und unvollständig. Aus dieser Einsicht heraus war das Ziel, mit dem dieser Band geschrieben wurde einerseits, einen Überblick über die Geschichte der Kunst in der islamischen Welt zu geben, auch wenn dieser – wie jeder Kanon – ein intellektuelles Konstrukt bleiben muss. Darüber hinaus möchte er jedoch dazu anregen, Wissenschaft als historisch gewachsenes und sich stetig veränderndes Phänomen zu betrachten. Das Nachdenken darüber, welche Fragen wann und warum gestellt wurden, sollte wesentlicher Bestandteil jeder historischen Untersuchung sein, denn nur wer nach den Fragen fragt, kann die Antworten beurteilen.

## Die Zeit der Umaiyadenherrschaft

### Kontinuität und Transformation

*Der historische Kontext*

Die Sicht auf das kulturelle Klima der Frühzeit islamischer Herrschaft hat sich in den vergangenen Jahrzehnten deutlich gewandelt. Während prägende Forscherpersönlichkeiten wie Henri Pirenne den Beginn islamischer Herrschaft noch als einen Bruch mit den vorangehenden kulturellen Traditionen beschreiben, stellen aktuelle Forschungen den Begriff der Kontinuität in den Vordergrund. Als kennzeichnend für den Zeitraum zwischen dem 7. und dem 9. Jahrhundert wird das dynamische Wechselspiel zwischen dem Weiterleben bestehender Traditionen und einsetzenden Transformationsprozessen erkannt und untersucht. Dabei wird neben der Bedeutung der großen Vorgängerkulturen im östlichen Mittelmeerraum (Byzanz) und des Iran (Sassaniden) zunehmend auch die Rolle der vorislamischen Kulturen des südarabischen Raumes in den Blick genommen. Ein weiteres ergiebiges und spannendes Arbeitsfeld bilden ikonographische Fragestellungen. Wie verwenden die Vertreter einer neuen politischen, sozialen und religiösen Ordnung eine existierende Formensprache und integrieren diese in ein modifiziertes System von Nutzungs- und Bedeutungszusammenhängen?

Den historischen Hintergrund, vor dem sich diese Fragestellungen entwickeln, bildet die Zeit der ersten muslimischen Dynastie der Umaiyaden (661–750). Ihre Vorgänger waren die sogenannten »rechtgeleiteten Kalifen« (Abu Bakr 632–634, Umar 634–644, Uthman 644–656, Ali 656–661), die nach dem Tod des Propheten Muhammad 632 die muslimische Gemeinschaft leiteten. Für die Kunstgeschichte ist diese Zeit allerdings nicht greifbar und wird deswegen hier nicht dargestellt. Dies ändert sich mit Beginn der Umaiyadenherrschaft, die sich in zwei Phasen einteilen lässt. Die ersten umaiyadischen Kalifen widmeten sich vor allem der zunehmenden Ausweitung ihres Herrschaftsbereiches, so dass das islamische Weltreich zu Beginn des 8. Jahrhunderts ein Gebiet umfasste, das sich vom muslimischen Spanien bis zum heutigen Afghanistan erstreckte. Politisches und kulturelles Zentrum dieses Reiches war Syrien mit der Hauptstadt Damaskus. Diese Expansionsphase ging ab den beiden letzten Jahrzehnten des 7. Jahrhunderts über in eine Phase der politischen und wirtschaftlichen Konsolidierung. Die Kalifen Abd al-Malik (reg. 685–705) und sein Sohn al-Walid (reg. 705–715) leiteten Reformen von Administration und Wirtschaft ein und etablierten neue Verwaltungsstrukturen. Eine wesentliche Neuerung war die Ablösung des Griechischen als Amtssprache und -schrift durch das Arabische. Ein zweiter wesentlicher Bestandteil der Reformen war die Einführung neuer Münzen. Nachdem man in den neu eroberten Gebieten zunächst die byzantinischen Gold- und Silbermünzen und die sassanidischen Silbermünzen weiterverwendet beziehungsweise die eigenen Prägungen den umlaufenden angepasst hatte, wurden zwischen 696 und 699 neue Münzen eingeführt. Diese unterschieden sich von den vorher gebräuchlichen Prägungen dadurch, dass sie rein epigraphisch sind. Vorder- und Rückseite zeigten eine arabische Inschrift, die Koranzitate beziehungsweise das Glaubensbekenntnis (arab. *schahada*) enthält. Die Gründe für die Einführung der neuen Münzen lassen sich nur indirekt erschließen. Mit ziemlicher Sicherheit kann die Abkehr von Münzen mit figürlichen Programmen nicht als Resultat eines generellen Bilderverbots gedeutet werden. Ausschlaggebend scheint vielmehr die byzantinische Propaganda gewesen zu sein, die unter anderem in Münzprägungen mit eindeutig christologischen Formulierungen und Bildprogrammen zum Ausdruck kam. Mit den neuen

Prägungen reagierte Abd al-Malik auf diese ideologisch geführte Attacke der benachbarten Großmacht. Eine solche Interpretation wird auch durch die Tatsache gestützt, dass die Einführung der neuen Prägungen zeitlich mit weiteren demonstrativen Verwendungen arabischer Schrift zusammenfällt. So ließ Abd al-Malik an den von Damaskus ausgehenden Straßen neue Meilensteine mit arabischen Aufschriften anbringen. Und auch der in seinem Auftrag erbaute Felsendom in Jerusalem weist an prominenter Stelle eine lange, aus Koranzitaten bestehende Inschrift auf.

## *Der Felsendom in Jerusalem*

Etwa zeitgleich mit der Münzreform nahm Abd al-Malik ein groß angelegtes Bauprogramm in Angriff, das von seinem Sohn al-Walid weitergeführt wurde. Als erster Bau wurde im Jahr 692 der Felsendom in Jerusalem fertiggestellt. Der formal einzigartige und in seiner Bedeutungsvielfalt kontrovers diskutierte Bau war und ist ein zentrales Symbol muslimischen Selbstverständnisses. Bereits die Wahl des Ortes, an dem der Bau errichtet wurde, ist Programm. Er steht weithin sichtbar auf dem Tempelberg, auf dem sich ursprünglich der herodianische Tempel befand. Dort ist er über einem unterhöhlten Felsen angelegt, der schon in vorislamischer Zeit als religiös bedeutungsvoller Ort verehrt wurde. Eine künstlich errichtete Plattform dient der zusätzlichen Hervorhebung des Baues und lässt ihn gleichsam über der umgebenden Bebauung des *haram asch-scharif*, des »edlen geheiligten Bezirks« schweben.

Für das Verständnis der frühen Geschichte der islamischen Kunst ist der Felsendom von besonderer Bedeutung, weil sich an seinem Beispiel verschiedene Aspekte der komplexen Dynamik von Transformationsprozessen aufzeigen lassen. Einerseits knüpfen das Erscheinungsbild ebenso wie konstruktive Details deutlich an vorislamische Traditionen

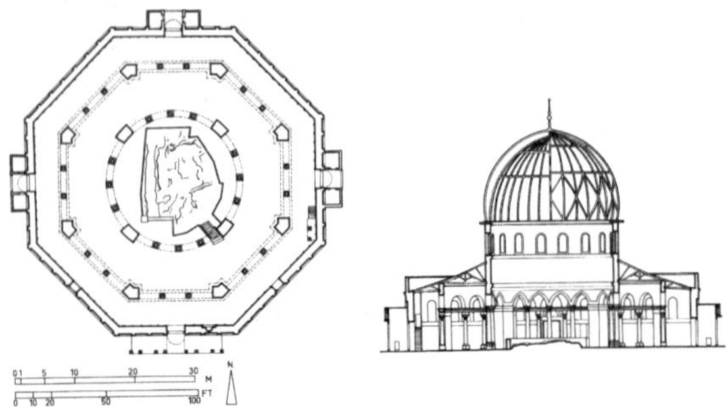


*Abb. 1.* Felsendom, Jerusalem, fertiggestellt 691, Grundriss und Schnitt

an. Andererseits zeigt die Analyse formaler und inhaltlicher Details, dass hier eine existierende Formensprache in subtiler Weise modifiziert und in veränderte Nutzungs- und Bedeutungszusammenhänge integriert wird.

Der als Zentralbau konzipierte Felsendom ist über einem oktogonalen Grundriss errichtet (Abb. 1). Eine äußere oktogonale und eine innere runde Arkadenreihe gliedern den Innenraum in zwei Ambulatorien. Die innere Arkadenreihe umschließt den tiefer liegenden Felsen. Über ihr erhebt sich der runde Tambour, der die 20,44 m im Durchmesser messende Kuppel trägt. Diesem einfachen Grundriss, ebenso wie dem Aufriss, liegt ein ausgeklügeltes Maßsystem zugrunde, das dem Bau seine harmonischen Proportionen verleiht. So basieren viele Maße des Grund- und Aufrisses auf der Vierzahl beziehungsweise ihrer Vielfachen. Vier Eingänge erschließen das Innere des Felsendomes. Die Arkaden des Innenraums etwa ruhen auf acht Pfeilern und sechzehn Säulen beziehungsweise auf vier Pfeilern und zwölf Säulen. Im Tambour dienen vierzig beziehungsweise sechzehn Fenster der Belichtung des Innenraumes. Diese harmonische Regelhaftigkeit setzt sich im Aufriss der Fassade fort. Die acht Seiten des Außenbaus werden von einer umlaufenden Reihe von Blendarkaden gegliedert. Heute sind diese in der Sockelzone mit Marmor und im oberen Bereich mit Fliesen verkleidet. Dieser Zustand ist auf Instandsetzungs- und Umbaumaßnahmen zurückzuführen, die 1552 von dem osmanischen Sultan Süleyman in Auftrag gegeben wurden. Im Verlauf dieser Arbeiten wurden vor allem im abschließenden oberen Drittel der Fassade entscheidende Veränderungen vorgenommen. Ursprünglich schloss über den unteren Blendarkaden ein weiterer Fries von Blendarkaden an. Dieser wurde 1552 durch eine geschlossene Fliesenverkleidung ersetzt, so dass die rhythmische Durchgliederung der Fassade heute weniger ausgeprägt erscheint. Vor den Restaurierungsarbeiten von 1552 waren die Fassaden oberhalb des Marmorsockels vermutlich mit Mosaik verkleidet. Damit entsprachen die Fassaden in ihrem Aufbau der Ausstattung des Innenraumes, die bis heute weitgehend im Originalzustand erhalten ist. Auch hier sind die Wände und Pfeiler in den Sockelzonen mit symmetrisch aufgeschnittenen Marmorplatten verkleidet. Oberhalb der Marmortäfelung setzt eine Mosaikverkleidung an, die in weiten Teilen noch aus der Erbauungszeit stammt. Von Bordüren gerahmte Bildfelder überziehen die oberen Abschnitte der Pfeiler, die Laibungen und Zwickel der äußeren sowie der inneren Arkade und die Tambourzone. Während die Motive der Bordüren überwiegend ornamental sind, zeigen die Bildfelder Darstellungen von Bäumen und üppiges Rankengeflecht. Phantastische Kompositgebilde wachsen aus Vasen, an denen als zusätzlicher Schmuck die Darstellungen von Kronen, Diademen, Brustharnischen, Halsketten, Armreifen und Ohrringen angebracht sind. Eine umlaufende Inschrift, die ursprünglich auch den Namen des Erbauers, Abd al-Malik, und das Baudatum, das Jahr 72 der Hidschra, enthielt, bildet den oberen Abschluss. Die bemalten Holzdecken des äußeren

Umgangs sowie der Kuppel hingegen gehen in ihrem heutigen Zustand auf mamlukische beziehungsweise osmanische Instandsetzungsmaßnahmen zurück. Ursprünglich sind hier jedoch vermutlich ebenfalls bemalte Holzdecken zu denken.

Sowohl der oktogonale Grundriss als auch die Ausstattung des Felsendoms zeigen deutliche Bezüge zu frühchristlichen Bautraditionen. So greift die Grundrissdisposition den Typus des überkuppelten Zentralbaus auf rundem oder achteckigem Grundriss auf. In der Funktion als Memorialbau wurde dieser bereits in der Grabeskirche in Jerusalem verwirklicht. Und auch konstruktive Details wie die auf Pfeilern und Säulen ruhenden Arkaden ebenso wie das ausgeklügelte Proportionssystem finden ihre Entsprechung in der frühchristlichen Architektur. Dasselbe gilt für die Ausstattung des Innenraums mit geometrisch gemusterten, steinernen Fenstergittern und Sockelpaneelen aus Marmor. Schließlich lässt auch die großflächige Mosaikverkleidung der oberen Wandbereiche zunächst an entsprechende Dekors in byzantinischen Kirchen denken.

Bei näherer Betrachtung ihres stilistischen und thematischen Repertoires zeigen sich hier jedoch deutliche Unterschiede. Anstelle von figürlichen Szenen sind ausschließlich unbelebte Motive wie Bäume, Pflanzen und Vasen dargestellt. In ihrer Formensprache verbinden sie sassanidische, also vorislamisch persische Elemente, wie beispielsweise Flügelpalmetten und Rankenbäume, mit solchen, die der frühchristlichen Tradition entstammen, wie naturalistisch dargestellte Bäume oder Akanthuskompositionen. Eine formale wie inhaltliche Neuerung bilden die Darstellungen der Schmuckstücke, die wie Trophäen an den Pflanzengebilden befestigt sind. Sie werden als die herrscherlichen Insignien der unterworfenen byzantinischen und sassanidischen Kaiser interpretiert. Der Brauch, herrscherliche Rangabzeichen oder besonders wertvolle Beutestücke als Zeichen des Sieges öffentlich auszustellen, lässt sich für die

Frühzeit islamischer Herrschaft bereits für das Heiligtum in Mekka, die Kaaba, nachweisen. Im Felsendom hat dies seine visuell abstrahierte Umsetzung gefunden. Nicht die realen Beutestücke, sondern ihre Darstellungen werden zur Schau gestellt, um sinnbildlich den Sieg und den Vormachtsanspruch der muslimischen Herrscher zum Ausdruck zu bringen. Ergänzt wird die intendierte Aussage durch die Inschrift, die sich als oberer Abschluss des Mosaikdekors um den Innenraum zieht. Sie enthält überwiegend Koranzitate, die thematisch eine deutliche Auswahl erkennen lassen. Zitiert werden einerseits solche Passagen, die sich auf die grundlegenden Prinzipien des Islam, die Stellung des Propheten Muhammad sowie auf den Universalitätsanspruch seiner Mission beziehen. Andererseits werden christologische Koranpassagen angeführt, die die Position Jesu, Marias und der Propheten festlegen. In der Zusammenstellung der Zitate kommt deutlich ein Programm zum Ausdruck, das der Selbstdarstellung der neuen Machthaber gegenüber den bis dahin dominierenden monotheistischen Religionen, Judentum und Christentum, dient. Dass dieses Programm bewusst konzipiert und von den Zeitgenossen als solches verstanden wurde, macht eine viel zitierte Passage des Historiographen al-Muqaddasi (geb. 945) deutlich. Er verweist auf die Notwendigkeit, Bauten zu errichten, die in ihrer Pracht den existierenden Kultbauten der Christen ebenbürtig oder überlegen sind. Als Beispiel führt er unter anderem die Erbauung des Felsendomes an.

Die im Vorhergehenden vorgestellte Interpretation des Dekor- und Inschriftenprogramms geht zurück auf Oleg Grabar. Er hat in seinem grundlegenden Werk *Die Entstehung der Islamischen Kunst* eine erste umfassende Deutung der Ausstattung des Felsendoms vorgelegt und in diesem Zusammenhang den Begriff der »symbolischen Inbesitznahme des Landes« geprägt. Dass Grabar mit seiner Interpretation allerdings nur einen Ausschnitt des historisch gewachsenen Geflechts von Bedeutungen erfasst, die mit der Erbauung und Interpretation des Felsendoms verbunden sind, zeigt ein Blick auf die Forschungsliteratur. So hat Priscilla Soucek eine ergänzende Deutung des Mosaikdekors vorgelegt, die einen weiteren, wesentlichen Aspekt aufzeigt. Ausgangspunkt ihrer Analyse ist die besondere Lage des Felsendoms auf dem Tempelberg, jenem Ort also, auf dem der Überlieferung zufolge der Tempel Salomos stand. Als Argumentationsgrundlage dienen ihr Schriftquellen, die den Felsendom mit dem salomonischen Tempel und dem Garten Salomos in Verbindung bringen und die prächtige Ausstattung des Tempels mit Juwelen beschreiben. Wie sie zeigt, lassen die Darstellungen auf den Mosaiken deutliche Parallelen zu diesen Beschreibungen erkennen. Damit lässt sich neben der »symbolischen Inbesitznahme des Landes« ein weiterer programmatischer Aspekt des Dekor- und Inschriftenprogramms belegen. Durch die Bezugnahme auf den salomonischen Tempel stellt der Bauherr sich als legitimer Nachfolger König Salomos dar, als Nachfolger jener Gestalt also, die in der islamischen Tradition als Sinnbild des idealen Herrschers verehrt wird.

Heutigen Muslimen gilt der Felsendom vor allem als jener Ort, von dem aus der Prophet Muhammad zu seiner Himmelsreise aufbrach. Diese Episode wird im Koran (Sure 17, Vers 1) geschildert. In der betreffenden Koranpassage wird allerdings nur wage von einem »entfernten Heiligtum« gesprochen. Erst in späteren Kommentaren werden der Tempelberg in Jerusalem beziehungsweise der Felsen, über dem der Felsendom erbaut ist, mit dem Ereignis in Verbindung gebracht. Die frühesten diesbezüglichen Texte datieren aus dem 8. Jahrhundert. Als Begründung für die Erbauung des Felsendoms scheidet diese Deutung beim derzeitigen Kenntnisstand somit aus. Für Abd al-Malik und seine Zeitgenossen war der Tempelberg in erster Linie der Ort, an dem einst der Tempel Salomos gestanden hat. Interessant ist die Assoziierung von Felsendom und der Himmelfahrt des Propheten trotzdem, da sie zeigt, wie die

Interpretation des Baus im Laufe der Zeit Änderungen unterworfen war.

Zusammenfassend bleibt hervorzuheben, dass eine Analyse und Interpretation des Felsendoms, die der formalen und inhaltlichen Komplexität dieses Bauwerks gerecht werden will, seine Erbauung und Rezeption in der Zusammenschau begreifen muss. Die Wahrnehmung des Felsendoms als Symbol muslimischen Selbstverständnisses ist das Produkt eines vielschichtigen, im Wandel des kulturhistorischen Umfelds verankerten Prozesses von Bedeutungszuschreibungen. Jeder der vorgestellten Interpretationsansätze kann lediglich einen bestimmten Aspekt herausgreifen und erklären, ein umfassendes Verständnis des Bauwerks ergibt sich jedoch nur aus der übergreifenden Betrachtung. Im weiteren Rahmen einer Geschichte der islamischen Kunst betrachtet, ist es diese inhaltliche Komplexität, die die Sonderstellung des Felsendoms ausmacht. Gleichzeitig ist er aber auch ein exemplarisches Beispiel frühislamischer Architektur, weil sich hier die Bedeutung des Zusammenspiels von Kontinuität und Transformation aufzeigen lässt. Damit reiht er sich ein in die Folge frühislamischer Bauten, die sich durch die Fortführung vorislamischer Traditionen und deren kreative Anverwandlung auszeichnen.

## *Frühe Moscheearchitektur*

Dass das Anknüpfen an bestehende Traditionen, wie es am Beispiel des Felsendoms vorgeführt wurde, nicht nur als Programm zu verstehen ist, sondern durchaus auch pragmatische Hintergründe haben konnte, zeigt ein Blick auf einen ganz anderen Bereich frühislamischer Baugeschichte: die Moscheearchitektur. Anders als im Fall des Felsendoms ist man bei ihrer Rekonstruktion weitgehend auf schriftliche Quellen angewiesen. Diese berichten über ganz unterschiedliche Bauten und Nutzungskonzepte. So wurden in vielen Regionen des umaiyadischen Reiches zunächst bereits bestehende Kultbauten umgenutzt oder bestimmte Bereiche abgeteilt, die dann der muslimischen Gemeinde vorbehalten waren. Insbesondere in Syrien und Ägypten scheinen solche pragmatischen Lösungen zunächst verbreitet gewesen zu sein. Ein spezifischer Moscheetyp hingegen entwickelte sich in den neu gegründeten Städten des Irak, in Kufa, Wasit und Basra. Die Quellentexte beschreiben sie als einfache Anlagen auf rechteckigem Grundriss. Auf der nach Mekka ausgerichteten Qiblaseite diente ein überdachter Bereich als Gebetshalle. Auf drei weiteren Seiten umgaben überdachte Umgänge den zentralen Hof. Als Stützen der Dachkonstruktionen dienten Pfeiler und Säulen, häufig Spolien, also wiederverwendete Teile aus älteren Bauten. Über die Konstruktion der Bedachung finden sich keine Angaben. Kennzeichnend für die sogenannten *hypostylen*, also auf Stützen ruhenden Hallenmoscheen ist der wenig oder gar nicht strukturierte Raum, der beliebig nach allen Seiten hin erweitert werden konnte.

Als Vorbild für das Grundrissschema der hypostylen Hallenmoschee wird in der wissenschaftlichen Literatur regelmäßig das **Haus des Propheten Muhammad** in Medina angeführt, das der jungen muslimischen Gemeinde als Versammlungs- und Betplatz diente. Auch in diesem Fall können die Rekonstruktionen sich allerdings nur auf schriftliche Quellen stützen, da das Haus heute nicht mehr existiert. Die Texte beschreiben einen großen, von einer Mauer eingefriedeten Hof, an den im Westen die Wohnräume der Frauen des Propheten angrenzten. Um den Betenden Schutz vor der Sonne zu bieten, hatte man im Norden ein auf Palmenstämmen ruhendes Schutzdach errichtet. Der überdachte Bereich diente der Überlieferung zufolge nicht nur für das Gebet, sondern auch als Wohnraum für Gäste und Schutzsuchende.

Die These von der Modellfunktion des Wohnhauses des Propheten für die frühe Moscheearchitektur wird inzwischen in Frage gestellt. Die Argumentation gründet auf einer kritischen Revision der schriftlichen Quellen. Von Bedeutung sind aber auch die Ergebnisse archäologischer Forschungen auf der Arabischen Halbinsel. So argumentiert Jeremy Johns, dass die Entwicklung der frühen arabischen Moschee im Zusammenhang mit der Entwicklung der spätantiken religiösen Architektur zu sehen ist. Als konstituierend für die frühen Moscheen ebenso wie für frühe Kirchenbauten, altsüdarabische Tempel und jüdische Synagogen macht er ein vergleichbares Kompositionsschema aus; wesentliche Bestandteile sind der von Arkaden umgebene Hof und der überdachte Gebetssaal, die achsensymmetrisch aufeinander bezogen angeordnet werden. Das Konzept der frühen Moscheen, wie sie im Irak gebaut wurden, stellt eine Weiterentwicklung und nachfolgende Kanonisierung dieses gemeinsamen Grundschemas dar.

Für die Geschichte der Moscheearchitektur ist die frühe Ausbildung der hypostylen Hallenmoschee von grundlegender Bedeutung. Von ebenso großer Bedeutung für die nachfolgenden Entwicklungen sind aber auch jene Moscheen, die Anfang des 8. Jahrhunderts im Auftrag des Kalifen al-Walid entstanden. Er setzte das imperiale Bauprogramm fort, das sein Vater Abd al-Malik, der Erbauer des Felsendoms, begonnen hatte, und ließ in den führenden politischen und spirituellen Zentren des Reiches Freitagsmoscheen erbauen. In der Hauptstadt Damaskus (706), in Medina (706–710) und in Jerusalem (709–715) wurden reich ausgestattete Bauten errichtet, die als Ausdruck eines wachsenden Machtbewusstseins der Umaiyadenkalifen zu verstehen sind. Die beiden Moscheen in Medina und Jerusalem haben im Laufe der Geschichte zum Teil umfassende Umbauten erlebt und ihre Baugeschichte wird zum Teil bis heute kontrovers diskutiert. Da jedoch insbesondere die Grundrissdisposition der Moschee von Jerusalem, der al-Aqsa-Moschee, für das Verständnis der späteren Entwicklung der Moscheearchitektur von Bedeutung ist, soll sie hier zumindest in ihren wesentlichen Merkmalen beschrieben werden.

Die **al-Aqsa-Moschee** wurde zwischen 709 und 715 am südlichen Rand des Tempelberges errichtet. Der umaiyadische Gründungsbau besaß einen langschiffigen Betsaal mit einer Tiefe von rund 50 Metern, von dem heute noch zwei Längsarkaden auf Säulen teilweise erhalten sind. Die Anzahl der Schiffe konnte nicht ermittelt werden, ihre Breite betrug etwa 6,80 Meter. Eine höchst kontroverse Diskussion wird vor allem um eine konstitutive typologische Komponente des Baus geführt, das verbreiterte Mittelschiff. Der heutige, mehrfach überformte Bau weist ein Mittelschiff auf, das doppelt so breit ist wie die Seitenschiffe. Ob diese typenprägende Eigenart des Grundrisses bereits in dem umaiyadischen Ursprungsbau angelegt war oder einem späteren Umbau zuzuweisen ist, konnte bislang nicht schlüssig erwiesen werden. Gesichert ist lediglich, dass der Bau nach Instandsetzungsmaßnahmen, die der abbasidische Kalif al-Mahdi im Jahr 780 durchführen ließ, ein ungewöhnlich breites Mittelschiff besaß. Außerdem sind ab diesem Zeitpunkt auch ein Transept, also ein rechtwinklig zu den Langschiffen verlaufendes Querschiff, vor der *Qiblawand* und ein durch eine Kuppel hervorgehobenes Vormihrab-Kompartiment belegt. Auch wenn das Transept nicht ausgeschieden ist, das heißt, wenn die Arkaden der Langschiffe durch das Transept hindurchlaufen, findet sich in dieser Grundrissdisposition erstmals ein Typus verwirklicht, der später insbesondere im Westen der islamischen Welt zum vorherrschenden Grundrisstyp werden sollte. Auf diesen als T-Typ bezeichneten Grundrisstyp wird an späterer Stelle zurückzukommen sein.

Eine völlig andere Gliederung des Grundrisses zeigt die wenig früher errichtete **Große Moschee** von Damaskus, die bis heute weitgehend in ihrem Originalzustand erhalten ist, wenngleich ein Brand im Jahr 1893 große Teile der Innenausstattung und das Dach zerstörte. Ähnlich wie die al-

Aqsa-Moschee wurde auch sie an einem markanten Ort innerhalb der Stadt errichtet. Als Bauplatz wählte der Kalif al-Walid jenes Areal, auf dem sich zum Zeitpunkt der muslimischen Eroberung die Hauptkirche der Stadt befand. Sie war inmitten des inneren Tempelbezirks des ehemaligen römischen Haupttempels der Stadt errichtet worden, wobei man die Mauern des ehemaligen Tempelbezirkes als Einfriedung des Geländes hatte stehen lassen. Nachdem in den ersten Jahren nach der Eroberung zunächst ein abgetrennter Bereich im Südschiff der Basilika den Muslimen als provisorischer Betplatz gedient hatte, ließ al-Walid die Basilika abreißen; die noch erhaltenen Grundmauern des römischen Tempelbezirks wurden in die Große Moschee integriert. Bis heute entsprechen die Außenmaße des Mauergevierts der Moschee mit 157 mal 100 Meter jenen des römischen Temenos, also des Tempelbezirks, und auch die Position des westlichen und östlichen Eingangs wurde beibehalten. Überreste eines weiteren, ursprünglich dreiteiligen Zugangs zum Tempelbezirk wurden zugesetzt und sind heute lediglich von außen in der Qiblawand östlich der Gebetsnische (*mihrab*) erkennbar. Die vier Ecktürme über quadratischem Grundriss, die heute von später datierenden Minaretten gekrönt werden, gehören ebenfalls noch zu der römischen Umfassungsmauer. Die Moschee, die auf den Grundmauern des Jupitertempels entstand, ist um einen zentralen Innenhof angeordnet (Abb. 2, s. S. 40). Dieser ist auf drei Seiten von Arkaden umgeben, im Süden schließt sich der dreischiffige Betsaal an. Doppelgeschossige Arkadenstellungen gliedern den Raum in drei Schiffe, die parallel zur Qiblawand verlaufen und mittig von einem Transept, einem Querschiff, durchbrochen werden. Das Transept ist in einer Achse mit dem Hauptmihrab angeordnet und überdies überhöht. In seinen Hochwänden sind Fenster angebracht. Die auf diese Weise erzielte Strukturierung des Raumes wird noch dadurch verstärkt, dass sich über dem mittleren Schiff eine Kuppel über dem Transept er-

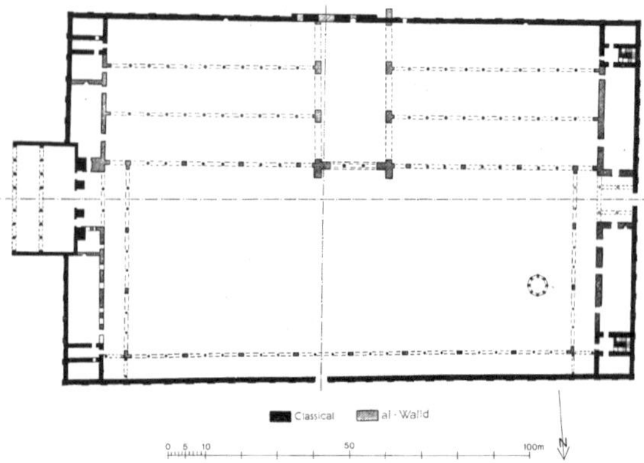


*Abb.* 2. Große Moschee, Damaskus, 706, Grundriss

hebt. Auf diese Weise entsteht ein in seiner Höhenentwicklung gestaffelter Raum, dessen Bezugspunkt die zentrale, auf den Hauptmihrab zulaufende Mittelachse der Anlage ist. Der Betsaal wird zugleich strukturiert und hierarchisiert.

Die Betonung der zentralen Mittelachse als strukturierendes Gestaltungselement findet ihre Fortsetzung auch im Aufriss der Hoffassade. Die um den Hof gereihten Arkaden ruhen auf einem regelmäßigen System von Stützen. In rhythmischem Wechsel werden je zwei Säulen von einem Pfeiler gefolgt. Über den Arkaden schließen gereihte Rundbogenfenster an. Den optischen Höhepunkt des Hofes bildet die Südfassade, deren Arkaden den Eingang in den Betsaal bilden. Sie nimmt in ihrer grundsätzlichen Gliederung den Rhythmus der Hofarkaden auf, wird in der Mitte jedoch durch den hoch aus der Bedachung der Arkaden herausragenden Giebel des Transepts akzentuiert. Dieser bildet den Rahmen für die darunter angeordnete, triumphbogenartige Folge dreier monumentaler Bögen, die auf Marmorsäulen ruhen und von flankierenden Strebepfeilern umgeben sind.

Die Schriftquellen, die die Moscheegründungen des al-Walid beschreiben, erwähnen regelmäßig auch den reichen Dekor der Bauten. In den Moscheen von Jerusalem und Medina haben sich keine Reste beziehungsweise nur spätere Rekonstruktionen dieses Dekors erhalten. In Damaskus hat der Brand von 1893 zwar einen Großteil des noch vorhandenen Dekors vernichtet, doch die erhaltenen Reste lassen die verlorene Pracht noch erahnen. Ähnlich wie auch im Felsendom waren sowohl im Innenraum als auch im Hofbereich die Sockelzonen mit aufgeschnittenen Marmorplatten verkleidet. Reste dieses Schmucks haben sich, wenn auch nicht mehr in der alten Ordnung versetzt, im Bereich des Osteingangs erhalten. Über der Sockelzone lief ein breiter Ornamentfries mit Weinlaubranke um. Der darüber anschließende Bereich war mit Mosaiken verkleidet, ebenso wie die Laibungen und Zwickel der Hofarkaden. Ihre Formensprache zeigt deutliche Parallelen zu den Mosaiken im Felsendom. Ein größerer Abschnitt mit ganz anderen Darstellungen hat sich hingegen unversehrt im Bereich der Westarkaden erhalten. Der 34 m lange Ausschnitt eines ursprünglich vermutlich den gesamten inneren Arkadenbereich umziehenden Mosaiks zeigt eine von Architekturen belebte Flusslandschaft. Überdimensional groß dargestellte Laubbäume säumen das Ufer des am unteren Rand dargestellten Flusslaufes. Zwischen den Bäumen stehen vor goldenem Grund phantastische Architekturen; Paläste, Dörfer, Kirchen und kleine Tempel wechseln sich ab. Die Bauten sind einzig durch Weinlaubranken und in den Fenster- und Türöffnungen hängende, weiße Perlen belebt. Darstellungen von Menschen oder Tieren sucht man vergeblich.

Die Frage, wie die Mosaikdekors und insbesondere die

Flusslandschaft in der Hofarkade zu deuten sind, wird seit ihrem Bekanntwerden kontrovers diskutiert. Eine mögliche Deutung sieht hier die Darstellung der Stadt Damaskus, weswegen das Mosaik auch als Barada-Mosaik bezeichnet wird, nach dem Fluss, an dem Damaskus gelegen ist. Basierend auf den Aussagen arabischer Chronisten deuten andere die Darstellungen als die Städte der Welt beziehungsweise des umaiyadischen Weltreiches. Der jüngste und umfassendste Deutungsvorschlag stammt von Finbarr B. Flood, der den gesamten Bau einer Analyse unterzieht. Er bezieht den nicht mehr erhaltenen Weinrankenfries in seine Analyse der Mosaiken ein und deutet den gesamten Dekorzyklus der Großen Moschee als eine umaiyadische Anverwandlung antiker ikonographischer Konzepte, die auf islamische Paradiesvorstellungen verweisen.

In den arabischen Chroniken wird berichtet, dass al-Walid sowohl das Material als auch die Handwerker, die die Mosaiken verlegten, aus Konstantinopel habe holen lassen. Ob diese Berichte einen historischen Sachverhalt widerspiegeln, oder die Zuschreibung an byzantinische Mosaizisten eine Beurteilung der außergewöhnlichen Qualität der Mosaiken zum Ausdruck bringen soll, wird von der Forschung unterschiedlich beurteilt. In jedem Fall machen sie deutlich, dass in den Augen der Zeitgenossen die byzantinische Architektur und ihr Dekor die Maßstäbe setzten, an denen die eigenen Bauten gemessen wurden.

Einen weiteren Hinweis auf die Vorbildfunktion der byzantinischen Architektur liefert die Gestaltung der Hoffassade. Ihr markanter Aufbau mit dem hervorgehobenen Transeptgiebel lässt sich mit einem Mosaik in der Kirche San Apollinare in Ravenna in Verbindung bringen. Dieses zeigt den in das 6. Jahrhundert datierenden Palast des Kaisers Theoderich. Dargestellt ist ebenfalls eine Fassade mit doppelgeschossigen Arkaden, die mittig durch einen überhöhten Giebel gekrönt werden. Diese auffällige Übereinstimmung ist nicht nur formal interessant, sondern auch inhaltlich von Bedeutung. Indem die Hoffassade des Betsaales die Gestaltungselemente frühchristlicher Palastarchitektur zitiert, gibt sie sich als imperialer Bau zu erkennen.

Möglicherweise lässt sich die Bezugnahme auf byzantinische Bautraditionen aber auch am Beispiel der Einbindung der Großen Moschee in den städtebaulichen Kontext aufzeigen. Die arabischen Historiographen erwähnen mehrfach, dass die Große Moschee im Süden an den Palast der Umaiyadenkalifen grenzte. Auch wenn in der heutigen Bebauung des Areals keine aussagekräftigen Reste des Palastes mehr erkennbar sind, lässt sich anhand der Texte zumindest eine Rekonstruktion der großräumlichen Zusammenhänge erstellen. Finbarr B. Flood, der diese Analyse in seiner Untersuchung der Großen Moschee vorgenommen hat, rekonstruiert im Westen der Qiblawand einen Zugang, der sich in leicht veränderter Form bis heute erhalten hat. Diesen deutet er als zeremoniell genutzten Eingang, dessen besondere Bedeutung durch die Ausstattung mit einer monumentalen mechanischen Uhr mit bewegtem Figurentheater hervorgehoben wurde. Von diesem Zugang aus rekonstruiert Flood einen abknickend geführten, möglicherweise durch Arkaden hervorgehobenen Gang, der im Südosten auf den Palast zuführte. Das Vorbild für diese räumlichen Bezüge sieht er in Konstantinopel, in der Lage des Kaiserpalastes, des Horologions, also des Uhrturmes, und der Hauptkirche, der Hagia Sophia, die ebenfalls durch einen zeremoniell genutzten Prozessionsweg miteinander verbunden waren.

Dass die Deutung der Nachbarschaft zwischen Großer Moschee und Palast allerdings nicht notwendigerweise über die Bezugnahme auf Byzanz erklärt werden muss, zeigt ein Blick auf das weitere Umfeld. Die für Damaskus beschriebene Situation entspricht jener in Kufa, Wasit und Basra im Irak, wo sich ebenfalls in enger räumlicher Nachbarschaft zu den großen Moscheen der Palast des Statthalters befand. In Kufa konnten bei Ausgrabungen Teile des Gouverneurspalastes freigelegt werden, der im Süden an die Qiblawand der Großen Moschee angrenzte. Ein Durchgang erlaubte dem jeweiligen Amtsinhaber den direkten Zugang vom Palast in den Betsaal der Moschee, wo er beim Freitagsgebet die Aufgabe des Vorbeters übernahm. In Wasit wurde bei Ausgrabungsarbeiten an der großen Moschee festgestellt, dass die Qiblawand rechts und links über das Mauergeviert der Moschee hinaus weiterläuft und mit dreiviertelrunden Türmen abschließt. Die Ausgräber rekonstruieren auch hier einen zusammengehörigen Palast-Moschee-Komplex.

## *Die sogenannten Wüstenschlösser*

Parallel zu den innerstädtischen Palast-Moschee-Komplexen entstand ab den frühen Dekaden des 8. Jahrhunderts eine große Anzahl palastartiger Anlagen, die mehrheitlich in der Wüstensteppe des heutigen Palästina, Jordaniens und Syriens liegen. Die wissenschaftliche Diskussion um die Einordnung, Zuschreibung, Interpretation und teilweise auch Datierung dieser sogenannten Wüstenschlösser ist bis heute nicht abgeschlossen. Typologisch lassen die Bauten oder Baukomplexe sich nicht in ein gemeinsames Schema einordnen. Sowohl ihre Dimensionen und Ausstattung als auch ihre Grundrisse differieren zum Teil erheblich. Und auch für ihre Nutzung lassen sich unterschiedliche Konzepte nachweisen. Die Anlagen dienten als befestigte Wohnanlagen, teilweise wurden sie landwirtschaftlich genutzt, für andere wird eine Funktion als Jagd- und Lustschloss vermutet und wieder andere werden als Kontrollpunkte an wichtigen Verkehrsrouten gedeutet.

In der älteren Forschungsliteratur werden die Anlagen unter der Überschrift »Wüstenschlösser« zusammengefasst. Diese Terminologie geht zurück auf eine erste These zu ihrer Erklärung, die Henri Lammens 1910 in einem Aufsatz publizierte. Vorwiegend auf literarischen, nicht archäologischen Quellen basierend, deutete er die Wüstenschlösser als Ausdruck einer Sehnsucht der umaiyadischen Oberschicht nach der Reinheit und Ursprünglichkeit des Beduinenlebens. Gegen diese romantisierende These argumentierte zwei Dekaden später Jean Sauvaget, der den Schlüssel zum Verständnis der Wüstenschlösser in der Interpretation der Anlagen als Kolonisationseinheiten und als Ausgangspunkte einer wirtschaftlichen Inbesitznahme des eroberten Landes durch die Umaiyadenkalifen deutete. In den ehemaligen Grenzgebieten zwischen Syrien und dem Irak waren infolge der muslimischen Eroberung große, nunmehr landwirtschaftlich nutzbare Gebiete entstanden. Da die Umaiyaden die ehemaligen Besitzverhältnisse im eroberten Syrien respektierten, wählten sie bevorzugt diese Gebiete aus, um sie durch die Anlage landwirtschaftlich genutzter Domänen wirtschaftlich zu (re)kultivieren. Diesen auf wirtschaftsgeschichtliche Gesichtspunkte konzentrierten Interpretationsansatz erweiterte in den 1970er Jahren Heinz Gaube, der die soziale Funktion der Anlagen betont. Er deutet sie vor dem Hintergrund der zunächst noch weitgehend tribal organisierten Herrschaftspolitik der Umaiyaden. In diesem Kontext erklärt er die Anlagen als repräsentative Stützpunkte, in denen die Kalifen die ihnen verpflichteten Beduinenfürsten empfingen. Weitere wesentliche Fakten zum Verständnis der »Wüstenschlösser« hat schließlich Gerald R. D. King beigetragen. Er konnte nachweisen, dass ein Teil der Anlagen sich am bestehenden Wegenetz orientiert. Teilweise auch entlang des äußeren Limes gelegen, profitieren sie von dessen Wasserversorgungseinrichtungen. Vor diesem Hintergrund schlägt er zumindest für einen Teil der Anlagen eine Interpretation als Wegestation vor.

Wie dieser kurze Überblick über die Forschungsgeschichte zeigt, entziehen sich die unter der Überschrift »Wüstenschlösser« zusammengefassten Anlagen in ihrer Gesamtheit einer eindeutigen Interpretation ihrer Funktion. Formal betrachtet lassen sich jedoch bestimmte Eigenheiten der Grundriss- und Aufrissgestaltung aufzeigen, die vielen der Anlagen gemeinsam sind. Hierzu zählt der quadratische, um einen zentralen Hof angelegte Grundriss bei Seitenmaßen von etwa 70 mal 70 Metern. Weiterhin die massiven Außenmauern, die in regelmäßigen Abschnitten angeordnete Halbtürme aufweisen; der Tordurchgang wird ebenfalls von Halb- oder Dreivierteltürmen flankiert. Die Ausstattung mit Mauern und Türmen verleiht den Anlagen einen wehrhaften Charakter. Allerdings sind die Türme in der Regel massiv gemauert, also nicht begehbar und auch die Mauern weisen keine Wehrgänge auf. Verteidigungstechnisch gesehen sind sie daher nicht von Nutzen, weshalb man in diesem Zusammenhang von scheinfortifikatorischen Anlagen spricht.

Ein charakteristisches Beispiel eines solchen Baus bietet das 97 km nordöstlich von Palmyra in der syrischen Wüstensteppe gelegene **Qasr al-Hair asch-Scharqi**. In einer an drei Seiten von Bergen umgebenen Senke, in die Wadis münden und in der nach den Winterregen Wasser gestaut werden kann, liegt ein Ruinenfeld von etwa 6,2 km Länge. Auf diesem teilweise von einer Mauer eingefassten Gebiet stehen eine große und eine kleine Anlage, nördlich und südlich davon finden sich weitere Bereiche mit Resten von Bebauung, unter anderem ein nachumaiyadisch datierendes Minarett und ein Bad. Die kleinere der beiden Anlagen entspricht dem oben beschriebenen Typus: quadratischer Grundriss von annähernd 70 Metern Seitenlänge, massive Mauern, dreiviertelrunde Ecktürme und vorgelegte Halbtürme, die bis zur Mauerkrone jeweils massiv gebaut sind, und ein zentraler, von Arkaden eingefasster Innenhof. Die zweite Anlage zeigt deutlich andere Dimensionen. Die annähernd quadratische Umfassungsmauer hat eine Seitenlänge von etwa 168 Metern und besitzt halbrunde Türme im Mauerverlauf sowie dreiviertelrunde Türme an den Ecken. Mittig in den vier Seiten befinden sich von Türmen flankierte Zugänge, die allerdings bis auf einen kurz nach der Fertigstellung bereits wieder zugesetzt wurden. Ehemals vermutlich überdachte Zugänge führten von den Toren zu einem zentralen Hof. Um diesen herum sind im Westen, Norden und Osten fünf identische Wohneinheiten angeordnet. Im Süden befinden sich beiderseits der Zugangspassage zum Hof zwei weitere Raumeinheiten, die als öffentlicher oder Empfangsbereich interpretiert werden, da sie deutlich andere Eingangssituationen aufweisen als die Wohneinheiten. Ebenfalls im Süden, in der Südostecke der Anlage, befindet sich außerdem eine Moschee. Mit drei parallel zur Qibla angeordneten Schiffen und einem ausgeschiedenen Transept weist sie eine ganz ähnliche Grundrissdisposition auf wie die Große Moschee von Damaskus. Im Osten der großen Anlage findet sich schließlich noch eine weitere zusammengehörige Folge von Räumen, die nur von außen zugänglich ist und wegen ihrer Ausstattung als Olivenpresse gedeutet werden kann.

Die Datierung und Zuschreibung der gesamten Anlage basiert auf einer Inschrift, die bereits Anfang des 19. Jahrhunderts gefunden wurde. Sie nennt nicht nur den Namen des Bauherrn, den Kalifen Hischam b. Abd al-Malik, sondern auch ein Datum, das Jahr 110 der Hidschra (728–729 AD). Basierend auf dieser Inschrift und dem archäologischen Befund entwickelte der Ausgräber von Qasr al-Hair asch-Scharqi, Oleg Grabar, seine Zuschreibung und Interpretation. Demnach deutet die bewässerungstechnisch günstige Lage, ebenso wie die in der großen Anlage ausgegrabene Olivenpresse, auf eine landwirtschaftliche Nutzung hin. Er schlägt daher vor, Qasr al-Hair asch-Scharqi als das von den arabischen Historiographen mehrfach erwähnte az-Zaituna zu identifizieren. Az-Zaituna, was auf Arabisch so viel wie »Olive« bedeutet, wird in den Quellen als Name einer Domäne genannt, die zeitweilig als bevorzugter Aufenthaltsort des Kalifen Hischam diente. Folgt man dieser Deutung, kann Qasr al-Hair asch-Scharqi als eine jener landwirtschaftlich genutzten Domänen interpretiert werden, die im Zuge der wirtschaftlichen Rekultivierung der ehemaligen Grenzregionen in der syrischen Wüstensteppe entstanden. Für eine solche Deutung spricht auch die Tatsache, dass die beiden Anlagen von Qasr al-Hair asch-Scharqi weniger repräsentativ als vielmehr funktional gestaltet sind. Damit stehen sie in deutlichem Kontrast zu Anlagen wie dem nördlich von Jericho gelegene Khirbat al-Mafdschar oder dem 30 Kilometer südlich von Amman gelegenen Palast von Mschatta. Beide Paläste zählen ebenfalls zur klassischen Sequenz der »Wüstenschlösser«, zeigen insgesamt aber eine deutlich andere Schwerpunktsetzung, was besonders in ihrer baudekorativen Gestaltung deutlich wird. In dem im 8. Jahrhundert erbauten, aber nicht fertiggestellten Palast von Mschatta beschränkt sich diese weitgehend auf die Südfassade, deren Mittelfront sich heute im Museum für Islamische Kunst in Berlin befindet. Der reiche Reliefdekor besteht aus einem von Profilgesimsen gerahmten Fries, der durch ein Zickzackband in aneinanderliegende Dreiecke gegliedert wird. In diese Dreiecksfelder ist ein flächendeckender Dekor aus Weinranken eingeschrieben, deren spiralig geschwungene Zweige von Vögeln, Vierfüßlern und phantastischen Mischwesen belebt werden.

Ebenso wie der Palast von Mschatta wurde auch das aus vier Hauptgebäuden bestehende **Khirbat al-Mafdschar** nur teilweise fertiggestellt. Der Grund dafür ist ebenso unklar wie die Frage, wer den Bau in Auftrag gab und wann genau die Anlage entstanden ist. Robert W. Hamilton, der Khirbat al-Mafdschar umfassend bearbeitet hat, schreibt es dem für seinen aufwendigen und exzessiven Lebenswandel berühmten Prinzen al-Walid b. Yazid zu und datiert es zwischen 724 und 743.

Der Zugang zu der gesamten Anlage erschließt sich über einen 40 mal 135 Meter messenden Vorhof, der nur teilweise vollendet wurde. Mit dem monumentalen Pavillon über einem Wasserbecken und der doppelgeschossigen, reich ausgestatteten Fassade des angrenzenden Palastes muss er dem ankommenden Besucher einen eindrucksvollen ersten Blick auf das Anwesen geboten haben. Dasselbe gilt für den Palast selbst, den man durch einen reich mit Stuckreliefs und Skulpturen ausgestatteten Torbau betrat. Er ist nach dem oben vorgestellten Schema als scheinfortifikatorische Anlage auf quadratischem Grundriss um einen zentralen Innenhof erbaut. Ebenerdig um den Hof herum waren Nutzräume angeordnet, auf seiner Südseite befand sich eine kleine private Moschee. Die Wohn- und Repräsentationsräume waren vermutlich im nicht erhaltenen Obergeschoss untergebracht, Robert W. Hamilton rekonstruiert hier unter anderem eine dreischiffige Halle über der Eingangshalle. Die erhaltenen Reste des Baudekors der Palastfassade, des Tordurchganges sowie der Hofarkaden zeigen, dass der Palast reich ausgestattet war. Große Teile der Fassade waren farbig gefasst und die Balustraden der Hofarkaden waren, ebenso wie die Wände des Tordurchgangs, mit reliefierten und skulptierten Stuckpaneelen verkleidet.

Nördlich des Palastes schließen sich die Moschee und das Bad an. Während die Moschee, die nicht fertiggestellt wurde, in Grundriss und Ausstattung wenig bemerkenswert erscheint, zählt das Bad mit seinem opulenten Baudekor zu den eindrucksvollsten und faszinierendsten Beispielen umaiyadischer Architektur. Seine Raumfolge, ebenso wie die wasser- und heizungstechnischen Einrichtungen, entspricht grundsätzlich dem klassischen Schema der römischen Bäder. Auf das Apodyterium, in dem man sich aus- und ankleidet, folgen zwei mäßig warme Räume sowie ein Heißraum. Die Heizung der Räume erfolgt über Hypokausten, das heißt über ein System von Hohlräumen, die unter dem Boden und in den Wänden verlaufen und mit heißer Luft beheizt werden. Der Heißraum wird zusätzlich dazu mit Wasserdampf beheizt, der von einem außerhalb des Raumes gelegenen Wasserbecken eingeleitet wird. Die Heizungsanlagen liegen direkt neben dem Bad und werden von außen bestückt. Abweichend von der Raumordnung der römischen Bäder bildet der dem Apodyterium entsprechende Raum in Khirbat al-Mafdschar allerdings das Zentrum der Anlage. Zu dem 30 mal 30 Meter messenden Hauptraum gibt es zwei Zugänge. Ein privater Nebeneingang im Südwesten erlaubt den direkten Zugang vom Palast aus, wohingegen der Haupteingang im Osten über den Vorhof erschlossen wird. Vom Vorhof aus kommend, durchschreitet man zunächst eine überkuppelte Vorhalle und gelangt dann in die Haupthalle, die auf vier Seiten von Exedren, also halbkreisförmigen Nischen, gesäumt wird. In der vom Eingang aus gesehen linken Raumhälfte befindet sich ein großes Schwimmbecken. 16 massive Pfeiler mit Akanthuskapitellen gliedern den Raum in quadratische oder rechteckige Kompartimente unterschiedlicher Breite. Von entscheidender Bedeutung für die Raumwirkung war jedoch die nicht mehr erhaltene Überdachung. Ein in seiner Höhenentwicklung gestaffeltes System von Kreuzgrat- und Tonnengewölben wurde gekrönt von einer Kuppel, die auf einem durchfensterten Tambour aufsaß.

Die Transformation vorislamischer Traditionen, die sich in der modifizierten Hierarchie der Räumlichkeiten des Bades und der Betonung des Hauptraumes zeigt, kennzeichnet auch die Art und Weise des Umgangs mit dem Baudekor. Sowohl die Fassade als auch die Wände und Gewölbe der verschiedenen Innenräume waren in dichter Abfolge mit Stuckreliefs und -skulpturen überzogen, die in weiten Teilen farbig gefasst waren. Auch wenn ein Großteil dieses Dekors nur noch in Form von Fragmenten vorliegt, ist es doch möglich, den Wandschmuck einzelner Räume weitgehend zu rekonstruieren. Dabei fällt auf, dass die Dekors die gesamten Wandflächen bedecken, ohne auf die Struktur des Gebäudes oder Raumes Bezug zu nehmen, in dem sie angebracht sind. Anders als in der antiken oder auch frühchristlichen Architektur folgt der Baudekor nicht der konstruktiven Struktur, indem er deren wesentliche Linien akzentuiert, vielmehr verhüllt oder negiert er sie. Diese gänzlich unterschiedliche Auffassung lässt sich bereits an den Mosaikdekors des Felsendoms beobachten und wird in der Folgezeit für einen Großteil der islamischen Architektur kennzeichnend. Bemerkenswert ist außerdem die Fülle von Skulpturen, die sowohl menschliche Figuren als auch Tiere und Fabelwesen darstellen. Technisch sind diese vor allem aufgrund der weiträumigen Verwendung von Stuck als Werkstoff von Bedeutung. Im syrischen Raum, der traditionell ein Steinbaugebiet ist, war Stuck bis zu diesem Zeitpunkt wenig gebräuchlich. Baudekors wurden vorzugsweise in Stein ausgeführt. Im Iran hingegen war der schnell zu bearbeitende und preiswerte Stuck weit verbreitet und diente der Verkleidung des dort üblichen einfachen Lehmziegel- oder Bruchsteinmauerwerks. Dass in Khirbat al-Mafdschar weite Teile des Dekors in Stuck ausgeführt wurden, zeigt die Breite des Spektrums an künstlerischen Traditionen, auf die man zugriff, und verdeutlicht zugleich, dass neben dem Formenrepertoire der spätantiken und frühchristlichen Kunst die künstlerischen Traditionen des Iran als zweite wesentliche Bezugsgröße und als Reservoir für Anregungen nicht nur technischer, sondern auch stilistischer und formaler Art dienten. Besonders eindrücklich belegt dies eine Skulptur, die als zentraler Bestandteil der Fassade über dem Eingang in das Bad angebracht wurde. Dargestellt ist eine männliche Gestalt, die auf einem von zwei Löwen getragenen Podest steht. Sie umfasst mit der linken Hand ein Schwert und ist nach iranischer Sitte bekleidet, mit weiten, über den Füßen zusammengefassten Hosen und einem knielangen, ausgestellten Obergewand, das von Perlbändern gesäumt wird. Die Skulptur weist keine Inschrift auf, die erklärt, wer hier dargestellt ist. Allerdings ist die männliche Gestalt mit einer Reihe von Attributen ausgestattet, die dem zeitgenössischen Betrachter geläufig waren und bei diesem eine Kette von Assoziationen anregen konnten. Hierzu zählt zum einen das Löwenpodest, das allgemein als Herrschersymbol und speziell als Anspielung auf den von Löwen bewachten Thron des König Salomo verstanden werden kann. Auch das Schwert, mit dem die Figur gegürtet ist, kann als herrscherliches Attribut gedeutet werden, das im übertragenen Sinne für weltliche Macht steht. Die iranische Kleidung schließlich greift auf visuelle Formeln zurück, die in der iranischen Welt verwurzelt sind beziehungsweise auf diese verweisen. Die Gestalt des iranisch gekleideten Herrschers beschwört den Mythos der Großkönige des Iran, deren Reichtum und Macht sprichwörtlich waren. Ob die Zeitgenossen in dem somit skizzierten Bild eines idealen Herrschers auch ein Porträt des Bauherrn sahen, lässt sich mangels eindeutiger Belege nicht beantworten.

Dass die äußere Form der Skulptur ebenso wie ihr Anbringungsort vermutlich programmatischen Charakter hatte, lässt ein Blick auf die übrigen Bestandteile des Skulpturenschmuckes vermuten. So zeigt die Ausstattung des privaten Empfangsraums in der Nordwestecke des Hauptraumes des Bades ein reiches Bild- und Skulpturenprogramm, dessen inhaltliche Analyse ebenfalls ein schlüssiges Bild ergibt. Während die unteren Wandzonen des Raumes dicht mit Musterfeldern mit vegetabilen und geometrischen Mustern überzogen waren, finden sich im Kuppelbereich figürliche Darstellungen. Vier Medaillons in den Pendentifs zeigen geflügelte Pferde. Über diesen schließt sich ein umlaufendes Band mit gereihten Vogelfiguren an. Gekrönt wird die Komposition von einem großen Medaillon, in dessen Zentrum hinter fleischigen Akanthusblättern die Köpfe sechs junger Frauen zu einem Kreis angeordnet sind. Es liegt nahe, die geflügelten Pferde, ebenso wie die Vögel, in Verbindung mit ihrem Anbringungsort, dem Kuppeltambour, als den himmlischen Gefilden zugeordnete Wesen zu interpretieren. Die Frauenköpfe sind in diesem Zusammenhang, ebenso wie die in tänzerischer Pose dargestellten Figuren in den Pendentifs der Vorhalle, als

Verweis auf den Hof des Prinzen zu verstehen, der hier in phantastischer Überhöhung als Paradies dargestellt wird. Ergänzt wird dieser bildnerische Verweis auf die auratische Machtvollkommenheit des Herrschers durch das Fußbodenmosaik, das einen Teil des Bodens bedeckt. Der kleine Empfangsraum ist in einen rechteckigen vorderen und einen erhöhten, halbrund abschließenden hinteren Bereich unterteilt, der als Sitzplatz des Gastgebers diente. Den Boden des erhöhten Nischenraumes ziert ein Mosaik, das eine von wilden Tieren belebte Szene zeigt. Die zentrale Achse der Komposition bildet ein großer Laubbaum, in dem Früchte, wohl Granatäpfel, hängen. Links von dem Baum sind zwei äsende Gazellen dargestellt, rechts von ihm ein Löwe, der eine Gazelle schlägt. Eine Interpretation sieht hier die Darstellung der vom Islam befriedeten *dar al-Islam*, also der Länder des Islam, versinnbildlicht durch die friedlich grasenden Gazellen. Der Löwe, der die Gazelle schlägt hingegen, wird als Sinnbild für die *dar al-harb*, also die Länder des Krieges, gedeutet, jene Gebiete also, in denen der Islam noch nicht herrscht.

Die Idealisierung des Herrschers und seines Hofes als beherrschendes Thema des Baudekors findet sich auch in einem anderen umaiyadischen Bau, der ebenfalls zur klassischen Sequenz der »Wüstenschlösser« zählt, in **Qusair Amra**. Die kleine, aus Haustein errichtete Anlage liegt rund 60 Kilometer östlich von Amman an einem Wadi. Sie besteht aus einer sogenannten Empfangshalle, an die östlich ein Bad anschließt. Nordwestlich des Bades finden sich Reste einer kleinen Befestigungsanlage. Ein Turmbau, der zwischen Bad und Kastelle stand, wird als Wachturm interpretiert, während eine hydraulische Anlage mit Wasserrad und Zisterne dem Betrieb des Bades diente. Rund 300 Meter südöstlich haben sich außerdem Überreste von Mauern erhalten, die als Umfassungsmauern von Gärten gedeutet werden. Der Kernbau von Qusair Amra ist die 8,50 mal 7,50 Meter messende Haupthalle, die durch zwei

Transversalbögen in drei tonnengewölbte Schiffe geteilt wird. An das zentrale Schiff schließt im Süden ein Alkoven an, der mit einem niedrigeren Tonnengewölbe überdeckt ist. Dieser wird rechts und links von zwei anschließenden Räumen mit halbrundem Abschluss flankiert, die vom Alkoven aus zugänglich sind und durch hochgelegene Fenster vom Hauptraum aus beleuchtet werden. In diesen flankierenden Räumen wurden Reste von Fußbodenmosaiken mit Rankenwerk gefunden. Ein Durchgang im Osten des Hauptraums führt in den tonnengewölbten Vorraum des Bades. Er weist mit 2,80 mal 2,30 Metern eher moderate Proportionen auf und ist auf zwei Seiten mit steinernen Sitzbänken ausgestattet. In seiner Nordwand öffnet sich ein Durchgang in den nächsten Raum, der im Norden einen Alkoven aufweist und mit einem Kreuzgratgewölbe überdacht ist. Beide Räume sind mit einem Hypokaustensystem ausgestattet, waren also beheizbar. Von dem zweiten Vorraum gelangt man schließlich über einen weiteren Durchgang in den als *caldarium* fungierenden Heißraum. Er ist überkuppelt und besitzt im Süden und Norden zwei tonnengewölbte Nischen mit halbrundem, apsisartigem Abschluss.

Berühmt ist Qusair Amra nicht so sehr wegen seiner Architektur, als vielmehr für seine Malereien. Sowohl der Hauptraum als auch das Bad sind nahezu flächendeckend mit Wandmalereien ausgestattet, die technisch, formal und inhaltlich noch ganz in spätantiker Tradition stehen. Von den direkt auf den Putz aufgetragenen Freskomalereien sind weite Teile erhalten, wenn auch in einem teilweise sehr schlechten Zustand. Für eine Rekonstruktion des gesamten Dekorprogramms stehen jedoch als weitere Quellen die kolorierten Zeichnungen zur Verfügung, die nach der Entdeckung von Qusair Amra im Auftrag von Alois Musil im Jahr 1898 angefertigt wurden. Dieser vergleichsweise reiche Materialbestand wurde von der kunstgeschichtlichen Forschung bislang entweder unabhängig von der Architektur als frühes Beispiel einer »Arabischen Malerei« besprochen, oder man griff einzelne Szenen heraus, um sie unterstützend zu einer Deutung der Architektur heranzuziehen. Den Versuch einer umfassenden Analyse und Interpretation der Malereien hat in jüngster Zeit Garth Fowden vorgenommen, der sich im Rahmen einer Monographie eingehend mit dem Programm der Malereien auseinandersetzt.

Generell lässt sich das Bildprogramm in vier Themenkomplexe gliedern. Ein Teil der Darstellungen zeigt Badende und unbekleidete Frauen. Die entsprechenden Szenen beziehen sich deutlich auf die Funktion der Anlage und folgen damit spätantiken Traditionen der Ausmalung von Bädern mit Nymphen, Grazien und Aphroditen. Ein zweiter Komplex thematisiert die Vergnügungen des höfischen Lebens. Dargestellt werden Tänzerinnen, Artisten, schöne Frauen und erotische Szenen. In enger Verbindung hierzu sind die zahlreichen Jagddarstellungen zu sehen, die einen weiteren umfangreichen Abschnitt bilden. In der zeitgenössischen Poesie zählte die Jagd zu den bevorzugten Themen, wobei die Überwindung der schwachen Beute durch den starken Jäger häufig als beziehungsreiche Anspielung formuliert und damit erotisch aufgeladen wurde. Abgesehen davon war die Jagd jedoch traditionell ein herrscherliches Privileg und wurde als solches vor allem im vorislamischen Iran häufig dargestellt. An iranische Vorbilder erinnern denn auch mehrere großformatige Szenen im West- und Ostschiff des Hauptraumes, die eine Treibjagd mit Netzen zeigen.

Ebenfalls in den Bereich der Herrschaftsikonographie zählt schließlich auch die vierte Gruppe von Darstellungen, die man unter der Überschrift »dynastische Legitimität« fassen könnte. Hierzu zählt die Darstellung auf der Rückwand des zentralen Alkovens in der Haupthalle. Über der ehemals marmorverkleideten Sockelzone und einer Zone mit gemalten Draperien ist in monumentaler Frontalität eine sitzende männliche Gestalt abgebildet. Sie ist nach Art der byzantinischen Herrscher auf einem Thron sitzend dargestellt, der von einem Baldachin bekrönt wird. Rechts und links des Throns stehen eine männliche sowie eine weibliche Begleitperson, die ein Flabellum, also einen zeremoniellen Fächer, tragen. Die drei Personen werden von einem schmalen halbkreisförmigen Fries umrahmt, in den gereihte Vögel eingestellt sind. Zu Füßen des Thronenden ist eine von Fischen belebte Wasserlandschaft gezeigt. Ergänzt wird die Thronszene durch die Darstellungen von Bacchanten, einer Fortuna sowie eines Granatapfelbaums auf den Seitenwänden der Nische. In der Zusammenschau gesehen erschließt sich die Folge von Bildern als idealisierende Darstellung, die den Herrscher als Kosmokrator, also als Weltenherrscher, zeigt.

Im Kontext des gesamten Dekorprogramms ist sie in direktem Zusammenhang zu sehen mit einer zweiten Szene an der Westwand des Westschiffes, die sechs männliche Personen darstellt, die durch Haltung und Gestik auf den thronenden Herrscher Bezug nehmen. Sie sind alle nach oströmischer Mode gekleidet und tragen unterschiedliche Kopfbedeckungen. Zwei sind mit Helmen, einer mit der charakteristischen Flügelkrone der sassanidischen Herrscher abgebildet. Seitlich der Köpfe von vier der sechs Personen lassen sich trotz des schlechten Erhaltungszustands Beischriften erkennen, die jeweils die abgebildete Person identifizieren: Kisra, Qaisar, Negus und Roderic. Kisra ist die arabische Schreibung des persischen Herrschertitels Khusrau, Qaisar war die Bezeichnung des byzantinischen Kaisers, als Negus bezeichnete man den Herrscher Äthiopiens und Roderic meint Roderich, den Herrscher der Westgoten. Dargestellt sind also vier Herrscher, die zur Zeit der Umaiyadenkalifen beziehungsweise unmittelbar vor ihrer Machtübernahme die damaligen Weltmächte repräsentierten. Die beiden verbleibenden Gestalten, die nicht durch eine Beischrift identifiziert sind, wurden daher bereits von der älteren Forschung ebenfalls als Herrscher, und zwar als Khan der Türken und als der Kaiser von China identifiziert. Diese Rekonstruktion beruht auf einer in verschiedenen Versionen tradierten Überlieferung, die von dem Treffen von sieben Weisen beziehungsweise sieben Herrschern berichtet, die zusammenkommen, um dem höchsten unter ihnen zu huldigen. Die dieser Tradition zugrunde liegende Vorstellung ist die einer »Familie von Königen«, also einer Hierarchie, die alle Herrscher miteinander verbindet, zugleich aber auch den ranghöchsten unter ihnen bestimmt. Entsprechend wurde die Szene zunächst als Darstellung der von den Umaiyaden unterworfenen Feinde gedeutet, die dem in dem Alkoven dargestellten Thronenden huldigen. Die neuere Forschung, vor allem vertreten durch Garth Fowden, sieht diese Interpretation kritisch, da die Traditionen, auf der sie basiert, aus nachumaiyadischer Zeit datieren. Trotzdem bleibt auch Fowden bei einer Deutung der Szene als politische Aussage, allerdings mit etwas anders gewichteter Ausrichtung. Er bezieht sich ebenfalls auf die Vorstellung einer »Familie von Königen«, deutet die Szene aber vielmehr als Darstellung der friedlichen Anerkennung der neuen Machthaber durch die bis dahin dominierenden Herrscher. Zugleich betont er, dass das Konzept, das hier bildlich umgesetzt wird, auf iranischen Vorstellungen basiert, hingegen die Darstellungskonventionen lokale, das heißt byzantinische Traditionen weiterführen. Diese Interpretation mag auf den ersten Blick nur als eine Nuancierung von Bekanntem erscheinen. Sie ist aber insofern durchaus weiterführend, weil deutlich wird, dass die Übernahme oder Aneignung visueller Traditionen nicht zwangsläufig einhergeht mit einer Kontinuität von Bedeutungen und Inhalten.

## Objektkunst

Wie der vorangehende Überblick gezeigt hat, bieten der Bestand an erhaltenen umaiyadenzeitlichen Bauten und ihr Baudekor der Forschung ergiebiges Material. Deutlich anders gelagert ist die Situation in Bezug auf die sogenannte Kleinkunst. Erstens ist der Bestand an Objekten, insbesondere an solchen, die zuverlässig datiert werden können, sehr gering. Zum zweiten ist die Erforschung jener Bereiche, die mit größeren Fundgruppen aufwarten können, wie beispielsweise die Keramik, bislang eher vernachlässigt worden. Die grundlegende Problematik der Beschäftigung mit umaiyadenzeitlicher Kleinkunst liegt darin, dass auch hier die wechselseitige Dynamik von Kontinuität und Transformation zum Tragen kommt. Anders als im Bereich der Baugeschichte, der mit den Bauten und ihrer Ausstattung eine komplexe, häufig datierbare und eindeutig lokal verankerte Materialbasis zur Verfügung steht, sind im Bereich der Kleinkunst zwar einige eindeutig zuschreibbare Objekte erhalten, kaum belegbar hingegen ist die Bedeutung einer Objektkultur, die noch vorislamischen Traditionen folgt. Dass man in der Frühzeit islamischer Herrschaft zunächst ein bestimmtes Repertoire an Objekten des täglichen Bedarfs beibehielt und auch im Bereich der gehobenen Gebrauchswaren keine genuin eigene Produktion entwickelte, belegt folgende Überlieferung. Demnach hatte Ibn Abbas, einer der einflussreichsten Prophetengenossen, ein figürlich verziertes Räucherbecken in Gebrauch, das er sich aus Syrien hatte besorgen lassen, wo solche Arbeiten traditionell hergestellt wurden. In Medina hingegen war man nicht in der Lage, ein entsprechendes Becken anzufertigen. Leider beschreibt die betreffende Quelle das Becken nicht weiter. Es wird lediglich erwähnt, dass es einen figürlichen Dekor besaß. Einen solchen zeigt auch ein Räucherbecken, das 1985 bei Ausgrabungen in al-Fudain in Jordanien zutage kam und durch den Fundkontext als umaiyadenzeitlich datiert werden kann. Das rechteckige Metallbecken steht noch deutlich in der Tradition einer spätantiken Formensprache. Besonders die kleinen vollplastisch gearbeiteten Figurinen nackter Frauengestalten, die die Ecken rahmen, lassen in ihrer naturalistischen Körperlichkeit ein Nachklingen antiker Traditionen erkennen.

Besonders aufschlussreich hinsichtlich der Frage nach der Kontinuität vorislamischer Traditionen einer Objektkultur ist die Untersuchung der umaiyadischen **Keramik**. In den vergangenen Jahren sind an zahlreichen Fundorten, vor allem in Jordanien und Syrien, große Mengen von Gebrauchskeramik zutage gekommen. Sie zeichnen sich allgemein durch ihre sehr einfache Machart und sparsamen Dekor aus. Ihre Formen führen vielfach das Repertoire der jeweiligen lokalen vorislamischen Gebrauchskeramik fort. Ein besonders eindrückliches Beispiel bietet eine charakteristische rotbrennende Ware, die in diesem Raum bereits in vorislamischer Zeit als Kochgeschirr verwendet wurde. Sowohl die Form der Gefäße als auch das Material, aus dem sie hergestellt wurden, bleiben unter umaiyadischer Herrschaft unverändert. Eine weitere kennzeichnende Eigenschaft umaiyadischer Keramik ist ihre Schlichtheit. Die Mehrzahl der Gefäße ist undekoriert und unglasiert. Damit unterscheidet sie sich in eklatanter Weise von den späteren Keramikproduktionen. Ein Grund hierfür könnte wiederum die Kontinuität einer vorislamischen Objektkultur sein. Sowohl im byzantinischen als auch im sassanidischen Herrschaftsbereich verwendete man als Material für Objekte des gehobenen Bedarfs vorzugsweise Silber oder vergoldetes Silber. Wer es sich leisten konnte, besaß Teller, Schalen, Kannen und Trinkgefäße aus Silber. Da diese Objekte aufgrund ihres Materialwertes jedoch in der Regel irgendwann wieder eingeschmolzen wurden, haben sie sich nur in vergleichsweise kleiner Anzahl erhalten. Ein Hinweis darauf, dass auch in umaiyadischer Zeit zunächst Edelmetallgefäße als Tafelgeschirr verwendet wurden, könnte die Auswertung von Keramikformen erbringen. Zumindest für den jordanischen Raum ist die Existenz einer umaiyadischen Feinkeramik belegt, deren Formen Metallformen zu imitieren scheinen.

# Irak, Iran und Ägypten im 8.–11. Jahrhundert

## Die Ausbildung eines Reichsstils und das Kalifat der Abbasiden

### *Der historische Kontext*

Die Herrschaft der Umaiyadenkalifen endete im Jahr 750 mit der Machtübernahme durch die nachfolgende Dynastie der Abbasiden (750–1258). Vorangegangen war eine Periode zunehmender Konflikte zwischen der in Syrien ansässigen arabischen Elite und regionalen Gruppierungen nichtarabischer Konvertiten. Zentrum der Unruhen war die Provinz Khurasan im äußersten Osten der islamischen Welt. Hier begannen 746 die Aufstände, die vier Jahre später zur Machtübernahme der Abbasiden führten. Den Höhepunkt und Abschluss der Auseinandersetzungen bildete die Ermordung des größten Teils der männlichen Angehörigen des umaiyadischen Herrscherhauses. Lediglich einem von ihnen, Abd ar-Rahman (731–788), gelang die Flucht über Ägypten nach Spanien, wo er in der Folge die Dynastie der spanischen Umaiyaden begründete.

### *Architektur und Baudekor*

Die Abbasidenkalifen, deren Anhänger sich vor allem aus den östlichen Provinzen des Reiches rekrutierten, verlagerten nach der Machtübernahme das politische und kulturelle Zentrum des Reiches nach Osten. 762 gründete der Kalif al-Mansur (reg. 754–775) als neue Hauptstadt **Bagdad**, die »Stadt des Friedens«, *madinat as-salam*, wie sie auf Arabisch heißt. Nicht nur der Name dieser Neugründung war Programm. Die Wahl des Ortes, an dem Bagdad errichtet wurde, und der Grundriss der Stadt brachten den absoluten Herrschaftsanspruch der neuen Machthaber zum Ausdruck und machten deutlich, in welcher Tradition sie sich sahen. Die neue Hauptstadt lag nur rund dreißig Kilometer entfernt von Ktesiphon, der ehemaligen Hauptstadt der sassanidischen Großkönige. In unmittelbarer Nachbarschaft zu den Ruinen von Ktesiphon ließ al-Mansur Bagdad als eine kreisrunde Anlage von etwa 2000 Meter Durchmesser errichten. Der aus einer Serie konzentrischer Kreise zusammengesetzte Grundriss der Stadt stellt einen weiteren Bezug zu vorislamisch persischen Bautraditionen her. Vor allem die sassanidischen Gründungen von Shiz, Darabgird und Firuzabad zeigen einen vergleichbaren Aufbau. Weiterführende Vergleiche erweisen sich jedoch als schwierig, da die abbasidische Rundstadt bis heute unter der jüngeren Bebauung des modernen Bagdad verborgen liegt. Für eine Rekonstruktion des Grundrisses sind wir daher auf die Auswertung schriftlicher Quellen angewiesen. Diese beschreiben einen doppelten, mit Gräben gesicherten Mauerring, in dem sich vier kreuzförmig angeordnete Tore öffneten. Monumentale mehrgeschossige Torbauten dienten dem Schutz der Anlage. In den Obergeschossen der Torbauten befand sich außerdem jeweils ein repräsentativer überkuppelter Empfangsraum. Der Bereich zwischen den beiden Mauerringen war in keilförmige Segmente unterteilt, in denen Wohnviertel untergebracht waren. Vier breite Straßen, die in ihrem Verlauf weitere Tore passierten, führten von den äußeren Torbauten in das kreisrunde Zentrum der Stadt. Dort mündeten sie in einen weiten unbebauten Platz, in dessen Mittelpunkt sich der Palast und die angrenzende Freitagsmoschee erhoben. Die Moschee wird in den Quellen nicht näher beschrieben. Den Palast hingegen schildern sie als eine regelmäßige Anlage, die die klassischen Elemente der sassanidischen Palastbautradition vereint: Kuppel, Iwan und Hof. Von dem zentralen Kuppelraum öffnen sich vier Iwane, also an drei Seiten geschlossene, nach vorne offene, tonnengewölbte Räume, in kreuzförmiger Anordnung auf einen quadratischen Hof. In den Bereichen zwischen den Kreuzarmen befanden sich vermutlich weitere Raumfolgen. Die Ausrichtung der Iwane entsprach jener der Tore in den Ringen der Umfassungsmauer.

Während sich somit mittels der schriftlichen Quellen die Grundzüge des Gesamtentwurfs rekonstruieren lassen, können weiterführende Fragen auf dieser Basis kaum beantwortet werden. Die genaue Zweckbestimmung der Anlage etwa bleibt undeutlich. Ob die sogenannte runde Stadt tatsächlich als Stadt zu verstehen, oder ob sie eigentlich als ein überdimensionaler Palast zu deuten ist, wird bis heute kontrovers dargestellt. Was hingegen auch in der hypothetischen Rekonstruktion klar hervortritt, ist das zugrunde liegende ideologische Konzept. Bezugspunkt des gesamten Entwurfs ist der Kuppelraum des zentralen Palastes, der als Audienzsaal diente. Hier thronte der Kalif unter der *qubbat al-khadra*, was wörtlich übersetzt so viel bedeutet wie »grüne Kuppel«, metaphorisch allerdings eher als »Himmelskuppel« zu übersetzen ist. Das Bild ist an Deutlichkeit kaum zu übertreffen. Umrahmt von einem System kreisförmiger Mauern sitzt im symbolischen Mittelpunkt der von ihm beherrschten Welt der absolute Herrscher, der unter dem Schirm der *qubbat al-khadra* zum Kosmokrator wird.

In dem Entwurf der runden Palaststadt ist bereits jene exklusive Megalomanie angelegt, die in der Folgezeit kennzeichnend wird für den Lebensstil des abbasidischen Hofes. Der Palast des Herrschers bildet den Nukleus eines Weltreiches, in dem der Reichtum, die Macht, das Können und das Wissen des gesamten Reiches zusammengeführt und ostentativ zur Schau gestellt werden. Unter dem zunehmenden Einfluss einer persisch geprägten Repräsentationskultur wird die Person des Kalifen zunehmend entrückt in die unzugängliche Welt luxuriöser Palastanlagen, von deren reicher und prachtvoller Ausstattung die Schilderungen von *Tausendundeiner Nacht* einen Eindruck vermitteln. Hier regiert die Etikette höfischer Eleganz und feiner Lebensart, die von den führenden Eliten in den Provinzen des Reiches als vorbildhaft übernommen und nachgeahmt wird.

Keine hundert Jahre nach der Gründung von Bagdad Mitte des 9. Jahrhunderts kam es in der inzwischen zur Metropole angewachsenen Stadt zu einer Serie von blutigen Zusammenstößen zwischen Einwohnern und Angehörigen der türkischen Söldnertruppen des Kalifen. Diese Ereignisse bilden den Hintergrund, vor dem die zweite bedeutende Stadtgründung der Abbasidenherrschaft zu verstehen ist. Um die beiden Parteien zu trennen und den eskalierenden Konflikt einzudämmen, wurde eine Verlagerung des gesamten Hofes beschlossen. 125 Kilometer nördlich von Bagdad gründete der Kalif al-Mu'tasim im Jahr 836 eine neue Residenzstadt: **Samarra**. Bis 883, als die Residenz des Kalifen wieder nach Bagdad zurückverlagert wurde, war Samarra das Zentrum des abbasidischen Weltreiches. Für die islamische Archäologie ist diese Gründung von kaum zu überschätzender Bedeutung. Als Residenz war die Stadt kaum fünfzig Jahre in Benutzung, und auch wenn sie nach dem abermaligen Umzug des Hofes nicht gänzlich aufgegeben wurde, blieb ein Großteil der nunmehr leer stehenden Anlagen dem Verfall preisgegeben. Auf diese Weise entstand ein Ruinenfeld von enormen Ausmaßen, das bis heute nur ansatzweise archäologisch erschlossen ist. Die Überreste des abbasidischen Samarra ziehen sich über eine Länge von 50 Kilometern auf dem Ostufer des Tigris hin. Das Ruinengelände erstreckt sich auf über 150 Quadratkilometer, bei der Auswertung von Luftaufnahmen wurden 6314 Gebäude registriert.

Der Bau von Samarra lässt sich in zwei Phasen einteilen. Die erste Ausbauphase unter al-Mu'tasim erfolgte zwischen 836 und 842. Innerhalb von nur sechs Jahren entstanden der Hauptpalast des Kalifen und die von Märkten umgebene Große Freitagsmoschee. Außerdem wurde das Gelände südlich des Palastbezirkes in Parzellen eingeteilt. Hier erbaute man, nach ethnischer Zugehörigkeit getrennt, Wohngebiete für die Bediensteten und die Angehörigen der Truppen. Der mit einem solchen Unternehmen verbundene logistische Aufwand war enorm und nur in einem zentralistisch organisierten Staatswesen wie dem abbasidischen zu bewältigen. Für den Bau von Palast, Moschee und Wohnanlagen wurden aus allen Reichsteilen Spezialisten zusammengezogen. Kostbare Baumaterialien wie Teakholz oder Marmor mussten aus teilweise weit entfernten Gebieten herangeschafft werden. Die Verantwortung für die ordnungsgemäße und fristgerechte Durchführung dieser Arbeiten oblag den obersten militärischen Befehlshabern des Kalifen, den Emiren.

Die zweite Ausbauphase von Samarra fällt in die Herrschaftszeit des Sohnes und Nachfolgers von al-Mu'tasim, al-Mutawakkil (847–861). Er ließ nördlich der bisherigen Stadt eine zweite Palaststadt errichten, die sich ebenfalls um einen großen Palastbezirk und eine Freitagsmoschee erstreckt. Zusätzlich dazu wurden in den knapp fünfzig Jahren des Bestehens der Residenzstadt eine Anzahl von Palastkomplexen erbaut, die auf Luftaufnahmen gut zu erkennen sind: Balkuwara, Qasr al-Ashiq, Istabulat, al-Huwaisilat, Ashnas, al-Quwair, Qasr al-Dschiss, Zanqur und andere. Die größte Palastanlage ist jedoch der von al-Mu'tasim erbaute Kalifenpalast, die sogenannte *dar al-khalifa*, die zwischen 836 und 884 genutzt wurde. Die gewaltige, etwa 175 Hektar umfassende Anlage ist nur in Teilen archäologisch erschlossen. Grundlegende Forschungsarbeiten stammen von den deutschen Archäologen Ernst Herzfeld und Friedrich Sarre. Zwischen 1911 und 1913 untersuchten sie in Samarra Teile zweier Paläste, die Große Moschee und einige Wohnhäuser. Weitere Ausgrabungen fanden in den 1930er Jahren unter irakischer Leitung statt, sowie in den 1990er Jahren unter der Ägide von Alistair Northedge. Da im Zuge dieser Arbeiten nur ein Bruchteil des gesamten Komplexes untersucht werden konnte, ist man für die Rekonstruktion der gesamten Anlage auch auf die Auswertung von Schriftquellen angewiesen. Allerdings ist der Befund im Gelände häufig nur schwer in Einklang zu bringen mit den in den Quellen genannten Orten oder Gebäuden, so dass die folgende Rekonstruktion nur als eine Annäherung verstanden werden kann.

Kennzeichnend für den Aufbau nicht nur des Kalifenpalastes, sondern auch der übrigen in Samarra erbauten Palastanlagen, ist die Aufteilung in einen öffentlichen und einen privaten Bereich. Der öffentliche Bereich, die *dar al-ʿamma*, ist der Ort, an dem Regierungsgeschäfte geführt werden und der der herrscherlichen Selbstdarstellung dient. Im privaten Bereich sind die Wohngemächer des Kalifen und seiner Frauen untergebracht. Vermutlich befanden sich hier auch die privaten Schatzkammern. Direkt angrenzend an die beiden Bereiche waren außerdem Kasernen für Teile der Truppen eingerichtet.

Innerhalb der Gesamtanlage des Kalifenpalastes ist der öffentliche Bereich deutlich erkennbar als eine Kernanlage von etwa zweihundert Metern Seitenlänge. Den einzigen klar identifizierbaren Eingang bildet ein gewaltiges dreibogiges Portal, dessen unteres Geschoss bis heute steht. Vom Tigrisufer aus gesehen vermittelt das Portal den Eindruck einer effektvoll inszenierten Kulisse. Es steht oberhalb eines Geländeabsatzes auf einem Plateau, von dem aus sich der Blick weit auf die Tigrisauen öffnet. Die siebzehn Meter Höhenunterschied werden von einer gewaltigen, sechzig Meter breiten Freitreppe überbrückt, der ein Wasserbecken von ähnlich monumentalen Ausmaßen vorgelagert ist. In den Dimensionen und der Anordnung von Wasserbecken, Freitreppe und Portal kommt ein auf Monumentalität und zentrale Sichtachsen hin entwickeltes Konzept zum Ausdruck, das auch den Aufbau der übrigen Anlage kennzeichnet. So öffnet das Portal den Zugang zu einer Serie weiter Hallen und Raumgruppen, die entlang einer zentralen Achse angeordnet sind. Sie führen auf einen Komplex zu, der üblicherweise als Thronsaal identifiziert wird. Sein Grundriss mit zentralem Kuppelraum und vier kreuzförmig anschließenden, basilikalen Hallen steht in der Tradition frühchristlicher Bauten wie der Pilgerkirche Qalat Simaan in Nordsyrien. Als ein weiterer möglicher Vorläufer wird der Thronsaal des umaiyadischen Wüstenschlosses Mschatta genannt. Verfolgt man die zentrale Achse weiter, gelangt man von dem Thronsaal über weitere Hallen zu einer Portikus, die sich auf einen von Mauern eingefassten Platz öffnet. Er misst dreihundertfünfzig Meter in der Länge, hundertachtzig Meter in der Breite und war mit Marmorplatten ausgelegt. An der gegenüberliegenden Seite des Platzes schließen sich Stallungen an, ein Poloplatz mit Tribüne sowie, außerhalb des von Mauern umgebenen Palastbezirkes, eine der großen Pferderennbahnen des Kalifen.

Mit ihrer klar erkennbaren Gliederung steht die *dar al-'amma* in deutlichem Gegensatz zu der Bebauung weiter Teile des übrigen Palastgebietes. Während der Entwurf des öffentlichen Bereichs einem klar erkennbaren Konzept folgt, erweckt die umliegende Bebauung den Eindruck einer planlosen Ansammlung heterogener Strukturen. Scheinbar willkürlich wechseln eng bebaute und Freiflächen. Die erkennbaren Verbindungswege sind stark verwinkelt und die als zusammengehörig erkennbaren Strukturen orientieren sich an unterschiedlichen Achsen. In diesem heterogenen Gesamtbild fallen zwei nördlich der *dar al-'amma* gelegene Komplexe auf, die sich aufgrund ihrer Ausmaße von der übrigen Bebauung abheben. Der sogenannte Große Serdab ist eine vertieft in den Boden eingelassene Anlage. Mittelpunkt seiner Raumfolgen ist ein rundes Wasserbecken von sechzig Metern Durchmesser, das von einer unterirdischen Wasserleitung gespeist wurde. Anlagen wie diese dienten in den heißen Sommermonaten als bevorzugte, weil kühle Aufenthaltsorte. Nordöstlich des Großen Serdab liegt ein von starken Mauern eingefasstes, bebautes Gelände, das Herzfeld als Schatzhaus deutete. Northedge sieht hier die *dar al-khassa*, den privaten Bereich des Kalifen. Das Areal erstreckt sich etwa über die gleiche Grundfläche wie die *dar al-'amma*. Inwieweit auch die Binnengliederung der beiden Bereiche Übereinstimmungen aufwies, bleibt jedoch unklar, da die rekonstruierten Grundrisse lediglich die an der Oberfläche sichtbaren Strukturen wiedergeben.

Dass die durch ihre Monumentalität beeindruckenden Paläste von Samarra auch reich ausgestattet waren, lassen die Berichte der arabischen Autoren vermuten. Von dieser Ausstattung ist allerdings nur wenig erhalten geblieben, was unter anderem daran liegt, dass die Stadt systematisch aufgegeben wurde. So berichtet der Historiker und Geograph al-Yaqubi (gest. um 897), dass man, als der Hof wieder nach Bagdad zurückkehrte, wertvolle Ausstattungsbestandteile wie beispielsweise Holzverkleidungen ausbaute und mitnahm, um sie bei Gelegenheit wieder zu verwenden. Geblieben sind vor allem die Stuckdekors, die in weiten Teilen des Kalifenpalastes ebenso wie in den in Samarra ausgegrabenen Wohnhäusern als Baudekor dienten. So fanden sich im Bereich des großen dreibogigen Portals Fragmente eines Stuckfrieses, dessen Aufbau an den Fassadendekor des umaiyadischen Wüstenschlosses Mschatta erinnert. Wie auch dort teilt ein breites Zickzackband den gesamten Fries in versetzt angeordnete Dreiecke. In die Mitte eines jeden Dreiecks ist eine großformatige Rosette oder ein Polygon eingestellt. Ein Geflecht aus vegetabilen Motiven überzieht sowohl den Grund als auch die großen Füllformen. In vielen anderen Räumen wurden bei den Ausgrabungen Stuckpaneele freigelegt, die als ein etwa ein Meter hoher Sockel den unteren Bereich der Wände verkleiden. Über dieser Sockelzone waren manchmal von schmalen Stuckfriesen gerahmte Nischen angebracht, die die Wandfläche zusätzlich gliederten. Weiterhin waren auch Durchgänge und Türleibungen von schmalen Stuckfriesen gerahmt. Die gliedernden Systeme, Muster und Motive, die dabei zum Einsatz kamen, unterscheiden sich zum Teil erheblich. Daher hatte bereits Herzfeld einen ersten Versuch unternommen, die Dekors nach formalen Kriterien in Gruppen einzuteilen. Er unterschied drei verschiedene Stile, die er als Stil I, Stil II und Stil III bezeichnete. Eine Revision der von Herzfeld vorgenommenen Einteilung legte einige Jahrzehnte später, 1940, Keppel A.C. Creswell vor. Er behielt zwar grundsätzlich die formale Unterscheidung der drei Stile bei, kehrte allerdings ihre Anordnung um. Creswells Stil A entspricht Herzfelds Stil III, aus Stil II wurde Stil B und Stil I wurde zu Stil C. Diese von Creswell vorgeschlagene Abfolge der drei Stilgruppen ist heute allgemein anerkannt. Ebenso die Auffassung, dass die drei Stile in ihrer Abfolge nicht als progressiv lineare Entwicklungsreihe zu sehen sind, sondern dass sie in Samarra nebeneinander zum Einsatz kamen.

Technisch gesehen zeichnet sich Stil A dadurch aus, dass die Muster mit dem Messer tief in die Oberfläche der Paneele eingeschnitten sind. Dadurch entsteht ein ausgeprägter Kontrast zwischen dunkel verschattetem Grund und hell hervortretendem Muster. Als musterbildende Grundeinheiten werden vor allem vegetabile Formen in vergleichsweise realistischer Darstellung verwendet. Besonders häufig finden sich Weinranken mit Trauben, deren Formensprache noch ganz in römisch hellenistischer Tradition steht. Ihre charakteristischen fünflappigen Blätter sind mit tiefen Punktbohrungen versehen und werden durch Ritzungen zusätzlich akzentuiert. Diese einzelnen Motive werden durch schmale Musterstreifen, die ein rahmendes Gerüst aus Streifen, Quadraten, Kreisen und Mehrpassformen bilden, zu Kompositionen zusammenfasst.

Paneele im Stil B zeigen weniger tief eingeschnittene Muster und eine Stilisierung der vegetabilen Formen. Das

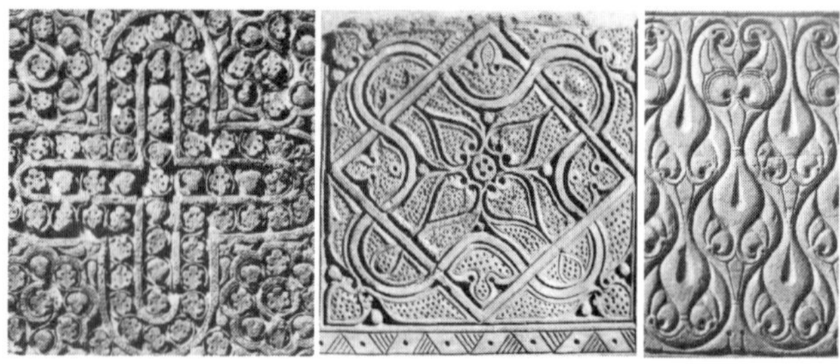

*Abb. 3.* Samarra, Stuckpaneele im Stil A bis C

Kompositionsschema entspricht weitgehend jenem, das auch Stil A kennzeichnet. Auch hier werden die Einzelmotive durch schmale Musterbänder zusammengefasst und gegliedert. Unterschiede zeigen sich vor allem in der Wahl der Einzelmotive und deren Behandlung. Anstelle des für Stil A typischen Rankenwerks, dessen Anordnung noch die natürliche Folge von Stängel, Blatt und Weintraube erkennen lässt, treten vegetabile Einzelmotive wie Knospen und Blütenkelche. Diese werden nun unverbunden kombiniert, Ranken oder Blattwerk, die in Stil A ein natürliches Wachstum suggerieren, fehlen.

Die Abstrahierung vegetabiler Formen, die Stil B auszeichnet, kulminiert in Stil C (Abb. 3). Dieser unterscheidet sich sowohl technisch als auch stilistisch deutlich von den beiden anderen. Die Muster werden nicht mehr tief eingeschnitten, sondern im sogenannten Schrägschnittstil mit abgerundeten Kanten gearbeitet. Dies hat zur Folge, dass der Kontrast von dunklem Grund und hellem Muster nicht mehr als primäres, formbildendes Mittel dient. Vielmehr entstehen nun Muster, die mit der Gleichwertigkeit von Motiv und Grund spielen. Gleichzeitig werden die vegetabilen Einzelformen zunehmend stilisiert, so dass die

Ausgangsform der Kelchblüten oder Palmetten nur noch schwer zu erkennen ist. Die Gliederung der Paneele unterscheidet sich ebenfalls deutlich von jener der Stile A und B. Als bevorzugtes Kompositionsschema wird der unendliche Rapport eingesetzt, so dass viele der Musterfelder an textile Vorbilder denken lassen.

Ein vergleichbares Nebeneinander von römisch-hellenistisch geprägten Formen und einer durch Schematisierung und Abstrahierung gekennzeichneten Formensprache, wie es die Stuckdekors zeigen, findet sich auch in den Wandmalereien. In der älteren Forschungsliteratur hat dies teilweise zu einer polarisierenden Darstellung geführt, eine Auffassung, die sich vielfach bis heute gehalten hat. Grund hierfür sind – wie E. Hoffman zeigen konnte – der Erhaltungszustand der Wandmalereien und die zur Verfügung stehenden Reproduktionen. Da die Malereien nur in stark fragmentiertem Zustand erhalten sind und sich heute nicht mehr in situ befinden, benutzte die Forschung vorzugsweise die von E. Herzfeld angefertigten, kolorierten Zeichnungen, die bei aller Detailtreue eine persönlich und zeitgeschichtlich gefärbte Sicht wiedergeben. So zeigt eine sehr häufig reproduzierte Zeichnung zwei Tänzerinnen, die mit erhobenen Armen bauchige Flaschen tragen, aus denen sie Wein in Schalen gießen. Ein Vergleich mit den Herzfeldschen Fotografien zeigt, dass auf den Aufnahmen weder Flaschen noch Trinkschalen zu erkennen sind. Auch wenn die »Malereien von Samarra« vom heutigen Leser somit eine kritische Lektüre fordern, ist der Wert dieser von E. Herzfeld angefertigten Dokumentation kaum zu überschätzen. Sie belegt, dass in einigen Bereichen des Kalifenpalastes die Wände oberhalb der Stuckpaneele mit Wandmalereien dekoriert waren, die zum Teil auch figürliche Darstellungen zeigen. Die Zahl der vollständig oder weitgehend vollständig erhaltenen Bildfelder ist allerdings begrenzt, so dass endgültige Aussagen über das Themenspektrum der Malereien nicht möglich sind. Die erhaltenen

Felder lassen vermuten, dass, ähnlich wie bei den Wandmalereien in den umaiyadischen Wüstenschlössern, die Vergnügungen des höfischen Lebens thematisiert wurden. Neben dem genannten Bildfeld mit den beiden Tänzerinnen existiert ein zweites, das einen jungen Mann darstellt, der ein Jagdwild tötet. Obwohl in beiden Szenen menschliche Figuren in Bewegung abgebildet sind, wirken sowohl die Darstellung der Tänzerinnen als auch die des Jägers weniger lebensnah bewegt als feierlich statisch. Die Bewegung wird in der Darstellung zur Pose. Unterstrichen wird dies durch die Wiedergabe des Faltenwurfs der Gewänder und die gleichförmige Zeichnung der Gesichtszüge. So dient der Faltenwurf nicht dazu, die Körper der Figuren in ihrer Körperlichkeit und Bewegung plastisch zu durchbilden, vielmehr werden die Reihen der Falten zu einem dekorativen Muster abgewandelt. Dieselbe Tendenz zu Reduzierung und Schematisierung zeigt sich auch in der Zeichnung der menschlichen Gesichter, die in je gleicher Weise mit wenigen Strichen gezeichnet sind. Einen völlig anderen Eindruck vermittelt hingegen ein breiter Fries aus spiralig eingerollten Akanthusranken, die von knienden und tanzenden weiblichen Figuren, Vierfüßlern und Vögeln belebt sind.

Die Tendenz zu Weitläufigkeit und Monumentalität, die in der profanen Architektur, insbesondere den Palästen von Samarra, zum Ausdruck kommt, findet ihre Entsprechung in den beiden großen Moscheen, die unter der Herrschaft des Kalifen al-Mutawakkil ebendort entstanden. Die frühere der beiden, die sogenannte **Große Moschee**, bot 100 000 Betenden Platz und erstreckt sich auf einer Grundfläche von 376 Metern in der Breite und 444 Metern in der Länge. In dieses Rechteck war ein weiteres, 240 mal 156 Meter messendes Rechteck eingeschrieben, die eigentliche Moschee. In dem Bereich zwischen der äußeren Umfassungsmauer und der Umfassungsmauer der Moschee, der sogenannten *ziyada*, waren Latrinen und Waschanlagen untergebracht. Die Moschee selbst war von massiven Mauern aus gebrannten Ziegeln eingefasst, die bis heute aufrecht stehen. Halbtürme und runde, in viereckige Rahmen gesetzte Fenster im oberen Mauerabschnitt rhythmisieren den Mauerverlauf und vermitteln den Eindruck von Wehrhaftigkeit. Den Zugang in die Moschee erschließen sechzehn Tore, die heute auf eine weite Freifläche führen. Von den ursprünglichen Einbauten, insbesondere dem Stützensystem, sind nur noch Reste erhalten. Sie lassen darauf schließen, dass das Innere nach dem Schema der hypostylen Hallenmoschee um einen zentralen Hof angelegt war. An der West-, Nord- und Ostseite des Hofes bildeten drei beziehungsweise vier Reihen von Pfeilern breite *riwaqs*, die Gebetshalle im Süden umfasste vierundzwanzig Reihen von je neun Pfeilern. Die Pfeiler waren aus Ziegeln gemauert und bestanden aus einem quadratischen Sockel und einem oktogonalen Schaft mit vier eingestellten Ecksäulen. Da ihre Überreste keine Ansätze von Bögen zeigen, geht man davon aus, dass die Dachbalken, die das Holzdach trugen, direkt auf den Pfeilern aufsaßen. Auch wenn die Ausrichtung der Dachbalken eine gewisse Ausrichtung des Raumes vorgab, wird der Eindruck, den die Gebetshalle der Großen Moschee vermittelte, der eines überwiegend ungerichteten Raumes gewesen sein. Lediglich der etwas breitere Abstand zwischen den beiden auf den Mihrab zuführenden Pfeilerreihen und die mächtige, mit Marmor und Mosaik verzierte Gebetsnische deuteten eine Ausrichtung über die Längsachse des Baus an. Unterstützt wurde dieser Eindruck durch die Platzierung des Minaretts, das außerhalb der Umfassungsmauer, im Bereich der *ziyada*, gelegen ist. Der charakteristische, über 50 Meter hohe Spiralturm erhebt sich ebenfalls in der Achse des Mihrab.

Einen deutlich anderen Eindruck vermittelte der Innenraum der zweiten Moschee von Samarra, der sogenannten **Abu-Dulaf-Moschee.** Wie auch die Große Moschee zeichnet der Bau sich durch seine monumentalen Dimensionen aus. Die äußere Umfassungsmauer schließt eine Fläche von 350 auf 362 Meter ein. Und auch die charakteristische Form des Minaretts mit dem spiralig gewundenen Aufbau auf quadratischem Sockel wird hier wieder aufgenommen. Der Innenraum der Moschee hingegen folgt in seiner Gliederung einem modifizierten Schema. Die Dachkonstruktion der *riwaqs* und der Gebetshalle ruhen auf einem System rechteckiger beziehungsweise T-förmiger Pfeiler. Diese sind durch nord-südlich verlaufende Bögen miteinander verbunden und bilden senkrecht auf die Qiblawand zulaufende Schiffe. Eine Akzentuierung des Raumes entsteht dadurch, dass das mittlere Schiff der Gebetshalle sowie das mittlere Schiff des nördlichen *riwaqs* breiter gehalten sind und somit eine auf den Mihrab zulaufende Achse bilden. Als ein weiteres gliederndes Element werden Querschiffe vor der Qiblawand eingeführt. So laufen die Arkadenreihen der Gebetshalle nicht bis zur Qiblawand durch, sondern stoßen gegen eine Reihe T-förmiger Pfeiler, die ihrerseits durch eine Reihe parallel zur Qiblawand verlaufender Bögen verbunden sind. Zwischen dieser Arkadenreihe und der Qiblawand verläuft eine weitere Arkadenreihe. Zusammen mit dem verbreiterten Mittelschiff ergibt sich somit ein T-förmiger Grundriss, weshalb Moscheen, deren Aufbau diesem Schema folgt, als T-Typ bezeichnet werden.

Die Entwicklung, die sich an den Grundrissen der beiden Moscheen aufzeigen lässt, erscheint vor dem Hintergrund der Architektur von Samarra geradezu zwangsläufig. Als grundlegendes Konzept findet sich die Betonung der zentralen Achse bereits in den Entwürfen der kalifalen Paläste. Sowohl hier als auch in der Abu Dulaf-Moschee kann sie als Blickachse interpretiert werden, die einerseits dem Herrscher ungehindert Ausblick gewährt, andererseits aber auch den freien Blick auf ihn eröffnet. Gleichzeitig fungierten die zentralen Achsen im Kontext des höfischen Zeremoniells vermutlich auch als hervorgehobene Prozessionswege.

Es entspricht der Logik des zentralistischen Systems der Abbasidenherrschaft, dass dem Formenrepertoire, das in Samarra seinen monumentalen Höhepunkt erreichte, auch in den Hauptstädten der Provinzen Vorbildcharakter zukam. Besonders eindrücklich zeigt dies ein Blick nach Ägypten, wo seit 868 mit Ibn Tulun ein faktisch unabhängiger Statthalter an der Macht war. Der Begründer der Dynastie der Tuluniden (868–905) erbaute in der von ihm gegründeten Residenzstadt al-Qatai, einem Vorläufer des heutigen Kairo, einen Palast, Pferderennbahnen, Poloplätze und eine Moschee nach irakisch-abbasidischem Vorbild. Auch wenn der Palast nicht erhalten ist, lassen die Beschreibungen der Historiographen Parallelen zu den Bauten von Samarra erkennen. So wird beispielsweise ein großes dreibogiges Eingangsportal erwähnt, eine Beschreibung, die an das große Portal des Kalifenpalastes in Samarra denken lässt. Die **Moschee des Ibn Tulun** hingegen hat sich in nahezu unveränderter Form bis heute erhalten, auch wenn das spiralförmige Minarett und der Brunnen im Hof der Anlage in ihrer heutigen Form auf spätere Umbauten zurückgehen. Sie zeigt in der Wahl des Baumaterials, der Grundrissdisposition und in ihrem Dekor deutliche Bezüge zu den Bauten von Samarra. Der Bau lässt sich als eine Abfolge von Quadrat, Rechteck und Quadrat beschreiben (Abb. 4, s. S. 76). Die äußere Umfassungsmauer der *ziyada* bildet ein Quadrat von 162 Metern Seitenlänge, dem ein längsrechteckiger Bau eingeschrieben ist, der seinerseits wiederum einen quadratischen Hof umfasst. Der Hof wird an drei Seiten von doppelten Arkadenreihen umschlossen, die jeweils parallel zu den Außenmauern verlaufen. An der vierten Seite bilden fünf parallel zur Qiblawand verlaufende Arkadenreihen die Gebetshalle. Das Stützensystem besteht, wie in Samarra, aus gemauerten rechteckigen Pfeilern mit eingestellten Ecksäulen, die die flache Holzdecke tragen. Weitere Bogenöffnungen, die in die Zwickel zwischen den Arkadenbögen eingestellt sind, durchbrechen die

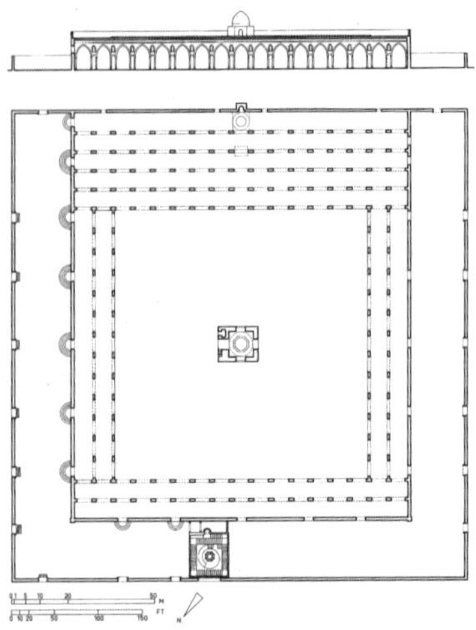

*Abb. 4.* Ibn Tulun Moschee, Kairo, fertiggestellt 879, Grundriss

Wandflächen und nehmen damit dem Raum die Schwere. Ähnlich wie der Blendbogenfries im oberen Drittel der äußeren Umfassungsmauer dienen die Bogenöffnungen der Akzentuierung und Rhythmisierung der Wandflächen. So entsteht durch die äußerste Reduzierung der architektonischen Ausdrucksmittel auf den rhythmischen Wechsel von geschlossenen und durchbrochenen Wandflächen ein harmonisches Raumganzes. Dieser Eindruck wird unterstützt durch den sparsam eingesetzten Baudekor aus Stuck und Holz. Ein schmales Ornamentband folgt dem Verlauf der leicht spitzbogig geschwungenen Arkadenbögen, weitere Dekorbänder rahmen die Bogenöffnungen zwischen den Arkadenbögen und die Kapitelle der in die Arkadenpfeiler eingestellten Ecksäulen. Die Formensprache der Dekorbänder zeigt ebenfalls deutliche Bezüge zu Samarra. Sie sind in dem gleichen Schrägschnittstil ausgeführt, den die Stuckpaneele vom Typ C in den dortigen Bauten aufweisen.

Ein zweiter, bis heute erhaltener Bau, der den weitreichenden Einfluss der abbasidischen Moscheearchitektur zeigt, ist die **Große Moschee** von Kairuan im heutigen Tunesien. Im 9. Jahrhundert war Kairuan eines der führenden städtischen Zentren der Provinz Ifrikiya (Nordafrika). In dieser Zeit, zwischen 773 und 902, wurde die Moschee in mehreren Bauphasen in ihrer heutigen Form errichtet, nachdem man den in das 7. Jahrhundert datierenden Vorgängerbau abgerissen hatte. Der leicht trapezoidal verschobene, rechteckige Grundriss ähnelt in seinen wesentlichen Merkmalen dem der Abu Dulaf Moschee in Samarra. Der rechteckige Innenhof wird an drei Seiten von doppelten Arkadenreihen umschlossen, die parallel zu den Außenwänden verlaufen. An der vierten Seite, nach Süden hin, erstreckt sich der Betsaal. Er zeigt im Grundriss einen T-förmigen Aufbau mit verbreitertem Mittelschiff und ausgeschiedenem Querschiff vor der Qiblawand. Beiderseits des Mittelschiffs laufen je acht Arkadenreihen senkrecht auf die Qiblawand zu und enden an dem ausgeschiedenen Querschiff. Das Kompartiment vor der Gebetsnische, in dem sich Mittel- und Querschiff durchdringen, wird zusätzlich betont durch eine monumentale Bogenstellung. Sie trägt eine oktogonale Übergangszone, auf der eine Rippenkuppel aufsitzt. Die Qiblawand beiderseits der Gebetsnische ist in voller Breite des kuppelüberwölbten Kompartiments mit lüsterbemalten Fliesen verkleidet. Über diese Fliesen berichtet ein Chronist des 15. Jahrhunderts, dass ein Teil aus Bagdad importiert, ein anderer Teil von einem Bagdader Handwerker vor Ort hergestellt worden sei. Da die Technik der Lüsterbemalung so aufwendig und kompliziert ist, dass sie im 9. Jahrhundert nur von wenigen Werkstätten beherrscht wurde und der Irak Zentrum der Produktion von Lüsterkeramiken war, scheint dieser Bericht durchaus nachvollziehbar. Für eine entsprechende Zuordnung der Fliesen spricht auch ihre Bemalung mit Flügelpalmetten und anderen Dekorelementen, die deutliche Parallelen zu den Stucken von Samarra zeigen.

Die reich dekorierte Gebetsnische bildet den Bezugspunkt einer den Raumeindruck beherrschenden Symmetrieachse, die durch das verbreiterte Mittelschiff und die Vormihrabkuppel gebildet wird. Das monumentale Minarett auf der nördlichen Hofseite greift diese Achse auf und führt sie fort. Diese hierarchische Strukturierung der Gesamtanlage durch die gezielte Hervorhebung einzelner Bauteile geht einher mit einer subtilen Feingliederung des Innenraumes, die durch das Versatzschema der Säulenstellung erzielt wird. Bei den in der Großen Moschee verbauten Säulen und ihren Kapitellen handelt es sich durchwegs um Spolien, also wiederverwendete Bauteile, aus vorislamischen Bauten. Wie Christian Ewert gezeigt hat, verfolgte man bei der Aufstellung dieser Spoliensäulen ein bestimmtes Schema, das die Farbe der Säulenschäfte berücksichtigt. So lässt sich in dem zentralen Bereich vor der Gebetsnische ein großes, durch rote Säulenschäfte gebildetes Oktogon erkennen, das ein etwas kleineres, durch schwarze Schäfte gebildetes Achteck durchdringt. Weitere, durch farbige Säulen markierte Diagonallinien, deren Bezugspunkt ebenfalls der Mihrab ist, verstärken die Feingliederung des gesamten Säulenwaldes. Dieses Prinzip der verfeinernden Akzentuierung und hierarchischen Gliederung des Innenraumes durch den regelmäßigen Versatz farbiger Säulenschäfte ist von grundlegender Bedeutung für die spätere Entwicklung der westislamischen Moschee. Der Bau, an dem sie aufgegriffen und weiterentwickelt wird, ist die Große Moschee von Córdoba, die im folgenden Kapitel besprochen werden wird.

Die Übereinstimmungen in der Grundrisskonzeption

zwischen den Moscheen von Samarra, der Ibn Tulun Moschee in Kairo und der Großen Moschee von Kairuan werden üblicherweise als Ausdruck des Zentralismus frühabbasidischer Herrschaft und der beherrschenden Rolle Bagdads gedeutet. Diese Interpretation wurde im Vorhergehenden übernommen und soll hier keinesfalls in Frage gestellt werden. Allerdings scheint der Hinweis angebracht, dass die Zahl der erhaltenen Bauten, die in das 8. bis 10. Jahrhundert datieren, vergleichsweise gering und die Anzahl der untersuchten und dokumentierten Monumente noch viel kleiner ist. Unter diesen Umständen sollten verallgemeinernde Charakterisierungen immer mit einem gewissen Vorbehalt verstanden werden.

## *Objekt- und Buchkunst*

Ein weiterer Faktor, der die Entwicklung der Kunst im 8. und 9. Jahrhundert entscheidend prägte, war – neben der politischen und kulturellen Vorreiterposition der abbasidischen Hauptstadt Bagdad – der Ausbau der Fernhandelsnetze. Bereits die Umaiyadenkalifen hatten große Summen in den Ausbau überregionaler Straßenverbindungen investiert und Relaisstationen eingerichtet, die insbesondere dem offiziellen Post- und Informationsdienst dienten. Mitte des 9. Jahrhunderts beziffert der Geograph Ibn Khurdadhbeh die Gesamtzahl der Poststationen im Kalifenreich auf 930. Von diesem Ausbau ebenso wie von dem relativ gesicherten Umfeld profitierte auch der Fernhandel, vor allem mit dem Fernen Osten. Dabei stand dem Reisenden die Wahl zwischen zwei Hauptverbindungsrouten offen: Auf dem Landweg entlang der nördlichen oder südlichen Seidenstraße oder auf dem Seeweg, vom Persischen Golf über Indien zu den chinesischen Zielhäfen. Eine Vorstellung von dem Umfang dieser Verbindungen geben die Zahlen, die in einem Bericht über ein Massaker an muslimischen, jüdischen, zoroastrischen und christlichen Kaufleuten in Guangzhou (Kanton), dem damals bedeutendsten Fernhandelshafen Chinas, genannt werden. Als sich im Jahr 878 politische Unruhen in einem Massaker an den ausländischen Kaufleuten entluden, wurden 120 000 Nichtchinesen getötet.

Einen Eindruck von dem Spektrum der Güter, die im Rahmen des Seehandels mit China umgeschlagen wurden, geben die Schiffswracks, die in den vergangenen Jahren vor allem im südchinesischen Meer von Archäologen gehoben wurden. Während die Mehrzahl dieser Schiffe im innerasiatischen Handel unterwegs waren, handelt es sich bei dem im 9. Jahrhundert verunglückten, nach seinem Fundort in indonesischen Gewässern benannten Belitung-Wrack eindeutig um ein Schiff arabischer Bauart. Seine Ladung bestand nahezu ausschließlich aus chinesischer Keramik, 60 000 Schalen, Kannen, Krüge, aber auch kleine Figurinen waren entweder in Strohzylinder oder in größere Keramikkrüge verpackt und im Laderaum verstaut. Bei den **Keramiken** handelt es sich überwiegend um gewöhnliche Gebrauchswaren aus den Werkstätten von Changsha. Außerdem umfasste die Ladung eine Auswahl an Luxuskeramik, die der Verwendung durch den kaiserlichen Hof vorbehalten war: weiße Keramik aus den Ding-Werkstätten, Yue-Keramik aus der Provinz Zhejiang und einige der frühesten erhaltenen Blau-Weiß-Keramiken. Ergänzt wurde dieser sensationelle Fund durch einige Silber- und Goldgefäße: Teller, eine Tasse, ein Kästchen und eine große Kanne. Da Funde solcher teuren Luxuswaren in einem Schiffswrack ausgesprochen ungewöhnlich sind, haben Archäologen die These aufgestellt, dass es sich um Gesandtschaftsgeschenke handelte, die möglicherweise für den Kalifenhof in Bagdad bestimmt waren.

Dass im 9. Jahrhundert größere Mengen chinesischer Keramik in die islamische Welt exportiert wurden, belegen auch Ausgrabungen in der am Persischen Golf gelegenen Hafenstadt Siraf. Bis in das 10. Jahrhundert hinein war Siraf der bedeutendste Umschlagplatz für den Asienhandel. Bei archäologischen Untersuchungen im Bereich der im 9. Jahrhundert erbauten Großen Moschee wurden unter anderem größere Mengen von chinesischer Keramik entdeckt. Besonders häufig fand man einen Typ, der in der Literatur als Dusun bezeichnet wird. Es handelt sich hierbei um ein mattgrün glasiertes Steinzeug, die häufigste Form sind große Vorratsbehälter von bis zu fünfzig Zentimetern Höhe. Dieselben Vorratsgefäße wurden in dem Belitung-Wrack verwendet, um darin Keramik bruchsicher zu verstauen. In einem solchen Krug fand man bis zu 140 kleinere Stücke. Weitere Parallelen zwischen den Funden in Siraf und dem Belitung-Wrack sind Keramiken aus den Changsha-Werkstätten, die blaue, braune oder grüne Bemalung auf cremefarbenem Grund zeigen. Im Spektrum der Belitung-Funde nicht vertreten sind hingegen cremeweiße Keramikgefäße, die zum Teil einen Reliefdekor aufweisen.

Die Funde chinesischer Keramiken aus Siraf, aus dem Belitung-Wrack, aber auch aus Samarra sind deswegen von so großem Interesse, weil die Forschung die durch die chinesische Importkeramik vermittelten Anregungen als Auslöser für die im 9. Jahrhundert einsetzende Produktion hochwertiger islamischer Luxuskeramiken ansieht. Da das Belitung-Wrack eine inschriftlich in das Jahr 826 datierte Schale enthält und auch die Funde in Siraf in eine zeitliche Folge eingeordnet werden können, lässt sich eine chronologische Entwicklung sowohl der importierten als auch der im Land hergestellten Keramiken rekonstruieren. Auf diese Weise kann man den in der älteren Fachliteratur vermittelten Eindruck relativieren, dass die Entwicklung zahlreicher innovativer technischer Verfahren und neuer Formen- und Dekortypen frühabbasidischer Keramiken zeitgleich stattgefunden habe. Vielmehr ergibt sich nun das Bild einer Aufeinanderfolge von Entwicklungsstufen.

Eine wesentliche keramiktechnologische Neuerung, die

sich auf den Einfluss der chinesischen Importe zurückführen lässt, sind Gefäße mit opaker, also undurchsichtiger, weißer Glasur. Dass sie das weiße chinesische Steinzeug nachahmen, zeigen bereits die Formen. Die opake weiße Glasur findet sich überwiegend auf bauchigen Schalen mit leicht ausgestelltem Rand, Details wie reliefierte Rippen in der Wandung der Schalen oder gelappte Ränder sind ebenfalls chinesischen Vorbildern nachempfunden. Und auch die Dimensionen und Proportionen der Schalen verweisen auf fernöstliche Vorbilder. Deutliche Unterschiede zu den chinesischen Keramiken zeigen sich hingegen in der Zusammensetzung von Scherben und Glasur. Da die muslimischen Töpfer nicht über die Rohmaterialien verfügten, die für die Herstellung der harten, bei sehr hohen Temperaturen gebrannten chinesischen Steinzeuge notwendig sind, mussten sie neuartige Glasurverfahren entwickeln, durch die ihre bei wesentlich niedrigeren Temperaturen gebrannte, weichere Keramik im Farbton den chinesischen Importen gleichkam. Indem sie der Glasur Zinnoxid zumischten, schufen sie eine opak-weiße Glasur, die den leicht gelblichen Scherben der Schalen abdeckte und ihnen denselben Farbton verlieh, der auch die weiße Importware auszeichnete. Die Entwicklung der sogenannten Zinnglasur bildete die Grundlage für eine Reihe weiterer technischer Neuerungen, nicht nur in der islamischen Welt. So wurde die Kenntnis der Zinnglasur auf dem Weg über das muslimische Spanien bis nach Italien verbreitet, wo ab dem 15. Jahrhundert die zinnglasierte sogenannte Majolika produziert wurde.

In der islamischen Welt des 9. Jahrhunderts bildete die opak-weiße Zinnglasur meistens nur den neutralen Untergrund, auf den zusätzliche farbige Dekors aufgebracht wurden. Dies bedeutet eine entscheidende Abweichung von den chinesischen Vorbildern, die üblicherweise einfarbig weiß waren und höchstens Reliefdekors aufwiesen. Als Farbpigment verwendeten die muslimischen Töpfer Kobaltoxid, das im vorislamischen Iran seit 2000 v. Chr., in Ägypten seit etwa 1400 v. Chr. für die Herstellung von blaugefärbtem Glas verwendet wurde. Die kobaltblauen Dekors wurden in die rohe, das heißt noch ungebrannte Glasur aufgetragen. Charakteristisch für diese sogenannten Inglasurdekors ist die weich verschwimmende Umrisslinie der farbigen Dekors. Diese Eigenschaft ist vermutlich auch der Grund dafür, dass man bei diesem Keramiktyp sparsame, großformatige Dekors bevorzugte. Neben großzügig gezeichneten Palmetten und Blattmotiven finden sich charakteristische Halbmondformen, die den inneren Rand säumen. Kennzeichnend sind weiterhin schraffierte Binnenflächen sowie stark stilisierte Inschriften, die den Namen des Herstellers nennen oder Segensformeln zitieren.

Eine weitere technische Neuerung, die ebenfalls die Entwicklung der Zinnglasur voraussetzte, war die Einführung der Lüsterbemalung. Sie stellt eine zweite Stufe in dem Experimentieren mit neuen Keramiktechnologien dar. Bei Lüsterkeramiken wird die bereits gebrannte Oberfläche der Gefäße mit einem hauchdünnen Metallüberzug versehen, der je nach Lichteinfall perlmuttartig bis metallisch schimmert. Die Lüsterfarben, mit denen gemalt wurde, bestehen aus einer Mischung von Silber- und Kupferoxiden, die bei einem zweiten, etwa 72 Stunden dauernden Brand bei reduzierter Sauerstoffzufuhr gebrannt werden. Bei dieser Art des Brandes wird den Silber- und Kupferverbindungen der Sauerstoff entzogen, und sie werden zu metallischem Silber und Kupfer reduziert. In der islamischen Welt finden sich erste Lüsterdekors zunächst auf Glas, die frühesten Beispiele sind in die Jahre 772 und 779 datierbar und in Ägypten entstanden. Zwei weitere Stücke werden aufgrund einer Inschrift mit der irakischen Stadt Basra in Verbindung gebracht und in das 9. Jahrhundert datiert. Das technisch aufwendige Verfahren der Lüsterbemalung wurde wohl nur von wenigen Werkstätten im mesopotamischen Raum beherrscht. Trotzdem fanden derartige Luxuswaren über den

Handel weite Verbreitung. Lüsterkeramiken wurden in so weit entfernten Regionen wie Spanien, Südrussland, Afrika, Indien oder Sri Lanka gefunden. Ähnlich wie die zeitgleichen Gläser mit Lüsterdekor zeigen auch die frühen Lüsterkeramiken zunächst polychrome Dekors, die, anders als bei den kobaltblau bemalten Gefäßen, die Oberfläche mit einem dichten Netz geometrischer und stilisierter vegetabiler Formen überziehen. Ab dem 10. Jahrhundert ging man von dem aufwendigen Verfahren der polychromen Lüsterbemalung über zu monochromen Dekors. Mit diesem Wechsel ging auch eine deutliche Veränderung im Dekorrepertoire einher. Anstelle der kleinteiligen flächendeckend aufgetragenen Dekors traten nun großformatige Motive, häufig stark stilisierte Darstellungen von Tieren oder Menschen.

Eine dritte Gruppe von Keramiken, die ab dem 10. Jahrhundert im Spektrum abbasidischer Keramik vertreten sind, weist einen Dekor aus willkürlich gesetzten Farbflecken in Grün, Manganviolett und Ockerbraun auf. Die große Vielfalt in der Qualität und der Ausführung ebenso wie die weite Verbreitung lassen darauf schließen, dass Keramiken dieses Typs regional produziert wurden. Auch in Bezug auf diese Gruppe ist die Frage nach möglichen Anregungen mit dem Verweis auf chinesische Vorbilder beantwortet worden. Die Beziehung der abbasidischen Keramiken mit Laufglasuren zu den chinesischen Dreifarben-Keramiken (*sancai*) hat die wissenschaftliche Diskussion über Jahrzehnte beschäftigt. Eine eindeutige Antwort ist bis heute nicht gegeben. So belegen Funde chinesischer Dreifarben-Keramik in Samarra und Alt-Kairo (Fustat) zwar, dass chinesische Sancai-Keramiken nach Westen exportiert wurden. Zugleich bleibt aber auch zu berücksichtigen, dass die Sancai-Keramik fremde, »orientalische« Einflüsse aufweist.

Eine weitere umfangreiche Gruppe frühabbasidischer Keramik zeigt einen gelben Grund unter transparenter Glasur sowie gemalte oder Farbfleckendekors in Braun oder Grün. Vergleichbare Stücke sind für zahlreiche Fundorte im Irak, in Jordanien und Syrien belegt, ihr Dekor lässt deutlich lokale Varianten erkennen. Gleichzeitig zeigen bestimmte Motive wie beispielsweise die um den Rand gereihten Halbmondformen Bezüge zu anderen Typen wie den opak-weiß glasierten Waren mit kobaltblauer Bemalung. Technisch vergleichbar, doch in der Formensprache gänzlich abweichend gestaltet, ist eine andere Gruppe gelbgrundiger Keramiken, die im äußersten Nordosten des Reiches, in Nischapur, produziert wurden.

Zusammenfassend ergibt sich damit folgendes Bild der abbasidischen Keramikproduktion: Eine große Bedeutung kam dem mesopotamischen Raum und den Zentren Bagdad, Samarra und Basra zu. Als Brennpunkte künstlerischen Schaffens dominierten sie die technische und stilistische Entwicklung, bündelten Kräfte und wirkten als Bezugspunkt. Den mesopotamischen Zentren, die auf die Produktion von hochwertigen Luxuskeramiken konzentriert waren, standen lokale und regionale Produktionszentren gegenüber. Während die Erzeugnisse der hochspezialisierten Werkstätten überregional gehandelt und verbreitet wurden, war der Verbreitungsradius der lokalen und regionalen Werkstätten beschränkter. Auch war ihr Formen- und Dekorrepertoire eher begrenzt, schlicht und konservativ, wohingegen die Erzeugnisse der hochspezialisierten Werkstätten teilweise sehr komplexe Dekors zeigen, die bisweilen Bezüge zu anderen Medien künstlerischen Gestaltens, beispielsweise Stuckdekors, aufweisen. Am Beispiel der abbasidischen Keramikproduktion lässt sich somit ein Einblick in die Organisation, die Produktionsabläufe und Verteilungsmuster eines Handwerkszweiges gewinnen, wie er aufgrund des Objekt- und Kenntnisstandes für andere Materialgruppen in diesem Umfang nicht möglich ist. Es ergibt sich das Bild eines stark diversifizierten Wirtschaftszweiges, der geprägt ist von der Wechselbeziehung zwischen lokalen und regionalen Traditionen einerseits und andererseits den Anregungen, die durch den internationalen Fernhandel sowie den innerislamischen Binnenhandel vermittelt werden. Die Rolle des abbasidischen Hofes ist die eines bedeutenden Abnehmers, dessen Vorlieben ästhetische Maßstäbe setzen. Eine höfische Produktion in dem Sinn, dass bestimmte Objektgruppen ausschließlich für den Gebrauch des Hofes produziert wurden, lässt sich zumindest in Bezug auf die Keramik nicht nachweisen.

Eine vergleichsweise dezentral organisierte Produktion lässt sich auch für die – ihrer Funktion nach – bedeutendste Gruppe abbasidischer Luxusartikel nachweisen: **Textilien**. Kostbaren Textilien, ob als Bekleidung, Accessoire oder Einrichtungsgegenstand, kam eine herausragende Bedeutung zu. Wertvolle Stoffe, Teppiche, Kissen oder Vorhänge, wurden als Geschenke an befreundete Herrscherhöfe versandt, in Form von Tributzahlungen eingezogen oder als Auszeichnung an verdiente Personen vergeben. Eine Vorstellung von der Bedeutung einer Textilkultur geben die Zahlen, die die schriftlichen Quellen nennen. So führt Qadi Ibn az-Zubair in seinem *Buch der Geschenke* Auszüge aus den Inventaren der Schatzkammern auf, die der abbasidische Kalif al-Amin beim Tod seines Vaters Harun ar-Raschid inspizieren ließ. Unter anderem enthielten diese viertausend vielfarbige lange Übergewänder mit weiten Ärmeln, viertausend Übergewänder aus reiner Seide, gefüttert mit Zobel- oder Wüstenfuchspelz, zehntausend knielange geschlossene Hemden mit zugehörigem Untergewand. An Raumtextilien werden unter anderem eintausendfünfhundert Knüpfteppiche aus reiner Seide, dreihundert Teppiche aus Maysan und tausend Teppiche aus Darabdschird genannt. Doch nicht nur der beachtliche Umfang, der aus diesen Zahlen spricht, lässt darauf schließen, dass Textilien eine herausragende Bedeutung zukam. Auch das Vokabular, das in diesem Zusammenhang verwendet wurde, bezeugt die bedeutende Rolle von Textilien. Sowohl in Bezug auf

Farbtöne als auch auf Techniken und Muster wurden feinste Unterscheidungen getroffen, die man durch feste Begriffe bezeichnete. Dass der Reichtum an Farben, Mustern und Oberflächenstrukturen, der in der Terminologie zum Ausdruck kommt, nicht nur ein ästhetisches Phänomen ist, sondern dass sich hier auch eine inhaltliche Dimension abzeichnet, wird klar, wenn man die Verwendung von Textilien genauer untersucht. Insbesondere im höfischen Umfeld brachten Kleiderordnungen Rangunterschiede zum Ausdruck und bezeichneten soziale Positionen und Konfessionszugehörigkeit. Aus welchen Stoffen und in welchen Farben Gewänder anzufertigen waren, war bis ins Detail geregelt. Dasselbe gilt für den Schnitt der Gewänder sowie die ergänzenden Accessoires, wie Kopfbedeckung, Waffen und Schmuck. Textilien waren Indikatoren von Sozialstatus und in ihrer Vergabe manifestierte sich soziale Kontrollmacht. Diese soziale und zugleich politische Funktion von Textilien kommt in der zeremoniellen Verleihung von Ehrengewändern, der sogenannten *khil'a*, zum Ausdruck. Diese galt – neben der Münzprägung und der Nennung des Herrschernamens während des Freitagsgebets – seit der Abbasidenzeit als Privileg des rechtmäßigen Herrschers.

Textilien für die zeremonielle Verleihung eines Ehrengewandes wurden eigens in spezialisierten Werkstätten angefertigt, die mehr oder weniger exklusiv im Auftrag des Herrschers arbeiteten. Hier entstanden die sogenannten *tiraz*-Stoffe. Ihre Bezeichnung verdanken sie den eingewebten, gestickten, bisweilen auch in Gold aufgedruckten oder gemalten Streifen mit einer Inschrift. Diese wird im Arabischen als *tiraz* bezeichnet, weshalb die Textilien, die solche Inschriftbänder aufweisen, auch als *tiraz*-Stoffe bezeichnet werden. Die Inschrift folgt einem festen Muster: auf die einführende Formel »im Namen Gottes, des barmherzigen Erbarmers«, die *basmala*, folgt der Name des Herrschers, der das Stück in Auftrag gegeben hat, der Ort der Herstellung, Name des Aufsehers der Werkstatt sowie das Datum der Herstellung. Gewänder oder Stoffe, die solche *tiraz*-Bänder enthielten, wurden im Rahmen des höfischen Protokolls als Geschenk oder Auszeichnung vergeben und von den so Geehrten als deutlich sichtbares Zeichen der ihnen erwiesenen Gunst getragen.

In ihrer Funktion als ein Medium, das Bedeutungen oder Inhalte kommuniziert, sind die Textilien nur Teil eines umfassenden Phänomens, das hier mit dem Begriff »Objektkultur« umschrieben wird. In der streng hierarchisch gegliederten, höfischen Gesellschaft spielten alternative Ausdrucksformen eine entscheidende Rolle. Dabei lassen sich grundsätzlich zwei verschiedene Bereiche unterscheiden, für die jeweils ein eigener Verhaltenskodex und eine besondere Sprache galten: der öffentliche Bereich herrscherlicher und dynastischer Selbstdarstellung und der private, innere Bereich, in dem die Zugehörigkeit zur höfischen Elite ausgehandelt und bestätigt wurde. Auf diesen beiden Bühnen, die ihre spezifischen Akteure und ein ebensolches Publikum haben, kommt gestisch-repräsentativen und symbolischen Ausdrucksformen eine besondere Bedeutung zu. Im engeren, privaten Zirkel dienen sie dazu, innerhalb klar vorgegebener Grenzen des »feinen Anstands« Inhalte zum Ausdruck zu bringen, ohne diese direkt auszusprechen. Die daraus resultierende Uneindeutigkeit oder Interpretierbarkeit ist intendiert. Für den, der die Ausdrucksformen des nonverbalen Zeichencodes beherrscht, bietet gerade seine Interpretierbarkeit ein machtvolles Instrument. Auf der öffentlichen Bühne herrscherlicher oder dynastischer Selbstdarstellung hingegen bieten gestisch-repräsentative und symbolische Ausdrucksformen die Möglichkeit zu eindrucksvollen Inszenierungen. Die Entstehung, Bedeutung und Funktion einer künstlerisch reichen Objektkultur ist vor diesem Hintergrund einer höchst differenzierten höfischen Etikette zu sehen. Gegenstände einer höfischen Luxuskultur sind gleichermaßen Gebrauchsgegenstände und Accessoires, die im Kontext einer nonverbalen Kommunikation als Ausdrucksmittel fungieren. Ihre Einsatzmöglichkeiten sind vielfältig und bisweilen sehr nuanciert.

Am Hof des Kalifen konzentrierten sich jedoch nicht nur die materiellen Kräfte des Reiches. Der luxuriös verfeinerte Lebensstil, den man hier pflegte, war keineswegs nur auf die Kultivierung äußerlicher Attribute beschränkt. Vielmehr waren die Herrscher bemüht, auch die führenden Intellektuellen an ihren Hof zu ziehen. Die Förderung der Wissenschaften bildete einen wesentlichen Bestandteil höfischer Kultur und die Angehörigen der politischen Elite wetteiferten untereinander darin, es dem Kalifen gleichzutun. So lässt sich unter der Herrschaft des Kalifen Harun ar-Raschid erstmals die Existenz eines »Hauses der Weisheit« (*bait al-hikma*) nachweisen, einer Institution, die in ähnlicher Form bereits im vorislamischen Iran existiert hatte. Das abbasidische *bait al-hikma* fungierte gleichermaßen als Archiv und Bibliothek. Außerdem wird es mit den Namen herausragender Gelehrter in Verbindung gebracht, die im Dienst der Kalifen arbeiteten. In ihrem Auftrag übersetzten sie mathematische, medizinische, astronomische und astrologische Werke aus dem Griechischen, Sanskrit und Altpersischen in das Arabische, schrieben Kommentare und verfassten wissenschaftliche Abhandlungen. Nach diesem Vorbild investierten auch die Angehörigen der politischen Führungsschicht in die Einrichtung privater Bibliotheken und unterstützten Gelehrte, die in ihrem Auftrag in diesen Bibliotheken arbeiteten. Begünstigt wurde die Einrichtung zahlreicher Bibliotheken und die damit einhergehende Manuskriptproduktion durch die Einführung von Papier als Beschreibstoff. Die Kenntnis der Papierherstellung war bereits Mitte des 8. Jahrhunderts durch chinesische Kriegsgefangene in die islamische Welt gelangt. Im 9. Jahrhundert hatte das Papier die ursprünglichen Medien, Papyrus und Pergament, als Beschreibstoff abgelöst. Lediglich Koranausgaben wurden weiterhin noch auf Pergament geschrieben.

Von den **Manuskripten**, die in den kalifalen und privaten Bibliotheken hergestellt und archiviert wurden, haben sich kaum Beispiele erhalten. Dass manche dieser Handschriften regelrechte Prachtausgaben waren, mit farbigen Illustrationen und auf kostbaren Papieren geschrieben, darauf lassen diesbezügliche Angaben in schriftlichen Quellen schließen. So beschreibt der Historiograph al-Masudi (gest. 957) in einer häufig zitierten Passage eine persische Chronik, die Porträts der sassanidischen Herrscher enthielt, die in Gold und Silber auf purpurfarbenem Pergament gemalt waren. Und auch Ibn al-Muqaffa (gest. um 756), der Autor einer berühmten Sammlung von Tierfabeln, schreibt in seinem Vorwort, dass sein Buch bunte Bilder enthalte, die dazu dienten, auf angenehme Art und Weise die moralischen Inhalte seiner Geschichten zu vermitteln.

Einen gewissen Eindruck vom Reichtum und der Vielfalt buchkünstlerischer Gestaltungsmöglichkeiten geben lediglich die in vergleichsweise großer Anzahl erhaltenen Koranexemplare. Als besonders sensationell darf man in diesem Zusammenhang zwei Fragmente ansehen, die 1972 bei Restaurierungsarbeiten in der Großen Moschee von Sanaa im Yemen als Teil eines Hortfundes zu Tage kamen. Bei der Sanierung der Decke der Moschee fand man insgesamt rund 40 000, zum Teil nur fragmentarisch erhaltene Seiten, die ursprünglich zu unterschiedlichen Koranmanuskripten gehörten. Die frühesten dieser Blätter können möglicherweise noch in das 7. Jahrhundert datiert werden, die beiden genannten Fragmente werden üblicherweise dem 8. Jahrhundert zugeordnet. Ihrer Funktion nach handelt es sich vermutlich um Frontispize, also verzierte Eröffnungsseiten, deren Besonderheit darin besteht, dass sie eine ganzseitige gegenständliche Darstellung zeigen. Übereinander angeordnete Bogenstellungen, Treppen, Tore, ein Innenhof und eine Reihe von Bäumen lassen sich trotz ihrer Stilisiertheit als Darstellung einer Moschee erkennen. Mit diesem gegenständlichen Bildrepertoire bilden die beiden Eröffnungsseiten aus Sanaa allerdings eine deutliche Ausnahme. Üblicherweise zeigen die querrechteckigen Seiten der Koranmanuskripte oder -fragmente des 9. und 10. Jahrhunderts eine rein ornamentale Ausgestaltung. Ihre Eröffnungsseiten, bisweilen auch die letzten Seiten, werden mit großformatigen Kompositionen gefüllt, deren Aufteilung durch Flechtbandsysteme an Fußbodenmosaike denken lässt. Ihre Formensprache lässt deutliche Bezüge zu den stilisierten Pflanzenformen erkennen, wie sie von den Stuckdekors von Samarra bekannt sind. Die Textseiten können ebenfalls zusätzliche Dekors aufweisen, die zugleich praktische Funktionen als Lesehilfen übernehmen, indem sie Verse voneinander trennen oder den Beginn einer neuen Sure anzeigen. Ihre Gestaltung reicht von schmalen Streifen mit rapportierenden geometrischen Mustern bis hin zu breiten Bändern, die als Rahmen für die Surenüberschriften fungieren. Im neunten Jahrhundert wurden diese oft in Gold geschrieben, so dass sie sich deutlich von dem Hintergrund aus hybrid wirkenden vegetabilen Mustern abheben. Das primäre Ausdrucksmittel der frühen Koranhandschriften jedoch bleibt die sorgfältig und kunstvoll ausgeführte arabische Schrift. Hier kommt ein besonderer Duktus zum Einsatz, der nach der Stadt Kufa im heutigen Irak als Kufi bezeichnet wird. Diese Form der arabischen Schrift zeichnet sich durch eine geometrische Reduzierung der einzelnen Buchstaben und klare Rhythmisierung der Buchstabenfolgen aus, die dem Schriftbild eine strenge Schönheit verleihen.

## Der islamische Westen I

### Das Kalifat von Cordoba und seine Nachfolger

### *Der historische Kontext*

Die politische und kulturelle Einheit des abbasidischen Reiches hatte nicht lange Bestand. Wenngleich die Rolle der abbasidischen Kalifen als nominelle Herrscher des islamischen Weltreiches bis 1258 erhalten blieb, änderten sich die faktischen Machtverhältnisse bereits im 10. Jahrhundert. Während in der Hauptstadt Bagdad militärische Söldnerführer die Macht übernahmen, machten sich in den Provinzen zunehmend separatistische Tendenzen bemerkbar. Im ägyptischen Kairo und im muslimischen Spanien etablierten sich die unabhängigen Dynastien der Fatimiden (909–1171) und der spanischen Umaiyaden (756–1031), die als politische Gegenspieler der Abbasidenkalifen agierten.

Gründergestalt der muslimischen Herrschaft über al-Andalus, so die arabische Bezeichnung des muslimischen Spaniens, war Abd ar-Rahmen, der Enkel des zehnten umaiyadischen Kalifen Hischam. Ihm war es gelungen, den blutigen Wirren zu entkommen, die mit der Absetzung der Umaiyaden und der Machtübernahme der Abbasiden einhergingen. Nach einer mehrere Jahre dauernden Flucht gelangte er im Jahr 755 nach al-Andalus. Dort konnte er die bis dahin rivalisierenden Berberfürsten und arabischen Stammesführer vereinen und sich als politischer Führer etablieren. Abd ar-Rahman und seine Nachfolger herrschten offiziell zunächst als Emire über al-Andalus. Erst Abd ar-Rahman III. nahm im Jahr 929 den Kalifentitel an und beanspruchte damit dieselbe Position wie die fatimidischen Kalifen in Ägypten und die Abbasiden in Bagdad. 1031 setzten Rivalitäten zwischen einzelnen Regionen und sozialen Gruppen dem Kalifat der spanischen Umaiyaden ein Ende. Für das kulturelle Leben bedeutete dies jedoch zunächst keinen negativen Einschnitt. Die berberischen und arabischen Regionalfürsten führten in Sevilla, Granada, Valencia und anderen Städten glanzvolle Höfe, die sich neben der alten Hauptstadt Córdoba zu bedeutenden kulturellen Zentren entwickelten. Die politische Widerstandskraft dieser Regionalfürstentümer war allerdings gering. Schon bald waren sie gezwungen, sich mit der Bitte um Unterstützung an die nordafrikanische Berberdynastie der Almoraviden (1056–1147) zu wenden, um der zunehmenden Bedrohung durch die christlichen Herrscher von Aragon und Kastilien zu begegnen. Unter der Herrschaft der streng orthodoxen Almoraviden und ihrer Nachfolger, der Almohaden (1130–1269), kam es zu einer kulturellen Verlagerung von der Iberischen Halbinsel in den Maghreb, die politischen und kulturellen Zentren lagen nun beiderseits der Meerenge von Gibraltar und dank des florierenden Handels mit Subsahara-Afrika entwickelten sich Städte wie Fes, Marrakesch, Rabat, Tinmal und Sidschilmassa zu wohlhabenden Zentren. Doch auch die Herrscher der berberischen Großreiche konnten das Vorrücken der christlichen Eroberer nicht verhindern. 1260 war das muslimische al-Andalus auf das Fürstentum von Granada zusammengeschrumpft, 1492 beendete der Fall der Stadt die über sechshundert Jahre währende muslimische Herrschaft in al-Andalus.

In der kunsthistorischen Forschung nimmt die Auseinandersetzung mit der Iberischen Halbinsel unter muslimischer Herrschaft eine Sonderstellung ein. Al-Andalus ist eine jener Regionen, die bereits sehr früh von einem vom Exotischen und Orientalischen faszinierten europäischen Publikum entdeckt und auch wissenschaftlich erschlossen wurde. Bereits im 19. Jahrhundert suchte und fand das erwachende wissenschaftliche Interesse für den Orient hier erste Arbeitsfelder für die Auseinandersetzung mit Islamischer Kunst und Architektur. In kunsthistorischen Überblickswerken, für die kunsthandwerkliche Praxis angelegten Vorlagenwerken und populären Reiseberichten wurden vor allem Abbildungen der Alhambra in Granada verbreitet, die zum Inbegriff orientalisch-islamischer Architektur avancierte. Diese Bilder der von zierlichen Säulen getragenen Mehrpassbögen und dem reichen Baudekor prägen bis heute den westlichen Blick auf islamische Architektur und ihre vermeintliche Detail- und Ornamentverliebtheit.

Die neuere Forschung stellt andere Aspekte spanisch-islamischer Kultur als zentral in den Mittelpunkt der Auseinandersetzung. Al-Andalus bildet geographisch und historisch gesehen eine Gelenkstelle zwischen Orient und Okzident. Politisch, ökonomisch und kulturell ist es ein Ort des Austausches. Hier ließ die unmittelbare geographische Nähe zu den christlichen Herrschaftsbereichen Europas ebenso wie die überaus heterogene Bevölkerung des Landes eine eigene Form von Austausch und Zusammenleben entstehen. Das Bewusstsein um diese Bedeutung der Region als Schnittstelle und die damit einhergehenden Interaktionsprozesse bilden heute die Grundlage für weiterführende Untersuchungen. So ersetzt das Konzept der »convivencia«, einer Kultur des Zusammenlebens in einer multikulturell geprägten Gesellschaft, zunehmend die Vorstellung einer andauernden christlich-islamischen Konfrontation, die frühere Auseinandersetzungen beherrschte und als deren glückliches Ende die »reconquista«, die »Rückeroberung« durch den als christlich definierten Norden gefeiert wurde.

Das Bewusstsein, dass Kunst und Kultur des Andalus wesentlich geprägt sind von der historischen Bedeutung der Region als Interaktionsraum öffnet den Blick dafür, dass sich in der Kunst des Andalus mehrere kulturelle Traditionsstränge zu einem zunehmend eigenständigen visuellen und architektonischen Idiom verbinden. Als grundlegend erweist sich zum einen die Tradierung und Weiterentwicklung einer spätantik-mittelmeerisch geprägten Formensprache, wie sie Abd ar-Rahman und seine Anhänger auf der Iberischen Halbinsel vorfanden. Zum anderen spielt gerade in der Frühzeit westumaiyadischer Herrschaft die Übernahme von visuellen Traditionen des ostumaiyadischen Raumes eine kaum zu unterschätzende Rolle. Es ist kein Zufall, dass Abd ar-Rahman einen seiner Landsitze in der Nähe von Córdoba ar-Rusafa nannte, nach der gleichnamigen Residenz seines Großvaters Hischam ibn Abd al-Malik im Nordosten Syriens. Vielmehr sind diese Verbindung und weitere Bezüge als Teil eines umfangreichen Referenzsystems anzusehen, das auf die Abstammung Abd ar-Rahmans und damit auf seine Legitimität als muslimischer Fürst verweist und ihn zugleich in eine kulturelle Tradition stellt. Der Bau, der diese Bezugnahme bis heute auf wohl eindrücklichste Weise belegt, ist die Große Moschee von Córdoba, die in vielfältiger Weise ostumaiyadische Schlüsselbauten zitiert.

## *Moscheearchitektur*

In ihrer heutigen Form ist die **Große Moschee** von Córdoba das Ergebnis von insgesamt vier Ausbauphasen, wobei damit nur die wesentlichen, den Grundriss entscheidend verändernden Baumaßnahmen der Frühzeit erfasst sind. Der um 785 fertiggestellte Gründungsbau wurde, wie die Große Moschee von Damaskus, an der Stelle einer christlichen Kirche errichtet. Der etwa 42 Meter in der Tiefe messende, langschiffige Säulensaal bestand aus elf Schiffen von je zwölf Jochen, wobei das mittlere Schiff breiter und höher war (Abb. 5, s. S. 96). Dem Betsaal vorgelagert war ein rechteckiger, durch eine Mauer abgegrenzter Hof. In der ersten Erweiterungsphase (848) unter Abd ar-Rahman II. wurde der Betsaal zur Qiblaseite hin um acht weitere Bogenschritte erweitert, die Gliederung des Ursprungsbaus mit dem verbreiterten Mittelschiff wurde dabei unverändert fortgeführt. Einschneidende Veränderungen ergab erst

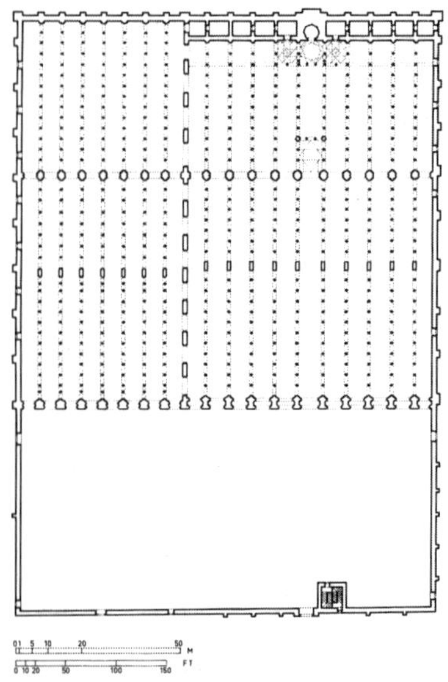


*Abb. 5.* Große Moschee, Córdoba, 784–987, Grundriss

der prächtige Erweiterungsbau, den al-Hakam II. zwischen 962 und 971 errichten ließ. Auch diese Erweiterung verlängert den Bau nach Südosten, also in Richtung der Qibla, wobei die Tiefe von 12 Jochen des Gründungsbaus wieder aufgenommen wird. Nun jedoch wird vor der Qiblawand eine Querarkade eingefügt, so dass die beiden letzten Joche der auf die Qiblawand zulaufenden Schiffe eine Art Transept bilden. Damit lässt al-Hakam in Córdoba eine Form der Grundrissdisposition umsetzen, die etwa zweihundert

Jahre früher in der al-Aqsa-Moschee in Jerusalem zum ersten Mal belegt ist. Diese Parallele ist wohl kaum zufällig, vielmehr bezeugt sie das Bestreben des Auftraggebers, sich in die Tradition des auf der Iberischen Halbinsel wiedererstandenen umaiyadischen Kalifats zu stellen.

Die durch die Einfügung des Transepts erzielte hierarchisierende Gliederung des Innenraumes und die Hervorhebung des Qiblabereiches wird durch weitere Details verstärkt. So wird der Bereich des Mittelschiffs, wo sich vor den Umbauten der Mihrab des Erweiterungsbaus von Abd ar-Rahman II. befunden hatte, jener Bereich also, wo man nun aus dem ersten in den zweiten Erweiterungsbau eintrat, durch eine Kuppel betont. Dieses heute als Capilla de Villaviciosa bezeichnete Kuppelkompartiment korrespondiert mit drei weiteren Kuppeln, die sich am Ende des Mittelschiffs, direkt vor dem Mihrab erheben und hier eine monumentale Maksura, also eine Herrscherloge, markieren. Inhaltlicher und formal-ästhetischer Bezugspunkt dieses Gesamtschemas ist der Mihrab, der, von der üblichen Nischenform abweichend, als Raum auf siebeneckigem Grundriss gestaltet ist. In der Zusammenschau gesehen wird deutlich, dass al-Hakam II. seinen Erweiterungsbau als weitgehend autarken Betsaal aufgefasst hat, dessen Eingang durch das Kuppelkompartiment der Capilla de Villaviciosa betont wurde. Die beiden vorangehenden Bauphasen haben in diesem Konzept nurmehr die Bedeutung eines vorgeschalteten Vestibüls.

Die Feingliederung des Innenraumes, die in der Grundrissdisposition der Gründungsmoschee bereits angelegt ist und in der Erweiterung von al-Hakam II. ausgebaut wird, findet ihre Fortsetzung in der hierarchischen Ordnung des aufgehenden Bauskeletts, insbesondere des Stützensystems. Hier findet wieder jenes Prinzip Anwendung, das bereits von der Großen Moschee von Kairuan bekannt ist. Auch in Córdoba dienten in allen Bauphasen antike Spolien als Stützen, sowohl die Säulenschäfte als auch ein Teil der

Kapitelle stammen aus älteren Bauten. Und auch hier lässt die Analyse der Anordnung der verschiedenfarbigen Säulenschäfte und der unterschiedlichen Spolienkapitelle ein Versatzschema erkennen, das die im Grundriss angelegte Hierarchie aufnimmt und fortführt. So heben sich bereits im Gründungsbau die das höhere Mittelschiff tragenden Säulen nicht nur durch ihre Stärke von den Säulenschäften in den Seitenschiffen ab, sondern auch durch die einheitliche Verwendung einer rotgrundigen Marmorbrekzie. In der ersten Ausbauphase wird diese Ordnung erweitert, indem nun auch die unterschiedlichen Spolienkapitelle, paarweise gesetzt, eine rhythmische Staffelung des zentralen Schiffes betonen. Im Erweiterungsbau al-Hakams II. schließlich heben in rhythmischem Wechsel versetzte, rote und graue Säulenschäfte das verbreiterte Mittelschiff hervor. Außerdem wird durch die systematische Versetzung farbiger Säulenschäfte ein Raster diagonaler Achsen geschaffen, deren Bezugspunkt das auf die Gebetsnische zulaufende Mittelschiff, beziehungsweise der Maksurabereich ist. Damit wird in der imperialen Hauptmoschee des westislamischen Kalifats die hierarchische Idee der Ausrichtung der Innenraumgliederung auf den Mihrab aufgegriffen und sukzessive verfeinert, die in Kairuan bereits vorgegeben war.

Die dritte und letzte der frühen Erweiterungsphasen fällt in die Herrschaftszeit des Kalifen Hischam II. und wurde von dessen Wesir al-Mansur in Auftrag gegeben. Anders als seine kalifalen Vorgänger lässt Mansur den Betsaal der Moschee nicht zur Qiblaseite hin erweitern, vielmehr wird die Moschee im Nordosten durch einen acht Schiffe umfassenden, über die gesamte Länge des Betsaales laufenden Anbau erweitert. Anstelle der Erweiterung in der Längsrichtung tritt damit die Ausdehnung in der Breite. Im Innenraum nimmt der Rhythmus der Säulen- und Pfeilerstellungen in dem Erweiterungsbau des Mansur die Stützenordnung der drei ersten Bauphasen auf und ordnet sich diesen damit deutlich sichtbar unter. Dabei wird auf ein Mittelschiff und einen eigenen, konkurrierenden Mihrab verzichtet. Diese auffälligen Details, ebenso wie die Wahl der Ausrichtung der Erweiterung und die Übernahme der Stützenordnung, lassen, ganz im Gegensatz zu dem Erweiterungsbau al-Hakams II., den Gedanken an einen autarken Raum gar nicht erst aufkommen. Von der Forschung wird diese auffällige Unterordnung unter die Raumordnung des überkommenen Baus als Hinweis darauf gedeutet, dass der Auftraggeber auf diese Weise seine im Vergleich zu den Kalifen untergeordnete Stellung zum Ausdruck bringen wollte.

Die Vorbildfunktion ostumaiyadischer Schlüsselbauten, die in der Grundrissdisposition der Großen Moschee von Córdoba durch die Bezugnahme auf die al-Aqsa-Moschee zum Ausdruck kommt, zeigt sich auch am aufgehenden Bau. Als ein Beispiel lässt sich der Mosaikdekor anführen, der im Erweiterungsbau von al-Hakam II. den Mihrab, Teile der Qiblawand und die Vormihrabkuppeln akzentuiert. Nicht nur die Wahl des Mediums, Glasmosaik, lässt an die Große Moschee von Damaskus denken. Auch die mit der Anbringung verknüpften Überlieferungen schließen an jene Berichte an, die im Zusammenhang mit der Damaszener Moschee tradiert wurden. So wird in Bezug auf die Mosaikdekors der Großen Moschee von Córdoba dieselbe Gründungslegende überliefert, wie für die Große Moschee von Damaskus. Hier wie dort heißt es, dass für die Ausführung des Mosaikschmucks Handwerker und Arbeitsmaterial, also Glasmosaiksteine, aus Konstantinopel gebracht wurden.

Doch die Übernahme visueller Traditionen des ostumaiyadischen Raumes ist nur eines der stilbildenden Elemente, die in der Architektur der Großen Moschee zum Tragen kommen. Das zweigeschossige Stützensystem, dessen Farbklang aus hellen Werksteinen und roten Ziegeln dem Innenraum bis heute sein unverwechselbares Aussehen verleiht, weist auf einen weiteren Traditionsstrang, der die Ausbildung einer kalifalen westumaiyadischen Formensprache geprägt hat. Von der Forschung wird das zweigeschossige Arkadensystem mit römischen Traditionen des Baus von Aquädukten in Verbindung gebracht. Als direktes Vorbild wird der Aquädukt »Los Milagros« in Mérida genannt. Doch während das System der zweigeschossigen Arkaden in der römischen Aquäduktbautradition primär konstruktiv-praktische Funktionen erfüllt, wird es in der Moschee in effektvoller Weise zu einer den gesamten Innenraum beherrschenden architektonischen Ausdrucksform weiterentwickelt. Das Grundschema ist bereits in der Gründungsmoschee angelegt. Die Säulen sind durch Hufeisenbögen miteinander verbunden, die der Aussteifung dienen, und tragen gemauerte Pfeiler, die durch ein zweites System von Halbkreisbögen miteinander verbunden sind und ursprünglich die flache Holzdecke trugen. Dieses Grundschema wird in den Erweiterungsbauten aufgenommen und weitergeführt. Eine Abwandlung und entscheidende Weiterentwicklung erfährt es in Teilen des dritten Erweiterungsbaus durch al-Hakam II. In den Bogenreihen der Moscheeschiffe sind die oberen, tragenden Bögen nun als Hufeisenbogen ausgebildet, während die unteren, aussteifenden Bögen als Fünfpassbögen gestaltet sind.

Das Aufbrechen von Großformen in komplexere, kleine Einheiten, das in dieser Ablösung des Halbkreisbogens durch den Mehrpassbogen bereits angelegt ist, wird in den Stützensystemen der Capilla de Villaviciosa und der Maksura weitergeführt und sublimiert. In diesen Bereichen waren zusätzliche Bogenglieder notwendig, um die Kräfte, die durch das Gewicht der aufsitzenden Kuppel entstehen, aufzufangen. Die Baumeister des Kalifen begegneten diesen statischen Zwängen mit der Konstruktion eines komplexen Gefüges aus sich kreuzenden Mehrpassbögen, das nicht nur den praktischen, statischen Erfordernissen diente, sondern diesen Bereich zugleich deutlich von den einfachen

Bogenstellungen der seitlich anschließenden Schiffe abhob. Auf diese Weise wurde im oberen Horizont des Stützensystems jenes hierarchische Prinzip der Feingliederung des Innenraums aufgegriffen und weitergeführt, das bereits durch die systematische Versetzung der farbigen Säulenschäfte und der Spolienkapitelle im unteren Bereich vorbereitet war.

Doch damit nicht genug, entwickelte man das Schema der einander kreuzenden Bögen in den Kuppeln der Capilla de Villaviciosa und des Maksurabereichs zu einem dreidimensionalen System weiter. Die drei Kuppeln vor dem Mihrab ebenso wie die Kuppel über der Capilla de Villaviciosa sind als Rippenkuppeln ausgebildet. Von unten betrachtet bilden die insgesamt acht einander kreuzenden Bogenrippen der Kuppeln einen achtstrahligen Stern, dessen Zentrum von einer Schirmkuppel bekrönt wird. Dabei ist die direkt vor dem Mihrab platzierte Kuppel durch ihren reichen Mosaikdekor klar hervorgehoben. Über die möglichen Vorbilder dieser einzigartigen Konstruktion wird bis heute diskutiert. Unzweifelhaft hingegen ist, dass die Rippenkuppeln der Großen Moschee innerhalb kurzer Zeit im gesamten Andalus sowie im angrenzenden Maghreb Modellfunktion erlangten und in mehreren Bauten als zentrales Gestaltungselement in Erscheinung traten. In wenig veränderter Form als deutliches Zitat zu erkennen sind die Rippenkuppeln der 999–1000 fertiggestellten Moschee am Bab al-Mardum in Toledo sowie die ebenfalls aus acht Bögen zusammengefügte Kuppel vor dem Mihrab der in der zweiten Hälfte des 11. Jahrhunderts erbauten Palastmoschee der Aljafería von Saragossa. Kunstvolle Weiterentwicklungen durchlief das Modell hingegen im nordafrikanischen Raum. In der Vormihrabkuppel der 1082 gegründeten Großen Moschee von Tlemcen (Algerien) wurde die Zahl der Bogenrippen erhöht und die geschlossene Kuppelhaut aufgebrochen. Hier bilden zwölf schlanke Bögen das Grundgerüst und zugleich den Rahmen für die durchbrochen gearbeiteten, filigran und leicht wirkenden Stucksegmente, die in die Flächen zwischen den Rippen eingefügt sind.

Die Große Moschee von Córdoba ist nicht nur der bedeutendste Moscheebau auf der Iberischen Halbinsel, sondern auch einer der wenigen islamischen Sakralbauten, die in diesem geographischen Großraum bis heute erhalten sind. Daher lässt sich die Einbindung dieses imperialen Großbaus in eine Typengeschichte ebenso wie seine typen- und stilprägende Bedeutung auch weniger im Bereich von al-Andalus nachvollziehen, als vielmehr im Maghreb. Hier haben sich mit den aghlabidischen Betsälen von Kairuan und Tunis (9. Jh.), den almoravidischen Hauptmoscheen von Tlemcen, Algier und Fes (11. – Mitte 12. Jh.) und schließlich mit den almohadischen Moscheen in Tinmal, Marrakesch und Sevilla (Mitte 12. – Mitte 13. Jh.) eine vergleichsweise große Anzahl von Bauten erhalten, an denen sich die Entwicklung des für den westislamischen Bereich so spezifischen T-Grundrisses verfolgen lässt, ebenso wie die Weiterentwicklung des in den Großen Moscheen von Kairuan und Córdoba angelegten und ausgebauten Prinzips der hierarchischen Feingliederung des aufgehenden Bauskeletts. Besonders deutlich zeigt sich dies in der als Prototyp der almohadischen Moschee geltenden **Großen Moschee** von Tinmal, die sich durch die sorgfältige Abstimmung von Grundrissdisposition, Baudekor und geometrisch-metrologische Konzepte auszeichnet.

Das hundert Kilometer östlich der marokkanischen Hauptstadt Marrakesch gelegene Tinmal war der Wirkungs- und Sterbeort des Gründers der Almohaden-Bewegung, Ibn Tumart, und die Moschee wurde als Gedenkstätte für den verehrten Verstorbenen 1153–54 errichtet. Die annähernd quadratische Anlage mit den Außenmaßen 46,40 mal 43,50 Meter setzt sich zusammen aus einem neunschiffigen, querrechteckigen Betsaal und einem kleinen vorgelagerten Hof, der seitlich von zwei Arkaden und

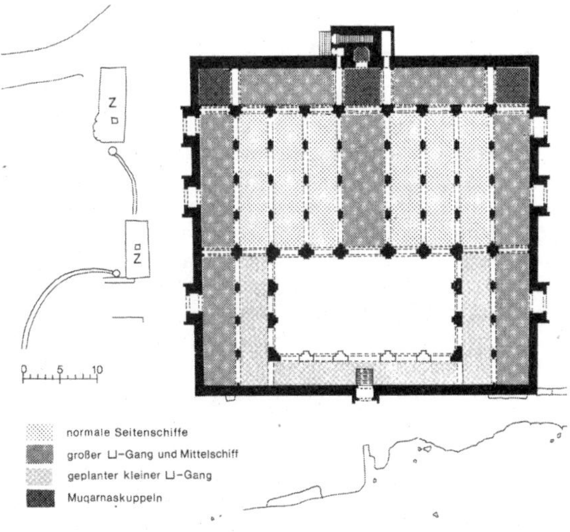


*Abb. 6.* Große Moschee, Tinmal, 1153–54, Lageplan und Grundriss

einer weiteren Arkade im Norden eingefasst wird (Abb. 6). Die gesamte Anlage ist durch eine hohe, festungsartig verstärkte Mauer umschlossen, aus der sich im Süden der monumentale Mihrabblock heraushebt, der zugleich als Unterbau für das quadratische Minarett dient. Der Grundriss des Betsaals mit den senkrecht zur Qiblawand angeordneten Schiffen, verbreitertem Mittelschiff und ausgeschiedenem Querschiff vor der Qiblawand entspricht auf den ersten Blick dem üblichen T-Schema. Bei genauerer Analyse des Grundrisses zeigt sich jedoch eine Reihe bedeutsamer Abweichungen. So ist nicht nur das Mittelschiff breiter als die seitlich flankierenden, sondern auch die beiden an die

Außenmauern angrenzenden Schiffe und das ausgeschiedene Querschiff. Überdies sind die Arkaden, die die äußeren Schiffe begrenzen, bis an die Qiblawand fortgeführt. Sie durchdringen also die Querschiffarkaden, ebenso wie die Arkaden des Mittelschiffs. Auf diese Weise entsteht an diesen Durchdringungsbereichen, also an den Enden der Querarkade, und vor dem Mihrab je ein quadratisches Kompartiment, das als Auflager für eine Kuppel dient. Zugleich wird durch die Verbreiterung der äußeren Schiffe sowie des Querschiffes ein dreischenkliger, U-förmiger Umgang geschaffen, der den Kern der Moschee nach außen abschirmt und überdies das hierarchische Zentrum, den Mihrab und das darauf zuführende Mittelschiff, betont.

Diese im Grundriss angelegte hierarchische Gliederung des Betsaales findet ihre Fortsetzung in der Gestaltung der Arkaden. Sowohl ihre Pfeiler als auch die Bögen sind aus Ziegeln gemauert und verputzt beziehungsweise mit Gipsstuck verkleidet. Die hierarchische Differenzierung der verschiedenen Innenraumabschnitte erfolgt durch die Gestaltung der Bögen. Während die Hoffassade und der innere Kern des Betsaales einfache spitze Hufeisenbögen zeigen, die lediglich von einem Blendbogen gerahmt sind, werden die Bogenkonturen der Mittelschiff- und Querschiffarkaden sowie des großen U-förmigen Umgangs zunehmend fragmentiert, ihre Silhouette aufgebrochen. Dabei wird der klassische, bereits in Córdoba ausgeprägte Vielpassbogen nun stufenweise vegetabilisiert, die Spitzen der Einzelpässe sind als Hängezapfen ausgebildet, die in stilisierte Blattformen auslaufen. Im Vormihrab-Kompartiment, dem herausgehobenen Bezugspunkt der übergeordneten hierarchischen Gliederung, werden schließlich auch die Leibungen der Bögen durch Blattelemente verziert.

Die zunehmende Fragmentierung, die sich in dieser Auflösung der Großformen der Bogenkonturen zeigt, wiederholt sich in herausgehobenen Bereichen des oberen Raumabschlusses, die durch Muqarnaskuppeln betont werden.

Ursprünglich besaß die Moschee vier Kuppeln – drei über dem Querschiff vor der Qibla und eine über dem Mihrab – die sämtlich mit in Stuck gearbeiteten *muqarnas* verkleidet waren. Die Grundstruktur der beiden noch erhaltenen Muqarnaskuppeln besteht aus einem Gerüst sich kreuzender Rippen, die jedoch nicht, wie in Córdoba, als Großformen ausgeführt sind, sondern in eine Vielzahl aneinander gereihter Kreisbogenabschnitte aufgebrochen werden. Die Oberfläche der durch die Bogenstellung entstehenden Zwickel ist ebenfalls kaleidoskopartig in eine Aneinander- und Übereinanderreihung unterschiedlich gestalteter Nischenelemente aufgelöst. Damit zeigen die Gewölbe in Tinmal die allen westislamischen Muqarnasgewölben gemeinsame Grundgliederung. Über einem Kranz von kleinen, aus Nischen zusammengesetzten Baldachinen erhebt sich ein zentraler Baldachin. Und auch die ausschließlich auf den Innenraum gerichtete Sichtbarkeit des Muqarnas entspricht der im westislamischen Bereich üblichen Ausprägung des Motivs. Anders als in Syrien oder dem Irak, wo die Muqarnas-Gewölbe als eine Art Negativform auch am Außenbau abzulesen sind, treten die westislamischen Muqarnas-Gewölbe nach außen nicht in Erscheinung, sondern verstehen sich als ein ausschließlich auf den Innenraum bezogenes Dekorsystem.

Auch wenn die große Moschee von Tinmal ebenso wie die anderen, hier nicht im Detail besprochenen nordafrikanischen Moscheen des 11. und 12. Jahrhunderts im Vergleich mit der Großen Moschee von Córdoba eine deutlich modifizierte Grundrissform aufweisen und auch in der Ausbildung von Detailformen veränderte Lösungsansätze erkennbar sind, so ist die Modellfunktion der Cordobeser Moschee im Entwurfsgedanken noch deutlich wahrnehmbar. Der Grundgedanke, der weitergeführt und in Variationen ausgearbeitet wird, ist der des gerichteten, hierarchisch geordneten Raumes. Umgesetzt wird dies einerseits durch den Einsatz und die Modifizierung des T-Grundrisses, der die Möglichkeit bietet, den Qiblabereich als herausgehobenen Raumabschnitt zu betonen. Andererseits wird das aufgehende Bauskelett als zusätzliches Ausdrucksmittel eingesetzt, um bestimmte Bereiche des Innenraums durch reicher verzierte und in ihren Konturen fragmentierte Systeme von Bögen und sich kreuzenden Bögen sowie durch Muqarnasgewölbe hervorzuheben.

## *Palastarchitektur und Baudekor*

Wenn man, wie im Vorhergehenden geschehen, mit einer typologischen Anordnung in die Architektur einer bestimmten Region oder Epoche einführt, so liegt es nahe, nach der Moscheearchitektur die Palastarchitektur abzuhandeln. Zumindest im westislamischen Bereich sind andere Bauaufgaben, denen im Osten der islamischen Welt eine besondere Bedeutung zukommt, kaum oder gar nicht vertreten. So spielt die Errichtung von Grabbauten, die im Osten später zur Entstehung so großartiger Anlagen wie dem Tadsch Mahal führt, nur eine untergeordnete Rolle. Zwar findet man im nordafrikanischen Raum zahlreiche Heiligengräber, doch handelt es sich in der Regel um sehr einfache Bauten, die eher als Ausdruck von Volksfrömmigkeit von Interesse sind als wegen ihrer Architektur. Und auch die Karawanserai und das Hospital scheinen als Bauaufgabe keine nennenswerte Rolle gespielt zu haben. Für Palastbauten und die unter diesem Begriff subsumierten herrschaftlichen Wohn- und Wirtschaftsanlagen hingegen lassen sich auf der Iberischen Halbinsel bereits ab dem achten Jahrhundert vergleichsweise zahlreiche Beispiele nachweisen.

Als Pendant der ostumaiyadischen sogenannten Wüstenschlösser kann man die in Spanien als Munya bezeichneten Anlagen charakterisieren. Eine Munya ist ein landwirtschaftlich genutztes Anwesen, zu dem eine in Zier- und Nutzgärten eingebettete, herrschaftliche Wohnanlage gehört. Im Umland von Córdoba existierten eine Reihe solcher Landgüter, zu denen auch die oben bereits erwähnte Munya des Kalifen Abd ar-Rahman, ar-Rusafa, gehörte. Sie dienten der höfischen Elite als Repräsentations- und Rückzugsort, waren zugleich aber auch intensiv bewirtschaftete landwirtschaftliche Betriebe, deren Erzeugnisse – Früchte, Gemüse, Duftpflanzen, Kräuter – im Rahmen aufwendig inszenierter Gastmähler die Kultiviertheit ihrer Besitzer zum Ausdruck brachten. Diese soziale und wirtschaftliche Bedeutung der Munyas ist in den vergangenen Jahren von verschiedenen Wissenschaftlern intensiv aufgearbeitet worden. Sehr viel weniger weiß man hingegen über die architektonische Gestaltung dieser Anlagen. Grundsätzlich lassen sich zwei Typen unterscheiden. Der eine entspricht dem im gesamten Mittelmeerraum üblichen Schema der um einen zentralen Innenhof organisierten Folge einfacher Räume, der zweite Typ zeichnet sich aus durch eine große, zweigeteilte Halle, die sich auf einen Innenhof öffnet, der seitlich wiederum von Raumreihen flankiert wird. In beiden Fällen sind die Räume reich ausgeschmückt mit skulptiertem und gemaltem Dekor. Zahlreiche Brunnen und Becken stellen Wasser in reicher Fülle zur Verfügung. Dies dient nicht nur der Kühlung der Räume, vielmehr ist es auch als ein subtiler Hinweis zu verstehen, durch den der Besitzer des Landsitzes sich selbst als kultivierte – im Sinne von das Land kultivierende – Persönlichkeit präsentiert.

In der Tradition der herrscherlichen Munyas vor den Toren der Hauptstadt steht auch die dreizehn Kilometer nordwestlich von Córdoba gelegene **Palaststadt Madinat az-Zahra**, deren Baubeginn in den Quellen mit 936 beziehungsweise 941 angegeben wird. Sie fällt damit in die Regierungszeit des Kalifen Abd ar-Rahman III., der 911 die Nachfolge seines Großvaters Abd Allah antrat. Abd ar-Rahman III. hatte 929 den Kalifentitel angenommen, um seine wirtschaftlichen und machtpolitischen Ansprüche gegenüber den ägyptischen Fatimidenkalifen zu legitimieren, was Veränderungen des Verwaltungsapparates sowie des repräsentativen Aufwandes zur Folge hatte. Beides konnte der Alcazar von Córdoba bereits nach wenigen Jahren nicht mehr leisten, so dass eine neue Palaststadt vor den Toren der Stadt gegründet wurde. Dass diese Baumaßnahme auch als Reaktion auf den ideologischen Konflikt zwischen den schiitischen Fatimidenkalifen und den sunnitischen westumaiyadischen Kalifen zu sehen ist, zeigt sich in der Benennung der neuen Palaststadt, Madinat az-Zahra. Das arabische Wort *zahra*, glanzvoll, strahlend, bezieht sich auf einen Kerngedanken der von den fatimidischen Kalifen vertretenen Heilslehre. Die Fatimiden vertraten als Ismailiten eine Form des schiitischen Glaubens, in der die Vorstellung des göttlichen Lichts eine zentrale Rolle spielt. Dies kommt unter anderem auch in der Benennung der ersten Freitagsmoschee zum Ausdruck, die der Fatimidenkalif al-Mu'izz im neugegründeten Kairo errichten ließ und die den programmatischen Namen al-Azhar, die Strahlende, erhielt. In diesem Sinne ist der Name der neuen Palaststadt vor den Toren von Córdoba als programmatische Replik zu verstehen, die den Anspruch des westumaiyadischen Kalifats auf die Herrschaft über die muslimische *umma*, die Gemeinde, unterstreicht.

Die Baumaßnahmen in Madinat az-Zahra zogen sich nach Quellenberichten über vierzig Jahre hin, was bedeutet, dass auch der Sohn und Nachfolger von Abd ar-Rahman III., al-Hakam II., entscheidend am Bau und Ausbau der Palaststadt beteiligt war. Zentrale Bauten und Bereiche waren jedoch innerhalb kürzester Frist fertiggestellt. Bereits 941 wurde in der Großen Moschee von Madinat az-Zahra das erste Freitagsgebet abgehalten, 945 feierte man den ersten prächtigen Empfang im Palast und 947 wurden Teile der Verwaltung sowie die herrscherliche Münze nach Madinat az-Zahra verlegt. Von der gesamten Anlage ist heute nur ein Bruchteil durch archäologische Ausgrabungen erschlossen. Von dem auf drei Terrassen angeordneten

Areal sind vor allem weite Teile der oberen und mittleren Terrasse ausgegraben, die Gebäude der unteren Terrasse und die Anlagen in der Ebene stehen noch zur Bearbeitung aus. Trotzdem lässt sich die Grundstruktur der Anlage in groben Zügen rekonstruieren. Der Kernbereich des Areals mit einer Fläche von rund 750 mal 1500 Metern umfasst die beiden oberen Terrassen und ist von einer mit Halbtürmen bewehrten Mauer eingefasst. Östlich des ummauerten Bezirks grenzt die nach dem Vorbild der Großen Moschee von Córdoba errichtete Palastmoschee an. Im Süden befanden sich weitere Gärten und Gebäudekomplexe, in denen die Angehörigen und Bediensteten des Hofes untergebracht waren. Die innere Gliederung dieses ummauerten Kernbereiches der Palaststadt folgt funktionalen Gesichtspunkten, spiegelt zugleich aber auch die Hierarchie des kalifalen Haushalts. An der höchsten Stelle der obersten Terrasse, mit ungehindertem Blick über die Ebene und die unteren Terrassen, befindet sich der Kalifenpalast. An ihn schließen sich südlich weitere, um offene Höfe herum geordnete Hauskomplexe und Höfe an, die jedoch deutlich tiefer liegen. Sie werden als Unterkünfte der Dienerschaft, der Leibgarde, hoher Würdenträger und Angehöriger der Kalifenfamilie interpretiert. Kennzeichnend für dieses gesamte Areal ist das Fehlen jeglicher Axialität. Die einzelnen Baukomplexe und Höfe sind ineinander verschachtelt, zwischen den Niveaus der einzelnen Anlagen ergeben sich immer wieder deutliche Höhenunterschiede. Ausschlaggebend für die Hierarchie der Anordnung der Gebäude ist nicht die Reihung entlang einer horizontalen Achse, wie in den großen Palästen von Samarra, als vielmehr die Lage im Kontext des Höhenprofils und damit der freie Blick.

Ein weiteres Ordnungskriterium, das die räumliche Organisation des Kernbereichs bestimmt, ist die Unterteilung in einen öffentlichen und einen privaten Bereich. Eine in Nord-Süd-Richtung verlaufende Straße bildet die Grenze zwischen beiden Bereichen und dient zugleich der Erschließung. Während im Westen der Kalifenpalast und die angrenzenden Wohnbezirke den privaten Bereich bilden, befinden sich im Osten die Komplexe, die repräsentativen Funktionen dienen. Hierzu zählen vor allem zwei große Empfangshallen, die sogenannte *dar al-dschund*, also das Haus des Heeres, die heute auch als *dar al-wuzara*, also das Haus der Wesire, bezeichnet wird, sowie der sogenannte Reiche Saal (Salon Rico), dessen Erbauung durch Inschriften zwischen 953 und 957 datiert werden kann. Die *dar al-dschund* ist eine fünfschiffige Halle mit verbreitertem Mittelschiff. Sie öffnet sich über Hufeisenbogenstellungen auf eine vorgelagerte Plattform, von der aus Treppen auf einen großen Hof hinabführen. Der Reiche Saal zeigt den gleichen, fünfschiffigen Grundriss, der hier jedoch in einen aus drei Schiffen bestehenden Kernbereich und zwei durch Wände von diesem abgetrennte, äußere Schiffe untergliedert ist. Große Türdurchgänge stellen die Verbindung zwischen Kern- und Seitenbereichen her. Nach Süden ist der Halle eine Portikus vorgelagert, die sich über fünf Hufeisenbögen auf einen Hof und den daran anschließenden hohen Garten öffnet. Vervollständigt wird die gesamte Anlage durch ein großes Wasserbecken im Hof und einen zweiten, gegenüberliegenden Pavillon, dessen dreischiffiger Grundriss ein verkleinertes Spiegelbild des Reichen Saales bildet. Östlich angrenzend befanden sich schließlich reich ausgestattete Badeanlagen. Diese Verbindung von repräsentativem Empfangsraum und Badeanlage mag nach heutigem Empfinden zunächst befremdlich erscheinen, der Vergleich mit anderen Palastanlagen – beispielsweise dem im zweiten Kapitel vorgestellten ostumaiyadischen Wüstenschloss Khirbat al-Mafdschar – zeigt jedoch, dass dies durchaus den Vorstellungen von Gastfreundschaft und Luxus entsprach.

Wie der Name besagt, war der Kernbereich des Reichen Saals aufwendig ausgestattet. Das Mittelschiff wird seitlich von Arkaden begrenzt, deren Hufeisenbögen den gleichen Farbwechsel zeigen wie jene der Großen Moschee von

Córdoba. Auch die Versetzung der Säulen mit abwechselnd roten und grauen Schäften erinnert an die Stützenordnung der Moschee. Die Sockelzonen der Wände sind mit reliefierten Marmorplatten verkleidet, auf denen eine überwältigende Vielfalt von vegetabilem Rankenwerk zu immer neuen, flächenfüllenden Musterfeldern und -bändern zusammengestellt ist. In extremer Verdichtung ist hier das Formenrepertoire zusammengeführt, das in Stuck, Stein, Mosaik oder Holz gearbeitet auch in den übrigen Bauten der Palaststadt vorherrscht. Die rein vegetabilen Kompositionen sind streng symmetrisch organisiert, auf den großen Panelen dominieren Rankenbaumkompositionen mit einem zentralen Stamm, von dem regelmäßig angeordnete Äste abzweigen, die sich in scheinbar unendliche Spiralranken verflechten. Dieser strengen Symmetrie des Grundgerüsts steht die Asymmetrie der Details gegenüber. Das Repertoire der Blätter und Blüten, die aus den Ästen hervorwachsen, lässt sich zwar auf einige wenige Grundformen reduzieren, doch werden diese durch bisweilen nur minimale Abweichungen immer wieder abgewandelt und variiert. Der Grundwortschatz der Formensprache, die auf diese Weise geschaffen wird, ist vergleichsweise konservativ. Als Ausgangsformen dienen Weinblätter, Trauben, Akanthusblätter, Palmetten und Halbpalmettblätter, Formen also, die im spätantiken Vokabular des Mittelmeerraums verankert sind. Die zunehmende Stilisierung vegetabiler Ausgangsformen und das Aufweichen des Verhältnisses von Form und Hintergrund hingegen, das bereits hundert Jahre früher die ostislamische Kunst revolutionierte, findet hier keinen Widerhall. Von manchen Forschern wird dies als Ausdruck einer gewissen Rückständigkeit oder Provinzialität gewertet. Angesichts der geographischen Lage von al-Andalus scheint diese Interpretation nahezuliegen. Betrachtet man allerdings Bauten wie den Erweiterungsbau der Großen Moschee von Córdoba durch al-Hakam II., stellt sich die Frage, ob die Reduzierung auf die Polarität von Zentrum – Bagdad – und Peripherie – al-Andalus –, die einer solchen Deutung zugrunde liegt, tatsächlich dem Selbstverständnis des westumaiyadischen Kalifats gerecht wird, oder ob man die konzentrierte Weiterentwicklung eines spätantik-mittelmeerisch geprägten Formenschatzes nicht vielmehr als bewussten Ausdruck westumaiyadischer Hegemonialansprüche deuten sollte.

## *Objektkunst*

Die Formensprache des Cordobeser Kalifats, die in den Reliefplatten des Reichen Saals ihren vollendeten Ausdruck findet, kommt zeitgleich auch in anderen Bereichen künstlerischen Schaffens zum Einsatz. Besonders deutlich zeigen dies die **Elfenbeinarbeiten** mit außerordentlich feinem, geschnitztem Dekor, die im Zeitraum zwischen 950 und 1050 in den Hofwerkstätten von Córdoba entstanden sind (Abb. 7). Die etwa dreißig noch erhaltenen rechteckigen oder zylindrischen Deckeldosen und -kästchen weisen einen formal einheitlichen Dekor aus dichtem, symmetrisch angeordnetem Rankenwerk und Rankenbäumen auf. Anders als bei den rein vegetabilen Dekors des Reichen Saals wird das Rankenwerk jedoch häufig durch Tiere belebt, die in dem Blattwerk sitzend und stehend dargestellt sind, und durch Medaillons erweitert, die als Rahmen für figürliche Szenen dienen. In der überwiegenden Zahl der Fälle handelt es sich hierbei um Standarddarstellungen, wie beispielsweise Jagd- oder Thronszenen oder heraldische Tierdarstellungen, die jedoch durch die individuelle Zusammenstellung, die jeweilige Position auf dem Kästchen und die Einfügung einiger einzigartiger Darstellungen zu individuellen Bildprogrammen kombiniert werden. Ergänzt werden diese Bildprogramme durch Inschriften, die eine Datierung, Auftraggeber, Besitzer oder auch Hersteller nennen und somit eine Rekonstruktion der Umstände ihrer

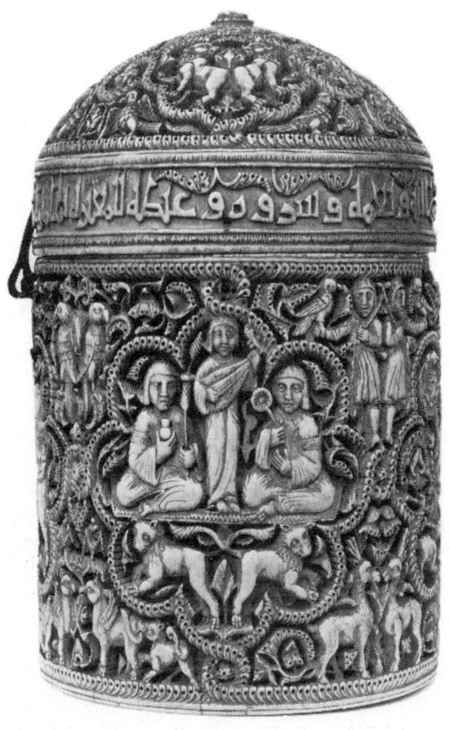

*Abb. 7.* Elfenbeinpyxis, wahrscheinlich Córdoba, 968; Louvre, Paris

Herstellung und Verwendung erlauben. Die Auswertung dieser Daten zeigt, dass die Elfenbeinarbeiten für die Angehörigen der Kalifenfamilie angefertigt wurden, in einigen Fällen lässt sich sogar der Anlass rekonstruieren. So kann eine zylindrische Elfenbeindose mit halbrundem Deckel, die heute im Archäologischen Museum in Madrid aufbewahrt wird, aufgrund ihrer Inschrift als Geschenk des Kalifen al-Hakam II. an seine Konkubine Subh identifiziert werden. Sie gebar ihm 962 den ersehnten Thronfolger und die 964 datierte Pyxis wird mit diesem Ereignis in Verbindung gebracht.

Für die Forschung sind die Elfenbeinarbeiten jenseits ihrer konkreten historischen Bedeutung von besonderem Interesse, weil sie Rückschlüsse erlauben auf andere Bereiche höfischer Prachtentfaltung, die nicht bis heute überdauert haben. So wissen wir zwar aus Berichten von Zeitgenossen, dass kostbare Objekte und Gebrauchsgegenstände als Instrument herrscherlicher Selbstdarstellung eine ebenso bedeutende Rolle spielten wie die Architektur, die den Rahmen für entsprechende Inszenierungen lieferte, doch sind von diesen Objekten nur wenige überliefert. **Edelmetallarbeiten** wie Schmuck oder Gebrauchsgegenstände aus Silber und Gold wurden häufig wieder eingeschmolzen und Textilien, die als Luxusgut und Statussymbol eine ähnlich bedeutende Rolle spielten wie im Osten der islamischen Welt, haben sich aufgrund der Empfindlichkeit des Materials nur in vergleichsweise kleiner Zahl erhalten. Erschwerend kommt hinzu, dass Materialgruppen wie die Keramik, die im Osten der islamischen Welt einen wesentlichen Anteil am Fundaufkommen bildet und seit den Ausgrabungen in Samarra, also seit nunmehr fast hundert Jahren, systematisch aufgearbeitet und erschlossen wird, für al-Andalus bislang nur ausschnittsweise dokumentiert und bearbeitet wurde. Aus diesen Gründen ist es nur begrenzt möglich, detaillierte Aussagen zur Qualität und zu formalen Aspekten der Luxuswaren zu machen, die für den Kalifenhof und sein Umfeld produziert wurden. Trotz dieser Beschränkungen kann man generell sagen, dass im Bereich der dekorativen Künste – wie auch im Baudekor – eine einheitliche Formensprache existierte, die in spätantik-mittelmeerischen Traditionen wurzelt und diese konsequent zu einem eigenen Idiom fortentwickelt. Kennzeichnend für die Formensprache des Cordobeser Kalifats ist die Vorliebe für vegetabile Musterbildungen, die in einem symmetrisch strukturierten Grundgerüst organisiert sind und in der Detailausbildung der Einzelformen eine Fülle von Variationen aufweisen.

Die große Bedeutung dieser visuellen Traditionen als Ausdruck von Identität und Legitimität zeigt ihr Weiterleben nach dem Zusammenbruch des Kalifats von Córdoba. Die Rivalität der zahlreichen Kleinkönigreiche und -fürstentümer, die sich nach dem Zerfall der Zentralherrschaft in den großen Zentren der Iberischen Halbinsel etabliert hatten, äußerte sich unter anderem auch in einer ausgeprägten Konkurrenz auf kulturellem Gebiet. In diesem Wettstreit lieferte das Cordobeser Kalifat weiterhin den Maßstab, an dem man sich orientierte. Viele dieser Regionalherrscher, der sogenannten Taifa-Herrscher, ebenso wie die ab dem 12. Jahrhundert regierenden Almoraviden waren großzügige Förderer von Kunst und Wissenschaft, die darin wetteiferten, die berühmtesten Künstler und Gelehrten ihrer Zeit an ihren Hof zu ziehen. Die Vertreter der klassischen Wissenschaftszweige, Mathematik, Philosophie, Astronomie und Medizin, profitierten von diesen günstigen Rahmenbedingungen ebenso wie Dichter und Autoren literarischer Werke oder Künstler und Kunsthandwerker. In den Taifa-Residenzen entstanden Elfenbeinobjekte sowie Gold- und Silberschmiedearbeiten, die deutlich in der Tradition der Cordobesischen Repräsentationskunst stehen, wobei der Detailreichtum der ursprünglichen Kompositionen allerdings einer zunehmenden Formalisierung weicht. So zeigt ein vermutlich in Sevilla produziertes Seidenfragment eine

Komposition aus großen Medaillons, die eine in kräftigen Farben ausgeführte höfische Szene rahmen. Dargestellt sind zwei Personen im Profil, die auf einem niedrigen Podest sitzen und in der erhobenen Hand ein Trinkglas präsentieren. In ihrer Bewegtheit und der Detailausbildung der Kostüme und Haartracht erinnert die Darstellung an die figürlichen Szenen in den Medaillons auf den Elfenbeinkästchen, aber auch an die wenigen Beispiele zeitgleich entstandener Manuskriptillustrationen.

Andere **Textilien**, die ebenfalls in den Werkstätten der Taifa-Residenzen produziert wurden, lassen eher die Modellfunktion östlicher Vorbilder erkennen. Besonders eindringlich belegt dies ein Seidenfragment, das aus dem Grab des 1109 verstorbenen Bischofs Pedro de Osma in der Kathedrale von Burgos stammt und heute im Museum of Fine Arts in Boston aufbewahrt wird. Es zeigt eine Komposition aus gereihten Medaillons, die durch kleinere Kreismedaillons miteinander verbunden sind und ein Paar Sphingen umschließen, die einen zentralen Baum flankieren. Die kleineren Kreismedaillons enthalten eine arabische Inschrift, die angibt, dass der Stoff in Bagdad hergestellt worden sei. Diese Zuordnung erscheint stilistisch zunächst völlig überzeugend. Muster aus großen gereihten Kreismedaillons mit emblematischen Darstellungen in streng axialer Anordnung sind charakteristisch für die kostbaren Seidenstoffe, die in sassanidischen oder byzantinischen Werkstätten produziert und im 12. Jahrhundert im Osten der islamischen Welt kopiert wurden. Doch eine eingehende Untersuchung herstellungstechnischer Details des Fragments und der Schreibweise der Inschrift haben gezeigt, dass diese angegebene Verortung eine zeitgenössische Fälschung darstellt. Tatsächlich handelt es sich um ein Erzeugnis einer andalusischen Werkstatt des 12. Jahrhunderts. In den Werkstätten von Málaga, Murcia, Granada, Almería, Baeza und Sevilla wurden ähnlich aufgebaute Entwürfe bis in das 13. Jahrhundert in großem Umfang produziert. Sie gelangten über den Handel, durch Tributzahlungen und als diplomatische Geschenke auch in den Besitz der benachbarten christlichen Fürstentümer, wo sie vielfach bis heute als Bestandteil von Kirchenschätzen überlebt haben.

## *Nach dem Kalifat von Córdoba*

Die Übernahme und Weiterentwicklung künstlerischer Traditionen lässt sich auch in der Architektur nachweisen, die unter der Herrschaft der Taifa-Herrscher entstand. Das wohl bedeutendste Bauwerk, an dem sich dies aufzeigen lässt, ist die **Aljafería** in Saragossa, die einzige in weiten Teilen erhaltene Fürstenresidenz des 11. Jahrhunderts. Westlich von Saragossa gelegen, fungierte die Anlage in der Tradition der Cordobeser munyas als ländliches Lustschloss, in dem der Herrscher der Taifa-Dynastie der Banu Hud, Abu Jafar Ahmed I., seinen künstlerischen und wissenschaftlichen Neigungen nachging. Doch während andere Paläste wie die Alcazaba von Almería, die Alcazaba von Málaga und die Alhambra des 11. Jahrhunderts überbaut oder zerstört sind, haben sich in der Aljafería wesentliche Teile des Grund- und Aufrisses erhalten. Sie zeigen einen annähernd quadratischen Mauerring von etwa 76 mal 90 Metern Seitenlänge mit vorgelagerten halbrunden Türmen und einem von halbrunden Türmen flankierten, monumentalen Eingang. Dieses Schema hat auf der Iberischen Halbinsel keine Parallelen, hingegen kennt man es von den ostumaiyadischen Wüstenschlössern und auch aus dem nordafrikanischen Gebiet. Dasselbe gilt für die Art und Weise, wie die von dem Mauerring umschlossene Fläche aufgeteilt ist. Ähnlich wie im ostumaiyadischen Mschatta ist der Bereich innerhalb der Ummauerung durch in Nord-Süd-Richtung gerade durchlaufende Mauerzüge in drei gleich große Streifen unterteilt. Der mittlere Streifen ist abermals dreigeteilt und enthält die Räume, die repräsentativen Funktionen vorbehalten waren. Die Bebauung der beiden Streifen, die den Mittelteil flankieren, ist nicht rekonstruierbar. Vergleiche legen nahe, dass sich in diesen Bereichen privatere Räume befanden, die als Wohnräume genutzt wurden beziehungsweise der Versorgung dienten. Unklar ist weiterhin, ob der Palast oder Teile davon möglicherweise zweigeschossig waren.

In dem mittleren, repräsentativen Trakt befinden sich an den Schmalseiten jeweils Raumgruppen, die über den großen Hof miteinander verbunden sind. Der besser erhaltene Nordblock besteht aus einer quergelagerten Halle, der eine große Vorhalle mit ausladenden Seitenflügeln vorgeschaltet ist und die von kleineren Räumen flankiert wird. Dieses Schema wiederholt sich in dem südlichen, auf der gegenüberliegenden Seite des Hofes gelegenen Palastteil, der ebenfalls aus einer quergelagerten Halle und vorgeschalteter Portikus besteht, in diesem Fall allerdings ohne vorspringende Seitenflügel. Trotz dieser Entsprechung ist der Nordblock deutlich als Kern des Repräsentationsbereichs erkennbar. Die Gewichtung erfolgt einerseits durch den besonders reichen Baudekor und die prominent in den Hof hineingreifenden Seitenflügel der Portikus, andererseits aber auch durch die Kombination mit anderen, in der Hierarchie der Bauteile hochstehenden Räumen. So befindet sich in dem östlichen der beiden Seitentrakte, die an die Portikus anschließen, die als Zentralraum angelegte Palastmoschee, die vergleichsweise klein, aber reich ausgestattet ist.

Im gesamten mittleren Trakt fehlen geschlossene Raumteile. Abgesehen von den Seitentrakten des Nordblocks sind die Räume untereinander und zum Hof hin über Arkadenstellungen geöffnet, wodurch eine fast kulissenhafte Schauarchitektur entsteht. Wie bereits in der Großen Moschee von Córdoba treten dabei neben konventionelle Rundbögen auch Vielpassbögen und Systeme sich kreuzender Bögen. Während jedoch in der Großen Moschee die

Arkaden noch eine tektonisch-konstruktive Funktion erfüllten, vollzieht sich in der Aljafería nun der Übergang zum reinen Ziergeflecht. Die einander kreuzenden gemischtlinigen Bögen oder Bogenabschnitte verbinden sich zu hochkomplexen Geflechten, in denen Systeme sich kreuzender Bögen zum Leitmotiv werden, wobei sie jeglicher struktiven Funktion entbehren. Weitergeführt wird dieser Manierismus der Bogenformen in dem in Stuck gearbeiteten Schmuck der Bogenfassaden und -stirnen, in dem die Bogenmuster zum reinen Flechtbandmuster werden. Dass die Architektur der Anlage und der Baudekor trotz dieser überbordenden Schmuck- und Detailfreude nicht als konzeptlos missverstanden werden darf, zeigt die eingehende Betrachtung der kleinen Palastmoschee. Hier, in dem in der Hierarchie der Bauteile am höchsten stehenden Raum, hielt man sich eng an das Cordobeser Vorbild. Der Mihrab mit dem Hufeisenbogen und der rahmenden Fassadenfläche ist eine deutliche Kopie der Mihrabfassade der Großen Moschee von Córdoba und auch die Rankenbaumpaneele der Sockelzone zitieren Cordobeser Motive.

Eine Einordnung der Aljafería in eine entwicklungsgeschichtliche Abfolge und eine Bewertung ihrer im spanischen Vergleich teilweise singulär erscheinenden Bauformen ist mangels vergleichbarer Anlagen nur begrenzt möglich. Trotzdem ist sie nicht zuletzt deswegen von herausragender Bedeutung, weil sie in eindrücklicher Weise dokumentiert, welche Kraft und welchen Stellenwert das kulturelle Erbe des Kalifats von Córdoba auch nach seinem Niedergang noch besaß. Zugleich ist die Übernahme kalifaler Gestaltungsprinzipien in der Palastarchitektur ein deutlicher Beweis für die politische Dimension von Architektur. Das Anknüpfen an kalifale Bautraditionen ist als ein Postulat legitimer Herrschaft zu verstehen, mit dem der Bauherr sich bewusst in eine Reihe rechtmäßiger muslimischer Herrscher stellt.

Diese bewusste Instrumentalisierung einer ikonographisch relevanten Architektur- und Formensprache lässt sich auch im folgenden Jahrhundert unter den Herrschern der Almohaden-Dynastie weiterverfolgen. Wie sich dies im Bereich der Sakralarchitektur auswirkte, wurde bereits am Beispiel der Moschee von Tinmal dargestellt. In bezug auf die Profanarchitektur lässt sich das Phänomen ebenfalls, wenn auch an wenigen Beispielen, belegen. Auch wenn von den Palästen in der als Residenz bevorzugten Stadt Sevilla nur wenige, durch Umbauten veränderte Teile erhalten geblieben sind, zeigt sich, dass Raumfolgen und -ordnungen, die bereits in Madinat az-Zahra und in der Aljafería zum Repertoire gehörten, übernommen und weiterentwickelt werden. So umfasst der heute als »Patio del Yeso«, also als »Stuckhof« bezeichnete Palast im Bereich des später entstandenen, auf König Pedro III. zurückgehenden Alcazars eine längliche Anlage mit zentralem Wasserbecken. Diese war ursprünglich von Raumgruppen flankiert, die eine ähnliche Disposition aufweisen wie der Repräsentationstrakt in der Aljafería: eine längsrechteckige Halle mit vorgelagerter Portikus und durch Bogen gegliederter Hoffassade. Noch deutlicher wird die Parallele zur Aljafería in der heute als »Patio del Contración« bekannten Hofanlage, die ursprünglich Teil eines almohadischen Palastes war. Auch hier ist an den Schmalseiten des als Garten gestalteten Hofes jeweils eine Halle mit vorgelagerter Portikus angeordnet, deren Fassaden durch Bogen reich gegliedert sind.

Nach dem Zusammenbruch der Herrschaft der Almohaden erreichte die spanisch-islamische Kultur einen letzten Höhepunkt im Reich der Nasriden von Granada. Der Reichsgründer, Muhammad ibn Yusuf ibn Nasr, entstammte einer bis dahin unbedeutenden Familie von Provinzfürsten, hatte jedoch dank seiner klugen Bündnispolitik das Machtvakuum nutzen können, das nach dem Ende der Almohadenherrschaft 1229 entstanden war. Bereits 1232 nahm er den Sultanstitel an und wenig später, 1237, gelang ihm die Eroberung von Granada, das von nun an als Residenzstadt der Nasriden fungierte. Die ertragreiche Landwirtschaft im Umland der Stadt, der Fernhandel und das florierende Handwerk bildeten die wirtschaftliche Basis für die von den nasridischen Herrschern initiierte und geförderte kulturelle Blüte, die in der zweiten Hälfte des 14. Jahrhunderts ihren Höhepunkt erreichte und mit der Einnahme von Granada durch Ferdinand von Aragón und Isabella von Kastilien im Jahre 1492 endete. Als Zeugnis dieser letzten Epoche muslimischer Herrschaft auf der Iberischen Halbinsel steht bis heute die Rote Stadt, Madinat al-Hamra, im allgemeinen Sprachgebrauch **Alhambra**, die auf einem Bergrücken über der Stadt thront. Sie wurde auf dem Gelände einer Befestigungsanlage aus dem 9. Jahrhundert errichtet und ist in ihrer heutigen Gestalt vor allem von den Baumaßnahmen geprägt, die Muhammad V. 1362–91 durchführen ließ. Mit einer Fläche von fast 105 000 Quadratmetern ist die Alhambra, ähnlich wie Madinat az-Zahra, eine eigenständige Palaststadt, die als Residenz, administratives Zentrum und befestigter Herrschersitz fungierte. Das gesamte Areal ist von einer mit Türmen bewehrten Befestigungsmauer umgeben und wird durch vier Hauptzugänge erschlossen. Im Westen, auf einem Sporn des Bergrückens gelegen und mit direktem Blick über die Stadt, befindet sich die eigentliche Zitadelle, die durch hohe, mit Türmen bewehrte Mauern gegen die Palaststadt abgeschirmt ist. Sie enthält Unterkünfte und Versorgungseinrichtungen für die Leibwache des Sultans und Gefängnisse. Weiter nach Osten und durch einen großen Platz von der Zitadelle getrennt, schließt sich der eigentliche Palast an, der in einen öffentlichen administrativen und einen privaten Wohnbereich geteilt ist. Der Verwaltungsbereich besteht aus mehreren, miteinander verbundenen Höfen, die als eine Art Filter fungieren. Während die vorderen Höfe für ein breites Publikum zugänglich waren, hatte nur ein kleiner Kreis ausgewählter oder autorisierter Personen Zutritt zu den hinteren Höfen, die zugleich den Durchgang in den privaten Bereich des Palastes bildeten. Den Übergang zwischen öffentlichem und privatem Bereich markiert die aufwendig mit Stuckpaneelen verzierte Fassade und der mit reichem Schnitzwerk versehene Traufüberstand des Comares-Palastes, der als eine Art Baldachin den Platz abschirmt und hervorhebt, an dem der Sultan an bestimmten Tagen thronte und Recht sprach. Der Comares-Palast selbst entspricht in seiner Raumordnung den zeitgleichen Wohnhäusern, von denen er sich lediglich durch seine Größe und den Reichtum der Ausstattung unterscheidet. Zentrum der Anlage ist ein langgestreckter Hof, der sogenannte Myrtenhof, mit zentralem Wasserbecken und Portiken an den Schmalseiten. Von der nördlichen Vorhalle aus gelangt man in den Thronsaal, der als mächtiger Turm aus dem Mauerring heraustritt und somit auch von außen deutlich sichtbar die Macht des Herrschers demonstriert. Wie in Madinat az-Zahra befindet sich in unmittelbarer Nähe des Thronsaales außerdem ein luxuriös ausgestattetes Dampfbad. Es ist im unteren Stockwerk untergebracht und vom Myrtenhof aus zugänglich.

Heutzutage gelangt man vom Myrtenhof aus direkt in den zweiten Hauptpalast, der nach dem von Löwenfiguren getragenen Brunnen in der Hofmitte als Löwenpalast bezeichnet wird. Er war ursprünglich als autonomer Bau geplant und besaß einen eigenen Eingang. Die Verbindung der beiden Palastteile stammt aus der Zeit der Nachnutzung der Anlage durch die christlichen Herrscher. Das Schema der Raumordnung des Löwenpalastes ähnelt dem des Comares-Palastes. Kernstück der Anlage ist auch hier der von Arkaden eingefasste zentrale Hof, in dessen Mitte der berühmte Löwenbrunnen steht. Um den Hof herum sind kreuzförmig vier unabhängige Raumgruppen angeordnet, die als Wohn- und Empfangsräume dienten.

An die herrscherlichen Paläste grenzt im Südosten als dritter Teil der Gesamtanlage die Medina, die Palaststadt, an. Hier befanden sich nicht nur die Wohnquartiere und

Paläste der Bediensteten und höfischen Würdenträger, sondern auch die Münze, eine Gerberei und Werkstätten, in denen Keramik und Glas hergestellt wurden. In unmittelbarer Nachbarschaft, aber außerhalb der Umfassungsmauer, befand sich außerdem ein ausgedehntes Gartenareal, der Generalife, das Nutz- und Ziergärten sowie weitere Palastanlagen umfasste.

Anders als beispielsweise die Palastanlagen von Samarra, die durch die Monumentalität ihrer Architektur und ihre Weitläufigkeit beeindrucken, faszinieren die Paläste der Alhambra durch ihre Intimität, die Harmonie ihrer Proportionen und den reichen, aber nicht aufdringlich wirkenden Baudekor. Einen wesentlichen Anteil an diesem Gesamteindruck hat die ausgefeilte Lichtführung. Sowohl die Architektur als auch der Baudekor setzen den Kontrast von Licht und Schatten bewusst als gestalterisches Mittel ein. Während die kleinteiligen, durch Alkoven, Vorhallen und Säulenstellungen untergliederten Raumfolgen dem Betrachter ein mit dem Sonnenlauf wechselndes Szenario von tief verschatteten und lichtdurchfluteten Zonen bieten, löst im dämmerigen Zwielicht der Innenräume die Hell-Dunkel-Wirkung des Reliefs der Stuckpaneele die Materialität der Wandflächen auf. Verstärkt wird der durch Hell-Dunkel-Kontraste und Lichtbrechung erzielte Effekt durch die zahlreichen Wasserbecken und -läufe, in denen sich die Architektur spiegelt und die das Sonnenlicht brechen oder reflektieren.

Die Ausstrahlungskraft der künstlerischen Traditionen des Andalus war seit der Frühzeit nicht auf die muslimisch beherrschten Gebiete der Iberischen Halbinsel und Nordafrikas beschränkt. Córdoba, Sevilla und Granada setzten die Maßstäbe, die auch in den angrenzenden, unter christlicher Herrschaft stehenden Gebieten den äußeren Rahmen und die Inhalte kultivierter Lebensart bestimmten. Dies zeigt sich in Übernahmen ikonographisch relevanter Elemente einer Herrschaftsarchitektur ebenso wie in der Rezeption eines intellektuellen Kosmos durch Übersetzungen arabischer, wissenschaftlicher Literatur. Während jedoch das Phänomen der Übersetzungen aus dem Arabischen und seine Bedeutung für die intellektuelle Entwicklung des christlichen Europas von der westlichen Wissenschaft seit langem thematisiert werden, steht die Aufarbeitung der künstlerischen Wechselbeziehungen zwischen al-Andalus und den angrenzenden Gebieten erst am Anfang.

So werden architektonische Details wie die Vierungskuppel der im 11. Jahrhundert erbauten Kirche Ste. Croix in Oloron im Pyrenäenraum von einer auf den europäischen Kulturraum fixierten Kunstgeschichte häufig nicht erkannt. So wird die Vierungskuppel, die tatsächlich ein Zitat der Rippenkuppel der Großen Moschee von Córdoba darstellt, in der Literatur als »byzantinisch« beschrieben. Wo die Wechselbeziehungen und die Vorbildfunktion al-andalusischer künstlerischer Traditionen hingegen so deutlich zu Tage treten wie in der Kapelle des **Klosters Las Huelgas** bei Burgos, spricht man von dem Kunstphänomen des Mudéjar. Die Klosterkapelle entstand im Auftrag des kastilischen Königs Alfons VIII. (1158–1214), der das Kloster als Grablege für sich und seine Nachkommen ausbauen ließ. Neben der Rippenkuppel nach Cordobeser Vorbild weist der kleine Bau auch weitere charakteristische Elemente der almohadischen Formensprache auf wie Muqarnasgewölbe, Bögen mit Hängezapfen und Stuckverkleidungen. Er ist damit ein Beispiel für ein seit der Almohadenzeit zu beobachtendes Phänomen, dass unterschiedliche al-andalusische Kunststile in einem christlichen Umfeld aufgenommen und mühelos in die Formensprache von Gotik und Renaissance integriert wurden. Die Umstände und Hintergründe, unter denen dies geschah, und die Kriterien, wie Mudéjar zu definieren ist, werden bis heute kontrovers diskutiert. Handelt es sich um ein regionales Phänomen oder einen regionenübergreifenden Stil? Ist Mudéjar ein ästhetisches Prinzip oder das Resultat der Eroberung kulturell islamisch geprägter Gebiete durch christliche Herrscher, die die Bauten und die Infrastruktur, die sie vorfanden, zunächst weiterbenutzten? Deutlich wird in jedem Fall, dass die Mudéjarkunst der offensichtlichste Beleg für das eingangs angeführte Phänomen einer Kultur des Zusammenwirkens, der *convivencia*, ist, die den Andalus seit der Frühzeit der islamischen Eroberung prägte.

# Der islamische Westen II

## Das Kalifat der Fatimiden

### *Der historische Kontext*

Politische Gegenspielerin der westislamischen Umaiyadenkalifen und des abbasidischen Kalifats von Bagdad war die Dynastie der Fatimiden. Im Gegensatz zu den westislamischen Umaiyaden war ihr Herrschaftsanspruch religiös begründet. Als Schiiten führten sie ihren Ursprung auf Fatima und deren Mann Ali, die Tochter und den Neffen des Propheten, zurück und verfochten das Recht der Nachkommen der beiden auf Herrschaft. Anders als die Mehrzahl der sogenannten Zwölfer-Schiiten anerkannten sie dabei nur die ersten sieben Imame, also rechtmäßige Nachkommen der Prophetenfamilie. Deswegen werden sie entweder als Siebener-Schiiten bezeichnet oder, nach dem Namen des siebten Imams Ismail ibn Dschafar, als Ismailiten. Gegründet wurde das fatimidische Kalifat als Oppositionsbewegung gegen das Kalifat der Abbasiden im heutigen Tunesien. Von dort dehnte der Kalif Abd-Allah al-Mahdi zu Beginn des 10. Jahrhunderts seine Macht zunächst nach Westen bis in das heutige Marokko aus, wenig später geriet auch Sizilien unter fatimidische Herrschaft. Unter dem Kalifen al-Mu'izz schließlich gelang den Fatimiden 969 die Machtübernahme in Ägypten. Nach einer mehrjährigen wirtschaftlichen Krise, in der Bagdad keine Hilfestellung leistete, hatten sich die Notabeln der ägyptischen Hauptstadt an den fatimidischen Kalifen gewandt und ihm die Übergabe angeboten. Als Gegenleistung forderten sie die Wiederherstellung der öffentlichen Sicherheit, die Verteidigung gegen äußere Feinde, die Prägung neuer Münzen und religiöse Toleranz gegenüber Christen und Juden. Nach dem erfolgreichen Abschluss der Verhandlungen wurde nördlich der bisherigen Hauptstadt, al-Fustat, eine neue Palaststadt errichtet, al-Qahira, die Siegreiche, das heutige Kairo. Vier Jahre später zog der fatimidische Kalif al-Mu'izz mit großem Pomp in al-Qahira ein, das bis zur Ablösung der Dynastie 1171 das Zentrum des Reiches blieb. In der Folgezeit erlebten das Land am Nil und die neue Metropole eine ihrer glanzvollsten Perioden. Wesentliche Voraussetzung für diese Entwicklung war die handelspolitisch günstige Lage des Landes. Ägypten bildete die Schnittstelle des lukrativen Seehandels mit Indien, Ostasien und den Mittelmeeranrainern. Auch große Teile des Trans-Saharahandels wurden über das Land am Nil abgewickelt. Da dieser internationale Handel in wesentlichem Maße in den Händen jüdischer und christlicher Kaufleute lag, wirkte sich die von den Fatimiden verfolgte Politik der friedlichen Koexistenz muslimischer, christlicher und jüdischer Einwohner positiv aus. Eine weitere Quelle des Wohlstands war die ertragreiche Landwirtschaft, die nicht nur den eigenen Bedarf deckte, sondern auch den Export von Getreide erlaubte. Auf dieser Basis erreichte das Reich seine größte Ausdehnung im Jahr 1058, als nicht nur Nordafrika, Sizilien und der Hidschaz mit Mekka und Medina, sondern auch weite Teile Syriens und für kurze Zeit sogar Bagdad fatimidischer Herrschaft unterstanden. Doch bereits wenig später lösten Missernten, Teuerungen und Unruhen in den nordafrikanischen Provinzen des Reiches eine Folge von schweren Krisen aus, die zu Gebietsverlusten und schließlich zum endgültigen Niedergang führten. Die ernsthafteste Bedrohung erwuchs den Fatimiden seit Ende des 11. Jahrhunderts von den erstarkenden Kreuzfahrerreichen Syriens, die 1162 das erste Mal in Ägypten einmarschierten und wenig später in Kairo eine fränkische Besatzung einrichteten. In dieser Situation wandte sich der fatimidische Kalif an den syrischen Emir Nur ad-Din um Hilfe, ein Appell, mit dem er letztendlich seinen eigenen

Untergang besiegelte. Die nun folgenden militärischen Aktionen waren zwar erfolgreich und die Kreuzfahrer wurden zum Rückzug gezwungen, doch nur, um einer neuen Schutzmacht den Weg frei zu machen. Nach dem Abzug der Kreuzfahrer ernannte Nur ad-Din einen Offizier aus dem syrischen Heer, Salah ad-Din, zum Wesir. Salah ad-Din erklärte nach dem Tod des letzten Fatimidenkalifen al-Adid 1171 das schiitische Kalifat für beendet und übernahm als Sultan die Herrschaft im Namen der sunnitischen Kalifen von Bagdad.

## *Architektur*

Was die Dynastie der Fatimiden in ihrem historischen Umfeld auszeichnet, ist ihr ideologischer Anspruch und das damit verbundene Sendungsbewusstsein. Aus der Sicht der Kunstgeschichte ist dies von Bedeutung, da ihre Herrscher bereits sehr früh auch eine Form von visueller Propaganda einsetzten, die nicht nur ihren Herrschaftsanspruch, sondern auch dessen ideologische Basis zum Ausdruck brachte. Dies hat dazu geführt, dass die Kunst der Fatimiden vielfach vor allem als ideologisches Phänomen wahrgenommen und untersucht wird. Eine solche fokussierte Sichtweise kann jedoch nur einen Ausschnitt erschließen, da sie die Kunst auf ihre Inhalte reduziert. Wenn man hingegen den formalen Aspekt in den Mittelpunkt stellt, so lässt sich die Kunst der Fatimiden als eine regionale Kunstform erfassen, die in den visuellen Traditionen des östlichen Mittelmeerraums verankert ist und diese weiterentwickelt. Dass letztendlich nur aus der Zusammenführung der beiden Sichtweisen ein vollständiges Bild entstehen kann, zeigt ein Blick auf das früheste, vollständig erhaltene Bauwerk, das unter fatimidischer Herrschaft entstand, die **Moschee von al-Mahdiya** im heutigen Tunesien. Im Grundriss ähnelt die Anlage der Großen Moschee von Kairuan. Wie diese besteht sie aus einem arkadengesäumten Hof und einem Gebetsraum mit senkrecht auf die Qiblawand zulaufenden Schiffen, verbreitertem Mittelschiff und ausgeschiedenem Querschiff vor der Qiblawand. Neu ist hingegen die monumentale Fassade mit mächtigen, quadratischen Ecktürmen, zwischen denen ein monumentaler Vorbau mit Haupteingang und zwei flankierenden Nebeneingängen aus dem Mauerverlauf vorspringt. Bemerkenswert ist auch die Form des Haupteingangs mit hufeisenförmiger Türöffnung, die von zwei übereinander angeordneten, hufeisenförmigen Blendnischen gerahmt wird. Diese ungewöhnliche Fassadengestaltung, die sich später an der Hakim-Moschee in Kairo wiederholt, wird ikonographisch als Herrschaftsmotiv gedeutet. Formal lässt sie sich aus der römischen Triumphbogenarchitektur herleiten, die den fatimidischen Baumeistern in Ifriqiya vor Augen stand. Die fatimidischen Baumeister in der Moschee von al-Mahdiya kombinieren also regionale Traditionen – T-Grundriss und römische Triumphbogenarchitektur – um auf diese Weise etwas Neues zu schaffen, das die ideologischen Konzepte der Auftraggeber zum Ausdruck bringt.

Abgesehen von der Freitagsmoschee von al-Mahdiya sind im nordafrikanischen Raum nur wenige Reste früher fatimidischer Architektur erhalten beziehungsweise aufgearbeitet, so dass kaum weiterführende Aussagen möglich sind. Und auch zu den unterschiedlichen Formen der fatimidischen Königsstädte lassen sich beim derzeitigen Forschungsstand nur generelle Feststellungen treffen. Bei der Anlage der ersten Palaststadt, al-Mahdiya, scheinen vor allem praktische Gesichtspunkte ausschlaggebend gewesen zu sein. Die Stadt liegt auf einer Landzunge, ist von einer starken Befestigungsmauer umgeben und besitzt einen ebenfalls befestigten Hafen. Die südlich von Kairuan gelegene, zweite Stadtgründung, al-Mansuriya, ist hingegen nach dem Vorbild von Bagdad angelegt. Sowohl der kreisrunde Grundriss als auch die doppelte Befestigungsmauer und die zentrale Lage von Palast und Moschee zitieren die Runde Stadt des abbasidischen Kalifen al-Mansur und stehen damit für den Anspruch ihres Erbauers, der einzig legitime Erbe des Propheten zu sein. Diese ideologische Komponente, die hier lediglich in der Form anklingt, lässt sich bei der letzten und anspruchsvollsten Stadtgründung der Fatimiden, **al-Qahira**, auch in der Verbindung von Stadttopographie und Nutzung nachweisen. Man kann die gesamte Palaststadt als eine Bühne deuten, die der Inszenierung dynastischer und ideologischer Machtansprüche dient.

Das etwa 1150 mal 1100 Meter messende Geviert von al-Qahira lag nördlich der alten Hauptstadt al-Fustat, die auch nach der Gründung von al-Qahira das wirtschaftliche Zentrum bildete und in der die einfache Bevölkerung lebte. Der Zutritt zu der von einer mächtigen Lehmziegelmauer eingefassten Palaststadt war zunächst dem Kalifen und seinem Hofstaat beziehungsweise dem Militär vorbehalten. Im Zentrum der Anlage befand sich der Palast, der in einen östlichen und einen westlichen Bereich unterteilt war. In dem größeren Ostpalast waren Verwaltungs- und Repräsentationsbereiche sowie die privaten Wohnräume des Kalifen untergebracht. Außerdem hatte man hier eine Grablege für die Sarkophage der ersten fatimidischen Kalifen eingerichtet, die der Kalif al-Mu'izz in einer symbolischen Geste von al-Mansuriya nach al-Qahira hatte überführen lassen. Die Sinnbildlichkeit dieser Maßnahme ist offensichtlich. Als Ort der Bestattung der obersten spirituellen Führer der Gemeinschaft wird der Palast in seiner Bedeutung um einen wesentlichen Aspekt erweitert. Er ist nicht mehr nur weltliches, sondern auch spirituelles Zentrum. Der ab 975 erbaute, westliche Palast grenzte im Westen an weitläufige Gärten und war der privaten Nutzung vorbehalten. Zwischen beiden Palästen erstreckte sich ein großer Paradeplatz, über den auch die in Nord-Süd-Richtung verlaufende Hauptstraßenachse führte. Er wurde von der monumentalen Toranlage des Ostpalastes dominiert, der Goldenen Pforte, die dem Kalifen an Festtagen oder bei Paraden zugleich als Loge diente, von der aus er am Geschehen teilnehmen konnte. Nordöstlich des Palastes befand sich der Palast des Wesirs, südöstlich schloss sich die 970–972 erbaute **Freitagsmoschee al-Azhar** an, die nach Quellenberichten durch ein Belvedere (*manzarat al-azhar*) mit dem Ostpalast verbunden war. Das übrige Stadtgebiet war in Wohnviertel unterteilt, in denen, nach ethnischer Zugehörigkeit getrennt, die Angehörigen des Hofstaates und des Militärs untergebracht waren. Im Norden der Stadt, außerhalb der Stadtmauern, befand sich außerdem die sogenannte Musalla, ein offener Betplatz unter freiem Himmel, der zu bestimmten Festtagen genutzt wurde.

Bereits in diesem ersten Entwurf der Königsstadt wird die hierarchische Ordnung des Hofes und seiner Funktionsträger in ein räumliches Konzept umgesetzt. In den folgenden Jahrzehnten erweiterten die Kalifen al-Aziz (reg. 975–996) und sein Sohn al-Hakim (reg. 996–1021) dieses Konzept und bauten die Stadt sukzessive zum Schauplatz dynastischer Inszenierungen von Legitimität aus. So ließ der Kalif al-Hakim unmittelbar nördlich des westlichen Palastes ein »Haus der Weisheit« (*dar al-hikma*) einrichten, das unter anderem eine mehrere tausend Bände umfassende öffentliche Bibliothek enthielt. Vorbild für al-Hakims »Haus der Weisheit« war möglicherweise das von dem abbasidischen Kalifen al-Mamun Anfang des 9. Jahrhunderts gegründete »Haus der Wissenschaften« (*dar al-ilm*) in Bagdad. Zugleich machte er mit seiner Einrichtung aber auch ganz unmittelbar die Bedeutung der Weitergabe von Wissen für die Verbreitung der ismailitischen Doktrin augenfällig. Al-Hakim war auch der Bauherr, unter dessen Regierung die zweite Große Moschee von al-Qahira fertiggestellt wurde. Der Bau der nach ihm benannten **Hakim-Moschee** hatte bereits unter seinem Vater al-Aziz begonnen und wurde 1013 fertiggestellt. Die im Norden, außerhalb der alten Stadtmauer gelegene Moschee bildete neben der al-Azhar-Moschee eine wichtige Station bei den großen Prozessionen, die während des Fastenmonats, zu Beginn des Neuen Jahres und bei Einsetzen der jährlichen Nilflut abgehalten wurden. Bei diesen Prozessionen verwandelte sich die Stadt in eine rituelle Bühne, auf der nach einem genau festgelegten Zeremoniell zentrale Orte der städtischen Topographie miteinander verbunden und abgeschritten wurden. So wurden bei der von al-Aziz in dieser Form etablierten Prozession zum Fest des Fastenbrechens längs des Weges, der vom Palast zur Musalla führte, Bänke aufgestellt, auf denen die religiösen Würdenträger gemäß ihrem Rang platziert waren. Ab dem Zeitpunkt, da der Kalif an der Spitze des Hofstaates und seiner Truppen den Palast verließ, sprachen die Geistlichen den *takbir* (*Allahu akbar* – ›Gott ist der Größte‹), bis die streng geordnete Prozession, von diesen Rezitationen gleichsam akustisch gerahmt, die Musalla erreichte. Dort angelangt, begab der Kalif sich nach einem klar geregelten Ablauf in das geschmückte Innere der Anlage, um das Gebet zu leiten. In dem geschilderten Ablauf wird eine enge Verbindung zwischen Prozession, Gebet, räumlicher Ordnung und der zentralen Figur des Kalifen als spirituellem Führer der ismailitischen Gemeinschaft erkennbar, die in Texten ismailitischer Theologen und Juristen ihren theoretischen Unterbau findet. Sie schreiben dem Freitagsgebet, dem Fest des Fastenbrechens und dem Opferfest eine esoterische Bedeutung zu, wobei das Freitagsgebet für den Aufruf zum Islam (*da'wa*) steht, die beiden Feste des Fastenmonats verweisen auf den verborgenen Imam und seine Wiederkehr als Erlöser (*mahdi*) und das Opferfest wird allegorisch gedeutet als Verweis auf den Messias (*qa'im*).

Während die Prozessionen anlässlich der religiösen Feste somit vor allem als ideologische Inszenierung gedeutet werden können, war die Prozession zum Beginn des Neuen Jahres – vor allem ab dem 12. Jahrhundert – eher ein ritualisierter Verwaltungsakt, bei dem die Stadt jedoch wiederum als Bühne fungierte. Der Kalif verließ den Palast durch die Goldene Pforte und ritt an der Spitze des Hofstaats und der Truppen zu einem der nördlichen Stadttore, dem Bab al-Futuh, um sodann durch das ebenfalls im Norden gelegene Bab al-Nasr wieder in die Stadt einzuziehen. Bei dieser Gelegenheit waren am Prozessionsweg nicht die Geistlichen, sondern die Truppen des Kalifen aufgestellt und die Kaufleute schmückten die am Weg liegenden Geschäfte mit ihren Waren, in der Hoffnung, dass der segenbringende Blick des Kalifen auf sie fallen möge. Im Anschluss an die Prozession wurden vor dem Palast Almosen verteilt. Zurück im Palast wechselten der Kalif und der Wesir ihre Gewänder und empfingen die Würdenträger, die ihre Jahresberichte erstatteten und dann ausgezahlt wurden.

Die beiden in der Beschreibung genannten Stadttore, das Bab al-Futuh und das Bab al-Nasr sowie das im Süden der Stadt gelegene Bab Zuwaila, entstammen einer Ausbaumaßnahme des 11. Jahrhunderts. In einer Zeit der außenpolitischen Krisen und Militärrevolten ließ der Wesir Badr al-Dschamali (gest. 1094) die schlecht erhaltene alte Umfassungsmauer abreißen und durch einen von Rundbogenzinnen bekrönten Mauerring ersetzen, der durch mächtige Torbauten befestigt war. Die aus sorgfältig gearbeitetem Quadermauerwerk aufgeführte Mauer und die Bastionen wurden nach neuesten festungsbautechnischen Gesichtspunkten errichtet. Bis heute zeugen die drei erhaltenen Stadttore von der Meisterschaft der Baumeister. Den Quellen nach handelte es sich um Armenier aus Nordsyrien oder Ostanatolien. Diese Herkunft wird auch als Grund dafür angeführt, dass die Überreste der Befestigungsanlagen bautechnisch und formal im Erscheinungsbild des fatimidischen Kairos als Fremdkörper wirken. Für das ohne Bindemittel versetzte Quadermauerwerk, die sparsame Gliederung der Wandflächen durch Gesimse und Details wie die Kissenbögen lassen sich im ägyptischen oder nordafrikanischen Raum keine Vergleichsbeispiele anführen, vielmehr verweisen sie auf nordsyrische Bautraditionen.

Die von Badr al-Dschamali errichtete Stadtmauer umfasste ein größeres Gebiet als die gründungszeitliche Ziegelmauer, so dass nun auch die ursprünglich außerhalb der Stadt gelegene Hakim-Moschee in den Schutz des Mauerringes zu liegen kam. Die Moschee, die unter al-Hakim fertiggestellt worden war, war die dritte fatimidische Moscheegründung in Kairo. Als erste Freitagsmoschee war 972 die al-Azhar Moschee fertiggestellt worden, die sich bald zu dem intellektuellen Zentrum entwickelte, das sie noch heute ist. Der in der Folge mehrfach umgebaute und erweiterte Bau war ursprünglich eine vergleichsweise schlichte Hallenmoschee mit vorgelagertem Hof, die sich auf einer Grundfläche von 85 mal 70 Metern erstreckte. Kontrovers diskutiert wird die Frage, ob der Ursprungsbau, wie die große Moschee von Mahdiya und später die Hakim-Moschee, eine Fassade mit vorspringendem Portal besaß. Der Hof war an zwei Seiten von Arkaden gesäumt, der Gebetsraum bestand aus fünf parallel zur Qiblawand verlaufenden Schiffen, deren Verlauf von einem ausgeschiedenen, überhöhten Transept unterbrochen wurde. Das erste Schiff vor der Qibla war außerdem durch eine vor dem Mihrab angeordnete Kuppel betont. Ob zwei weitere Kuppeln in den Gebäudeecken diesen Akzent aufnahmen und verstärkten, wie K. A. C. Creswell in seiner Rekonstruktion vorschlug, ist unklar. Die Arkaden des Gebetssaales und der Riwaqs ruhten auf Spoliensäulen, während die darüber aufgehenden Wandflächen mit reichem Stuckdekor verkleidet waren, der sich in mehreren Bereichen bis heute erhalten hat. In diesem Grundriss verbinden sich lokale Traditionen mit Elementen, die vermutlich aus dem nordafrikanischen Raum stammen. So weist auch die Ibn Tulun-Moschee in Kairo einen Betsaal mit fünf parallel zur Qiblawand verlaufenden Schiffen auf. Für das ausgeschiedene Transept hin-

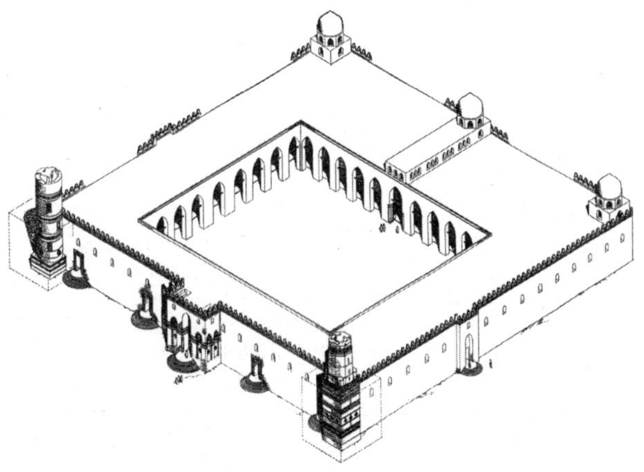

*Abb. 8.* Hakim Moschee, Kairo, 990 und 1013, isometrische Darstellung

gegen werden sowohl Damaskus als auch Fes als mögliche Vorbilder genannt und auch für die Kuppeln im Qiblaschiff werden nordafrikanische Vorbilder vermutet.

Die in chronologischer Reihenfolge zweite fatimidische Freitagsmoschee, die in Kairo errichtet wurde, ist nicht erhalten geblieben. 1005 wurde in den Außenbezirken von Fustat die von al-Hakim in Auftrag gegebene al-Raschida-Moschee eingeweiht. Etwa zeitgleich begann al-Hakim aber auch mit einer zweiten umfangreichen Baumaßnahme, der Fertigstellung der von seinem Vater begonnenen, späteren Hakim-Moschee im Norden von al-Qahira. Ihrem Grundriss nach folgt die Hakim-Moschee der Azhar-Moschee, wenngleich sie mit den Außenmaßen von 121 mal 131 Metern mehr als doppelt so groß ist (Abb. 8). Der Hof ist von einer einfachen Arkadenreihe eingefasst, der Betsaal besteht aus fünf parallel zur Qiblawand verlaufenden Schiffen, deren Arkaden jedoch nicht von Spoliensäulen, sondern von mächtigen gemauerten Pfeilern getragen werden. Das erste Schiff vor der Qibla wird durch eine Kuppel vor dem Mihrab und je eine Kuppel in den äußeren Gebäudeecken akzentuiert.

Eine Neuerung im Kairener Kontext stellt die Fassade dar, die im Gegensatz zum Rest der Anlage aus Quadermauerwerk gefügt ist. Sie folgt klar dem Vorbild der Großen Moschee von Mahdiya. Das aus dem Mauerverlauf hervorspringende Hauptportal wird von zwei kleineren Eingängen flankiert und von zwei schlanken Ecktürmen an den Gebäudeecken gerahmt. Beide Türme stehen auf einem quadratischen Sockel, die aufgehenden Baukörper hingegen haben unterschiedliche Formen. Der linke, nördliche Turm ist zylindrisch, der rechte, westliche Turm achteckig angelegt. Anders als in Mahdiya sind jedoch das Hauptportal und die beiden Ecktürme mit reichem Baudekor ausgestattet, der diese Bauteile zusätzlich betont. Am Portal läuft in Kämpferhöhe ein breites profiliertes Gesims um, das in mehrere, unterschiedlich breite Musterbänder unterteilt ist. Als weiteres gliederndes Element dienen Blendbogennischen zu beiden Seiten des Eingangs und an den Seiten des Portalvorbaus. Die Schäfte der Ecktürme sind ebenfalls durch Gesimse sowie Muster- und Inschriftenbänder in breite Abschnitte untergliedert, die im unteren Bereich große Medaillons und Rauten rahmen.

Der Baudekor der Hakim-Moschee, insbesondere der Ecktürme, kann von verschiedener Seite als Ausdruck ismailitischer Propaganda interpretiert werden. Eine solche Deutung legen insbesondere die Inschriftenbänder an den Ecktürmen nahe. Sie enthalten ausgewählte Koranpassagen, die gemäß ismailitischer Lesart das Anrecht der Nachkommen Alis auf Herrschaft betonen und die Rolle der Imame hervorheben. Und auch die mit geometrischen Formen gefüllten Medaillons und Rauten, die symbolische

Formen wie das Pentagramm enthalten, können im Rahmen ismailitischer Zahlenmystik gedeutet werden. Manche Autoren sehen diesen ideologisch befrachteten Dekor auch als Grund dafür, dass al-Hakim nach 1010 mächtige quadratische Ummauerungen aufführen ließ, die bis heute den unteren Abschnitt der Ecktürme verbergen.

Eine andere Gruppe von Bauten, die von der Forschung mit der schiitisch-ismailitischen Propaganda der fatimidischen Herrscher gegenüber der mehrheitlich sunnitischen Bevölkerung Ägyptens in Verbindung gebracht wird, sind Mausoleen. Oleg Grabar deutete eine Gruppe von über vierzig Mausoleen in Assuan, die überwiegend in der zweiten Hälfte des 11. Jahrhunderts entstanden sind, als Ergebnis eines von den Kalifen geförderten Heiligen- oder Märtyrerkultes schiitischer Prägung. Diese Interpretation lässt allerdings außer Betracht, dass weiter südlich, in Nubien, also außerhalb des fatimidischen Herrschaftsbereiches, weitere Nekropolen ähnlichen Ausmaßes existieren, deren Bauten als private Mausoleen zu interpretieren sind. Und auch in der Hauptstadt selbst sind seit der Frühzeit zahlreiche private Grabbauten für die Oberschicht des Reiches belegt. Die als Pilgerstätten dienenden Mausoleen für die Angehörigen der Prophetenfamilie hingegen entstehen in größerer Zahl erst gegen Ende der Fatimidenzeit, also ab der zweiten Hälfte des 11. Jahrhunderts. Viele dieser Bauten sind in den Nekropolen außerhalb der Hauptstadt gelegen und wurden von der Bevölkerung regelmäßig besucht. Für diese Gründungen sind politisch-ideologische Hintergründe im Sinne einer Indoktrinierung durchaus wahrscheinlich.

## *Objekt- und Buchkunst*

Bei der Auseinandersetzung mit der Kunst der Fatimiden liegt ein wesentlicher Schwerpunkt auf der Objektkunst. Ein Grund hierfür ist die vergleichsweise große Anzahl erhaltener Objekte aus den verschiedensten Medien: Keramik, Holz- und Elfenbeinschnitzereien, Textilien, Metallarbeiten, Schmuck und Bergkristallgefäße. Aber auch die besonders günstige Quellenlage spielt eine wesentliche Rolle. Für das Ägypten des 9. bis 11. Jahrhunderts hat sich mit den sogenannten **Geniza-Dokumenten** ein einzigartiger Schatz an Quellentexten unterschiedlichster Art erhalten, die in großen Teilen von Shlomo Dov Goitein zugänglich gemacht wurden. Eine Geniza ist ein verschließbarer Hohlraum, in dem jüdische Texte und Dokumente aufbewahrt werden, die zwar nicht mehr gebraucht werden, die man aber nicht einfach wegwerfen darf, da sie religiös bedeutsame Elemente wie beispielsweise Gottesnamen enthalten. In Kairo wurde 1890 bei der Renovierung einer Synagoge in Fustat eine solche Geniza entdeckt, die im Jahr 882 gegründet wurde und etwa 200000 Schriftstücke enthielt. Von diesen waren rund 7000 so vollständig, dass sie aussagekräftig sind. Es handelt sich um Rechtsdokumente wie Heiratsverträge, Scheidungsabkommen, Testamente, Verkäufe, Schenkungen, Geschäftsverbindungen. Eine zweite Gruppe bilden Geschäfts- und Privatkorrespondenz, außerdem enthalten sind Rechnungen, Inventarlisten, Briefe und Bittschriften an offizielle Personen. Die offensichtliche Bedeutung dieser Dokumente liegt darin, dass sie nicht nur in einzigartig detaillierter Weise Alltagsleben und Alltagskultur beleuchten, sondern auch wertvolle Informationen über die Organisation von Produktionsabläufen liefern. Da ein Großteil des Fernhandels in den Händen jüdischer Kaufleute lag, enthalten sie außerdem detaillierte Angaben über Handelsbeziehungen, Handelsgüter und deren Wert. Aus Sicht der Kunstgeschichte sind die Geniza-Dokumente eine wertvolle Quelle, die Objekte und Objektgruppen beschreibt sowie Informationen zu Produktion, Vertrieb und Preisen liefert. So erfahren wir beispielsweise, dass ein im südarabischen Aden ansässiger Kaufmann einem Geschäftsfreund in Indien eine Ladung beschädigter Metallgefäße schickt und ihm detaillierte Anweisungen gibt, welche Art von Gefäßen aus dem gelieferten Metallbruch neu angefertigt werden sollen. Neben solchen sehr konkreten Angaben sind in den Texten aber auch indirekte Informationen verborgen, die Aufschluss geben über den Grad ästhetischer Verfeinerung in der Wahrnehmung von Material- oder Objekteigenschaften wie Farben oder Gerüche. So belegt die Diskussion über gelieferte Seidenstoffe in einer Geschäftskorrespondenz, dass man bis zu zehn verschiedene Bezeichnungen für unterschiedliche Nuancen von Weiß kannte.

Eine zweite bedeutende Quelle für die Objektkunst ist der bei dem Historiker al-Maqrizi erhaltene Bericht über die Plünderung des Fatimidenschatzes in den Jahren 1068 und 1069, der in gekürzter Fassung in dem *Buch der Geschenke und Raritäten* eines anonymen Autors wiederkehrt. Den historischen Kontext bildet eine innenpolitische Krise des Reiches, die darin gipfelte, dass der Kalif al-Mustansir seine Truppen nicht mehr bezahlen konnte, woraufhin diese seine Schatzkammern plünderten. Die dabei erbeuteten Objekte wurde entweder verkauft oder zerstört, um ihren materiellen Wert zu realisieren. So wurden große Mengen von gold- und silberdurchwirkten Textilien oder Bücher mit Illuminationen aus Blattgold verbrannt, um das Edelmetall auszuschmelzen. Al-Maqrizi schreibt, dass auf diese Weise Dinge zerstört wurden, die zu seiner Zeit kein Handwerker mehr produzieren konnte. Möglicherweise ist dies auch einer der Gründe dafür, dass kaum Beispiele fatimidischer Buchkunst erhalten sind.

Von besonderem Interesse sind vor allem diejenigen Passagen, in denen beschrieben wird, welche Objekte die

Plünderer in den Schatzkammern vorfanden. Besonders aufschlussreich ist der Abgleich des beschriebenen Objektbestandes mit dem aktuell in den verschiedensten Sammlungen erhaltenen oder bei archäologischen Ausgrabungen zu Tage getretenen Befund. So lassen sich einige bekannte Objektgruppen identifizieren, für andere hingegen lassen sich kaum Vergleichsbeispiele finden und wieder andere Objektgruppen, die in heutigen Museumssammlungen großen Raum einnehmen, tauchen in den Beschreibungen überhaupt nicht auf. Zu den mehrfach genannten Objektgruppen, die auch in größerer Zahl in europäischen Sammlungen vertreten sind, gehören die **Bergkristallarbeiten**.

Die Bearbeitung des sehr harten Bergkristalls war ursprünglich eine Spezialität irakischer Handwerker, für den Zeitraum vor dem 10. Jahrhundert gibt es keine Belege, dass in Ägypten ebenfalls Bergkristall verarbeitet wurde. Erst der Reisende Nasiri Khusrau, der sich zwischen 1046 und 1050 in Kairo aufhielt, beschreibt, dass er auf dem Lampenmarkt neben der Amr Moschee in Fustat Kristallschneider bei der Arbeit gesehen habe. Dass schon früher, in der zweiten Hälfte des 10. Jahrhunderts, in Kairo Bergkristall verarbeitet wurde, belegt eine Kanne, die sich heute im Schatz von San Marco in Venedig befindet (Abb. 9). Das achtzehn Zentimeter hohe Gefäß mit birnenförmigem Körper, zylindrischem Hals und kurzem Ausguss ist aus einem Block gearbeitet. Auch die Handhabe mit der als Daumenruhe fungierenden Steinbockfigur ist aus demselben Block geschnitten. Der Reliefdekor ist ebenfalls figürlich, er zeigt zwei sitzende Löwen, die beiderseits eines zentralen Rankenbaums angeordnet sind. Außerdem weist die Kanne auf der Schulter umlaufend eine Inschrift auf, die Segenswünsche für den fatimidischen Kalifen al-Aziz enthält. Zwei weitere Objekte, die ebenfalls durch Inschriften einem fatimidischen Würdenträger zugeordnet und in die erste Hälfte des 11. Jahrhunderts datiert werden können, befinden sich in Nürnberg und Florenz. Auf Grundlage

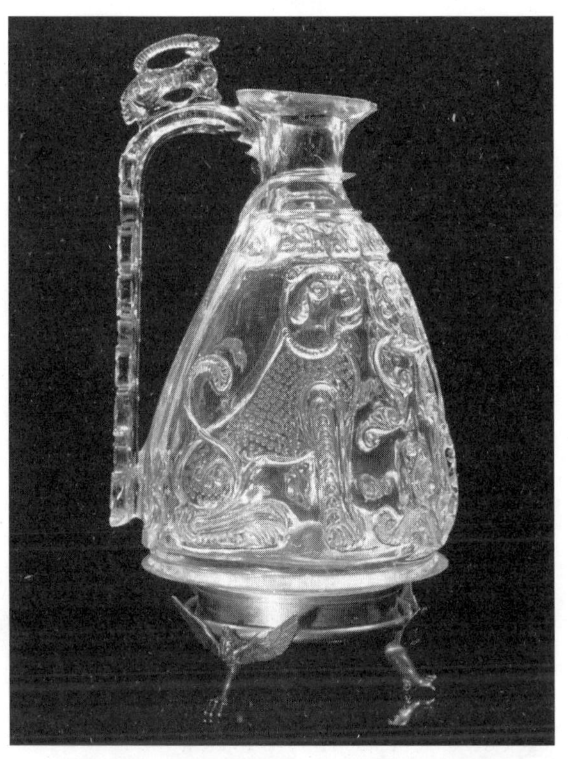

*Abb. 9.* Bergkristallkanne mit inschriftlicher Nennung des Kalifen al-Aziz Billah, wahrscheinlich Ägypten, 975–996; Schatz von San Marco, Venedig

dieser mit Sicherheit zuzuordnenden Stücke konnten 180 weitere, anonyme Bergkristallobjekte, die sich bis heute in europäischen Sammlungen erhalten haben, ägyptischen Werkstätten zugeschrieben werden. Eine systematische Untersuchung dieser Gruppe von Gefäßen und Gebrauchsgegenständen steht noch aus, doch bereits ein flüchtiger Überblick zeigt, dass die handwerkliche Qualität sehr variiert und bei den Dekors ein sehr breites Spektrum existiert. Dies spricht dafür, dass Bergkristall nicht nur für das höfische Umfeld, sondern auch für den freien Handel verarbeitet wurde.

Die verschiedenen Dekorstile der Bergkristallarbeiten, die von stilisierten Ornamenten im Samarra Stil C über klassische vegetabile Muster bis hin zu figürlichen Kompositionen reichen, werden als chronologische Abfolge von Entwicklungsstufen gedeutet. Diese Interpretation basiert unter anderem auf Vergleichen mit einer zweiten Objektgruppe, den **Lüsterkeramiken**. Sie sind in europäischen Sammlungen in großer Zahl vertreten. In dem Bericht von der Plünderung des Fatimidenschatzes hingegen werden sie nicht erwähnt. Al-Maqrizi berichtet zwar von einer Schatzkammer voller Keramik, doch bezeichnet er diese ausdrücklich als *sini*, also als chinesisch. Die Technik der Herstellung von Lüsterkeramik war ursprünglich ebenfalls eine Spezialität irakischer Handwerker, deren Erzeugnisse in der zweiten Hälfte des 9. Jahrhunderts in großer Anzahl nach Ägypten exportiert wurden. Eine eigenständige Produktion dieser in der Herstellung schwierigen und aufwendigen Keramik begann in Ägypten nicht vor dem 10. Jahrhundert und wurde in ihren Anfängen möglicherweise von irakischen Töpfern getragen, die aus wirtschaftlichen oder auch religiösen Gründen in die fatimidische Hauptstadt zogen. Die Grundlage für eine systematische Zuordnung und Datierung der fatimidischen Lüsterkeramiken bilden zwei durch Widmungsinschriften in die Regierungszeit des Kalifen al-Hakim datierbare Objekte sowie zahlreiche signierte

Gefäße und Fragmente. Von besonderer Bedeutung ist das Fragment einer Schale mit einer heraldischen Adlerdarstellung, das nicht nur den Namen eines Höflings des Kalifen al-Hakim nennt, sondern auch den Namen des ausführenden Meisters, Muslim ibn ad-Dahhan. Denselben Namen findet man auf etwa sechzig weiteren Fragmenten oder kompletten Gefäßen. Dieser seltene Glücksfall ermöglicht den Abgleich der von Muslim signierten Objekte mit unsignierten Stücken und solchen, die Signaturen anderer Meister tragen. Auf diese Weise lässt sich nicht nur das Repertoire an Dekorsystemen, Bildmotiven und -themen rekonstruieren, sondern auch die Organisation des Herstellungsprozesses.

Für die zeitliche Zuordnung der Lüsterkeramiken existiert außerdem mit den sogenannten *bacini* eine weitere wichtige Quelle. Als *bacini* bezeichnet man Keramikschalen, die als Dekor die Fassaden italienischer Kirchen, insbesondere der von Pisa, schmücken. Unter diesen *bacini* finden sich auch zahlreiche ägyptische Lüsterschalen, die dadurch, dass das Erbauungs- oder Restaurierungsdatum der Kirchen in der Regel bekannt ist, datiert werden können. So ist am Glockenturm der 1063–66 datierten Abtei in Pomposa eine Schale angebracht, die große Ähnlichkeit aufweist zu Schalen, die von einem Meister namens Sa'd signiert sind. Dieser Meister ist ebenfalls durch mehrere Signaturen auf anderen Gefäßen bekannt und kann auf diese Weise in ein zeitliches Umfeld eingeordnet werden.

Technisch sind die fatimidischen Lüsterkeramiken nach einem einheitlichen Schema hergestellt. Auf einen irdenen Gefäßkörper wird eine opake, weiße Zinnglasur aufgetragen, auf der nach dem ersten Brand mit der goldbraun bis braun brennenden Lüsterfarbe der Dekor aufgemalt wird. Die Bemalung erfolgt entweder linear oder flächendeckend auf weißem Grund oder in Reserve, das heißt, dass der Hintergrund mit Lüsterfarbe ausgefüllt und das Motiv ausgespart wird. Die Dekors selbst zeigen stilistisch und thematisch eine bemerkenswerte Bandbreite. Grundsätzlich kann man das gesamte Material je nach Anordnung des Dekors in zwei große Gruppen unterteilen. Bei der einen Gruppe wird die Oberfläche des Gefäßes – in der überwiegenden Mehrzahl der Fälle handelt es sich um Schalen – in konzentrische Bänder oder Felder eingeteilt. Die auf diese Weise entstehenden Musterfelder werden mit Blattwerk und Ranken, mit Inschriften oder Pseudoinschriften, aber auch mit stark stilisierten vegetabilen Motiven im Stil C der Samarra-Stucke oder mit figürlichen Darstellungen ausgefüllt. Die zweite Gruppe nutzt die gesamte Gefäßfläche als zusammenhängenden Malgrund. Dominierende Motive sind großformatige Palmettblattkompositionen, Flechtbandmuster aus Inschriftenbändern und figürliche Szenen. Letztere zeigen einerseits Szenen aus dem höfischen Leben, Trinkende, Musikanten, Tänzerinnen, oder aber Darstellungen, die üblicherweise als Genreszenen beschrieben werden. Berühmt sind eine Schale, auf deren Innenfläche zwei einander gegenüber hockende Männer dargestellt sind, die zwei Hähne zum Kampf ansetzen, oder eine fragmentierte Schale, die zwei Ringer vor einem durch zwei Begleitfiguren angedeuteten Publikum zeigen.

Angesichts dieses reichen thematischen und formalen Repertoires stellt sich die Frage, ob bestimmte Motive, Themen oder Stile einzelnen Meistern oder Werkstätten zugeordnet werden können. Lassen die fatimidischen Lüsterkeramiken so etwas wie einen individuellen Stil erkennen? Der systematische Vergleich signierter und datierbarer Gefäße und Fragmente untereinander beziehungsweise mit anonymen Stücken zeigt, dass diese Frage negativ zu beantworten ist. So lassen sich immer wieder Stücke einander gegenüberstellen, bei denen zwar ein Teil des Dekors wie beispielsweise der Randstreifen nahezu identisch ist, das Mittelfeld hingegen eine in Motiv und Stil völlig abweichende Darstellung zeigt. Das Nebeneinander verschiedener Stile ist demnach kein sicherer Indikator einer chronologischen Abfolge im Sinne einer linearen Entwicklung. Offensichtlich bestand die Meisterschaft eines Künstlers in einer traditionell organisierten Werkstatt nicht darin, dass er einen unverwechselbaren eigenen Stil entwickelte, sondern dass er viele verschiedene Stile möglichst perfekt beherrschte. Diese stilistische Durchlässigkeit zeigt sich nicht nur innerhalb eines keramischen Genres wie der Lüsterkeramik, sondern auch im Austausch zwischen herstellungstechnisch verschiedenen Gruppen von Keramik. So wurden in Ägypten neben den Lüsterwaren auch solche mit geritzten oder geschnittenen Dekors hergestellt, die man anschließend einfarbig deckend glasierte. Die Motiv- und Musterpalette dieser mit dem Kontrast der reliefierten Oberfläche arbeitenden Keramiken ist ähnlich breit wie die der Lüsterkeramiken, ihre Ausführung hingegen ist vielfach stärker stilisiert, weshalb man diese Gruppe zunächst in das 12. Jahrhundert datierte. 1977 jedoch wurde vor der südtürkischen Küste bei Serçe Limanı ein Schiffswrack entdeckt, das Münzfunden zufolge um 1025 gesunken ist. Die Ladung umfasste unter anderem glasierte Keramik mit geschnittenen Dekors, die eindeutige Parallelen zu fatimidischen Lüsterdekors aufweisen. In der Keramikforschung hat dieser Fund vor allem deswegen besonderes Interesse geweckt, weil er einen neuen, früheren Datierungsansatz für die Reliefkeramik erlaubt. Abgesehen davon lässt er sich aber auch als Beleg für die im Vorhergehenden angesprochene Durchlässigkeit unterschiedlicher keramischer Genre für verschiedene Dekorstile interpretieren.

Neben ihrer keramikgeschichtlichen Bedeutung ist zumindest ein Teil der fatimidischen Lüsterkeramiken, nämlich die Gefäße mit figürlichen Dekors oder Szenen, auch von weiterführendem Interesse. Gemeinsam mit den geschnitzten Elfenbeinarbeiten oder Holzschnitzereien aus der Fatimidenzeit dienen sie der Forschung als Anschauungsmaterial für einen Bereich künstlerischen Schaffens, für den kaum Beispiele erhalten sind: die Malerei. Dass es eine lebendige Tradition der **Wand- und Buchmalerei** gab, die von höchster Stelle gefördert wurde, belegen Quellenberichte sowie die wenigen erhaltenen Beispiele. So erwähnt al-Maqrizi (gest. 1442) in seiner Geschichte Ägyptens, dass der Kalif al-Amir in seinem Palast einen Pavillon mit den Porträts berühmter Dichter ausmalen ließ. Vielzitiert ist außerdem die ebenfalls von al-Maqrizi überlieferte Schilderung eines Wettstreits zweier Maler, der am Kalifenhof in Kairo stattfand und bei dem sich ein ägyptischer und ein irakischer Meister maßen. Diese Berichte enthalten jedoch keine detaillierten Beschreibungen der Bilder, sodass wir für eine Rekonstruktion des Erscheinungsbildes und der stilistischen Entwicklung fatimidischer Malerei auf die wenigen erhaltenen Überreste angewiesen sind. Dies sind zum einen Wandmalereien, zum anderen handelt es sich um Papyri und Papierfragmente, die in Fustat und einigen anderen Fundplätzen in Ägypten zu Tage getreten und sowohl stilistisch als auch ihrer Funktion nach ausgesprochen heterogen sind. Neben Skizzen umfasst das Material Blätter mit Zeichnungen, die sich als Musterzeichnungen identifizieren lassen. Sie zeigen in schwarzer Tinte gezeichnete geometrische oder vegetabile ornamentale Kompositionen, die als Entwurfsvorlagen für Stoffe, Wandmalereien, Buchilluminationen oder für Bauplastik beziehungsweise Baudekor dienten. Andere Fragmente mit Zeichnungen und Malerei können als Überreste illustrierter Manuskripte gedeutet werden. So zeigt ein Blatt im New Yorker Metropolitan Museum of Art auf der Vorderseite die kolorierte Zeichnung eines Löwen, der ohne eine Andeutung von Hintergrund frei auf dem Blatt steht, sowie drei Textzeilen, die als Passage aus dem *Traktat über die wilden Tiere* eines Autors des 7. Jahrhunderts identifiziert wurden. Ein zweites, ebenfalls aus Fustat stammendes Blatt zeigt die Zeichnung eines Hasen, wie die des Löwen ohne Angabe eines Hintergrundes, sowie drei Textzeilen, die den Titel und

Autor des Werkes nennen, das hier illustriert wurde, das *Buch über die Sprache der Tiere* eines gewissen Ka'b al-Ahbar.

Stilistisch lassen die beiden Zeichnungen deutliche Parallelen erkennen zu den Darstellungen von Löwen- und Hasenfiguren auf fatimidischen Lüsterschalen. Eine freie, bisweilen flüchtige Zeichnung der Umrisslinien wird kombiniert mit schraffierten oder unterbrochenen Linien, die abweichende Texturen wie beispielsweise die Mähne des Löwen oder den weichen Pelz an den Ohren des Hasen kennzeichnen. Zugleich verleiht die durch wenige Striche angedeutete Binnenzeichnung, die beispielsweise die großen Gelenke an den Beinansätzen markiert, eine Andeutung von Körperlichkeit. Wie auch einige der qualitätvollsten figürlichen Lüsterdekors zeichnen sich einige der Zeichnungen überdies durch die spontane Bewegtheit der Figuren und ihre bisweilen karikierend überzeichneten Gesichtszüge aus. Sehr eindrücklich zeigt dies ein kleines, nur 55 mm in der Höhe messendes Papierfragment mit der Zeichnung eines Hundes, der erwartungsvoll vor einer Vase sitzt. Für die Sitzhaltung, aber auch für Details wie die übergroßen, hervorstehenden Augen und die rüsselartige Schnauze, lässt sich ebenfalls eine Parallele in der Lüstermalerei anführen.

Neben den kolorierten Zeichnungen finden sich unter dem Material aus Fustat aber auch Malereien, bei denen zwar ebenfalls mit einer schwarzen Umrisslinie gearbeitet wird, zusätzlich dazu aber auch mit einem Pinsel kräftige Farbflächen angelegt werden. Die Palette der verwendeten Farben ist relativ begrenzt, besonders hervorstechend wirkt ein kräftiges Rot. Die großformatigen menschlichen Figuren oder Tiergestalten stehen ebenfalls ohne Angabe eines Hintergrundes vor dem Weiß des Papiers. Im Vergleich erscheinen sie jedoch sehr viel statischer und stärker formalisiert als die der Zeichnungen. Unklar bleibt bei diesen Fragmenten die ursprüngliche Funktion. Sie zeigen keine

Reste eines Textes, könnten also auch aus dem Kontext eines illustrierten Manuskriptes stammen. Denkbar wäre aber auch, dass es sich um Vorlagen für Wandmalereien handelt.

In Ägypten selbst haben sich kaum aussagekräftige Überreste fatimidischer Wandmalerei erhalten. Eine erste Vorstellung geben zwei Fragmente, die aus einem Bad in Fustat stammen. Das eine zeigt einen sitzenden Jüngling mit bartlosem Gesicht, von einem Perlbandbogen gerahmt, der in der erhobenen Rechten ein Glas präsentiert. Er trägt einen Turban und ein mit Blattmotiven gemustertes Gewand. Das zweite Fragment zeigt, ebenfalls in einen Perlbandbogen eingestellt, ein Paar affrontierter Falken, beiderseits einer großen Palmettblüte. Insbesondere die Darstellung des Jünglings mit dem durch wenige, sicher gesetzte Striche angedeuteten, runden Gesicht lässt an die Wandmalereien denken, die aus Samarra erhalten sind. Zugleich zeigt sich aber auch eine große Ähnlichkeit mit einem weiteren großen Zyklus von Malereien in einem architektonischen Kontext, der wahrscheinlich von fatimidischen Meistern ausgeführt wurde, auch wenn Sizilien zu diesem Zeitpunkt nicht mehr unter fatimidischer Herrschaft stand: die um 1140 entstandene Holzdecke der Capella Palatina in Palermo und die Holzdecke der Kathedrale von Cefalù. In Palermo sind die Nischen der als Muqarnas konstruierten Decke in leuchtendem Rot, Braun, Purpur, Blau, Grün, Weiß und Gold mit figürlichen Darstellungen oder Szenen aus dem höfischen Leben ausgemalt. Jede der kleinen Nischen enthält eine großformatige Darstellung, die jeweils von einem Perlband gerahmt wird. Kennzeichnend ist die Vorliebe für symmetrische Kompositionen und die statische, formalisierte Darstellungsweise der von wenigen, klar gezogenen Linien umrissenen Figuren. Diese Eigenheiten, ebenso wie die Wiedergabe der Gesichter, im Dreiviertelprofil, mit wenigen, nach einem festen Schema gesetzten Linien, die Mund, Nase und Augen andeuten, zeigen deutliche Bezüge zu den Wandmalereien von Samarra.

Auch wenn man auf der Basis des im vorhergehenden zusammengetragenen Materials keine umfassende Rekonstruktion der fatimidischen Malerei entwickeln kann, so erlaubt es doch die Feststellung, dass sich zwei Stilrichtungen unterscheiden lassen. Die naturnahen, bewegten, mit großer Detailfreude gezeichneten Darstellungen, die mit der Buchmalerei in Verbindung gebracht werden können, aber auch auf der Lüsterkeramik zu finden sind, basieren auf einer antiken Auffassung, die in Ägypten durch die koptischen Christen kontinuierlich tradiert wurde. Die statisch unbewegten, stark formalisierten und monumental wirkenden Darstellungen in den Wandmalereien hingegen lassen irakische Wurzeln erkennen, insbesondere die Wandmalereien von Samarra. So gesehen ist der oben erwähnte Bericht über den Malerwettstreit, den al-Maqrizi beschreibt, weitaus mehr als eine Anekdote. Er charakterisiert vielmehr in anschaulicher Weise den Wettstreit der beiden Stilrichtungen, der in dem überlieferten Bestand an Originalen bis heute in Ansätzen erkennbar ist.

## Der islamische Osten im 10.–13. Jahrhundert

### Vielfalt und Experimentierfreude

### *Der historische Kontext*

Der fortschreitende Machtverlust des abbasidischen Kalifats setzt sich auch im 11. und 12. Jahrhundert fort. Nachdem im Westen der islamischen Welt mit den spanischen Umaiyaden und den Fatimiden bereits unabhängige Machtblöcke entstanden waren, etablierten sich ab dem 10. Jahrhundert auch in den zentralen Gebieten des abbasidischen Reiches, im Irak, Westiran und in Nordsyrien, eigenständige Kleinfürstentümer. In Bagdad selbst war der Kalif al-Mustakfi 945 gezwungen, die Buyiden, eine aus dem Nordiran stammende Familie von Söldnerführern, als Schutzmacht anzuerkennen. Im Osten des Reiches wurde die abbasidentreue, kulturell persisch geprägte Dynastie der Samaniden (874–999) durch die türkischen Ghaznawiden (962–1186) abgelöst. Diese machtpolitische Fragmentierung des Reiches ging einher mit einer zunehmenden religiösen Zersplitterung der *umma*, der Gemeinschaft der Gläubigen. Insbesondere der Konflikt zwischen Sunniten und Schiiten führte zu sozialen und politischen Spannungen. Zu Beginn des 11. Jahrhunderts hatte sich die Situation so zugespitzt, dass das abbasidische Kalifat massiv von heterodox-schiitischen Gegnern bedroht war. Nicht nur die ägyptischen Fatimiden, sondern auch die Protektoren der Kalifen, die Buyiden und die meisten übrigen Kleinfürsten im nordirakischen und syrischen Raum vertraten den Vormachtsanspruch des schiitischen Islam. Im Osten des Reiches waren mit den Samaniden und den Ghaznawiden zwar sunnitische Herrscher an der Macht, doch war deren Einfluss begrenzt. Diese Situation änderte sich erst, als mit dem obersten Führer des türkischen Stammesverbandes der Seldschuken, Tughril Beg, ein neuer Akteur die politische Bühne betrat. 1040 errang Tughril Beg einen entscheidenden Sieg über die Ghaznawiden, 1055 zog er als neuer Schutzherr der abbasidischen Kalifen in Bagdad ein. Seine Nachfolger, Alp Arslan (1063–72) und Malik Schah (1072–92), setzten die Expansionspolitik erfolgreich fort, sodass das seldschukische Reich sich unter ihrer Herrschaft von Afghanistan bis nach Anatolien und über weite Teile der arabischen Halbinsel erstreckte.

Die Seldschuken waren strenge Verfechter des sunnitischen Islams und unter ihrer Herrschaft setzt eine Gegenbewegung ein, die in der englischsprachigen Literatur als »sunni revival« bezeichnet wird. Prägende Gestalter dieser Reaktion sind der Theologe und Philosoph al-Ghazali (gest. 1111) und einer der bedeutendsten Staatsmänner der mittelalterlichen islamischen Welt, Nizam al-Mulk. Beide erkannten die religiöse Zersplitterung der islamischen *umma* als zentrale Bedrohung der bestehenden Ordnung und reagierten darauf mit den ihnen zur Verfügung stehenden Mitteln. Während al-Ghazali als Theoretiker in zahlreichen Schriften für die Verbindung des mystischen und des orthodoxen Islam argumentierte, etablierte Nizam al-Mulk die Religionspolitik als wichtiges Herrschaftsinstrument. Zugleich verfolgte er eine strikte Zentralisierungspolitik, um auf diese Weise dem türkischen Stammespartikularismus zu begegnen. Wichtigstes Steuerungsorgan der von ihm geschaffenen Ordnung war das Amt des Wesirs, in dessen Händen Steuer- und Finanzpolitik, Gesetzgebung und religiöse Angelegenheiten zusammenliefen. Ein weiteres zentrales Instrument seiner Politik war das von ihm ausgebaute System der Medresen (arab. *madrasa*), der religiösen Hochschulen, an denen Koran, Hadith und religiöses Recht unterrichtet wurden. In den bedeutendsten Städten des Reiches, in Bagdad, Damaskus, Merw, Herat, Mosul, Balkh, Ghazna und Basra ließ er reich ausgestattete Universitäten einrichten, an denen herausragende Gelehrte unterrichteten. Hier wurde eine religiöse Elite herangezogen, die anschließend in hohen Verwaltungsämtern eingesetzt werden konnte, um dort eine einheitliche Staatsreligion zu vertreten.

Der Niedergang der Seldschukenherrschaft begann 1092. In diesem Jahr wurden kurz nacheinander Nizam al-Mulk und Malik Schah durch Angehörige einer schiitischen Sekte ermordet. Es folgten Jahre erbitterter Thronfolgestreitigkeiten, aus denen zwei Söhne des Malik Schah als Sieger hervorgingen. Doch ihr Erfolg hielt nur kurz an. Die in der Region Khwarezm im Osten des Reiches ansässigen Khwarezm-Schahs hatten den Bürgerkrieg nach dem Tod des Malik Schah dazu genutzt, ihre Macht weiter auszubauen. Nun drängten sie die Seldschuken weiter zurück und errichteten innerhalb kurzer Zeit selbst ein Reich, das in seiner Ausdehnung das der Seldschuken noch übertraf. Allerdings war diese Entwicklung nur von kurzer Dauer. Der Khwarezm-Schah Ala ad-Din Muhammad hatte einen Konflikt mit dem Mongolenführer Dschingis Khan provoziert, dem er nicht gewachsen war. 1220 eroberten und zerstörten die Truppen des Dschingis Khan zwei der bedeutendsten Städte im Osten der islamischen Welt, Bukhara und Nischapur. Diese Ereignisse waren der Auftakt zu einer der tiefgreifendsten Erschütterungen, die die islamische Welt jemals erlebt hat. Sie markieren den Beginn der mongolischen Invasion, die sich über mehrere Jahrzehnte hinzog und in der Kapitulation von Bagdad am 10. Februar 1258 vor den Truppen des Hülägü gipfelte.

Aus der Sicht der Kunstgeschichte wird der außerordentlich bewegte, von Umbrüchen und Veränderungen gekennzeichnete Zeitraum zwischen Beginn des 11. und Mitte des 13. Jahrhunderts häufig als eine der produktivsten und kreativsten Phasen in der Geschichte der islamischen Kunst dargestellt. Diesem Diktum ist allerdings mit einer gewissen Skepsis zu begegnen, da es die Kunstproduktion einer Epoche vor allem nach dem beurteilt, was seit dem 19. Jahrhundert seinen Weg in europäische und amerikanische Sammlungen gefunden hat. Es stellt sich die Frage, inwieweit diese Interpretation der historischen Realität gerecht wird oder ob sie nicht vielmehr die Interessen des Kunstmarkts und seiner Klientel abbildet. Hier ist kritisches Bewusstsein angebracht, dass jede Form von Geschichtsschreibung ein Konstrukt darstellt, das vor allem die Realität seiner Schöpfer abbildet. Trotz dieser Skepsis gegenüber verallgemeinernden Aussagen soll jedoch keinesfalls von der Hand gewiesen werden, dass die Zeit zwischen dem 11. und 13. Jahrhundert eine Periode tiefgehenden Wandels politischer, wirtschaftlicher und gesellschaftlicher Rahmenbedingungen war und dass diese Umbrüche sich auch auf die Kunstproduktion auswirkten.

Die Fragmentierung der politischen Landschaft begünstigte Produktivität und Innovationsfreude. Ab dem 11. Jahrhundert wurde der Zentralismus der frühen Abbasidenzeit zunehmend abgelöst durch die Aufsplitterung in ein differenziertes hierarchisches System, in dem die Sultane als von Bagdad legitimierte, de facto jedoch weitgehend unabhängig herrschende Fürsten agierten. Sie setzten ihrerseits Statthalter ein, häufig waren dies Prinzen, die unter der Aufsicht eines Atabeg, eines Beraters, standen. In der Folge entstand eine große Anzahl urbaner Zentren, deren Machthaber auch auf kulturellem Gebiet miteinander konkurrierten. In Städten wie Nischapur, Bukhara, Merw, Isfahan oder Ghazna bildeten die Höfe der lokalen Herrscher neue Absatzmärkte für eine luxuriöse Objektkunst und zogen Künstler und Handwerker in ihre Dienste. Damit einhergehend etablierte sich ein neues Gleichgewicht zwischen den bis dahin dominierenden ethnischen und sprachlichen Gruppen, den Persern und Arabern. Die aus den zentralasiatischen Steppen nach Westen vordrängenden Turkstämme, die ab der zweiten Hälfte des 10. Jahrhunderts einige der mächtigsten Dynastien gründeten, übernahmen und förderten an ihren Höfen eine persisch geprägte Kultur. Die Autoren der großen Nationalepen und der mystischen Dichtung wie Firdausi, Nizami, Dschalal ad-Din Rumi und Umar Khayyam schrieben ihre Werke auf Persisch für türkischstämmige Auftraggeber und Mäzene und auch die Inschriften, die sich auf Luxusobjekten wie etwa den Lüsterkeramiken finden, sind Persisch. Das Arabische hingegen blieb die Sprache der Wissenschaft und natürlich der Theologie. In diesem Klima entstand im Osten der islamischen Welt eine in ihrer stilistischen Einheitlichkeit deutlich fassbare künstlerische Koinè. Diesem Phänomen trägt die Kunstgeschichte Rechnung, wenn sie die Objekte oder Monumente, die vom 11. bis Mitte des 13. Jahrhunderts im iranischen Raum entstanden, als seldschukisch bezeichnet. Damit ist in diesem Fall nicht eine dynastisch-chronologische Zuordnung bezeichnet, sondern eine Form kultureller Hegemonie, eine visuelle Kultur, die die Herrschaft der Seldschuken weit überdauerte.

## *Objekt- und Buchkunst*

Im Bereich der Objektkunst hat sich eine große Anzahl von Gegenständen erhalten, deren Machart und Dekor sich durch eine Freude am Experimentieren mit neuen Formen, eine ausgeprägte Farbigkeit sowie eine Vorliebe für figürliche Darstellungen auszeichnen. Insbesondere im Bereich der Herstellung von **Luxuskeramik** und ebensolcher Metallarbeiten wurden ab dem 12. Jahrhundert neue technische Verfahren entwickelt beziehungsweise bekannte Techniken verbessert. Die Produktion hochwertiger Keramik hatte bereits im 10. Jahrhundert im Osten der islamischen Welt einen Höhepunkt durchlaufen. Unter den Samaniden waren Nischapur und Afrasiab (Alt-Samarkand), aber auch Merw, Produktionszentren, in denen in großer Zahl Keramiken für den gehobenen Bedarf hergestellt wurden. Vor allem über die Erzeugnisse der Werkstätten von Nischapur sind wir besonders gut informiert, da dort unter der Leitung des Metropolitan Museum of Arts zwischen 1935 und 1940 Ausgrabungen stattfanden. Dabei kamen große Mengen an Keramik zu Tage, sodass der Ausgräber Charles Wilkinson verschiedene, nach Dekortechniken unterschiedene Gruppen definieren konnte. Technisch sind sie alle nach demselben Verfahren hergestellt und zeigen in diesem Bereich keine Neuerungen. Die Gefäße, vorwiegend Schalen mit konisch gerader oder bauchig geschwungener Wandung und einem Durchmesser von 25 bis 40 cm, sind aus einem rot brennenden Scherben gefertigt. Um einen farblich neutralen, glatten Malgrund zu erzielen, überzog man das fertig geformte Gefäß mit einem dünnflüssigen Tonschlicker, dem sogenannten Anguss. Auf dem Anguss wurde sodann mit farblich kontrastierenden Tonschlickern der Dekor aufgetragen, weshalb diese Dekortechnik auch als Schlickermalerei bezeichnet wird. Abschließend wurde das Gefäß mit einer transparenten, farblosen Glasur überzogen und gebrannt. Die handwerklich und ästhetisch anspruchsvollste Gruppe der nach diesem Verfahren hergestellten Keramiken sind Schalen mit weißem Anguss und Bemalung in Schwarz, mit wenigen roten Akzenten. Der Dekor besteht aus sehr dekorativen, kalligraphisch stilisierten Inschriften, die den oberen Rand der Schalen umlaufen. Sie sind meist in dem eckigen, als Kufi bezeichneten Duktus geschrieben, die Hasten, also die nach oben auslaufenden Längen der Buchstaben weisen häufig kunstvolle Verknotungen auf oder enden in stilisierten Blattformen. Die Inschriften zitieren entweder religiöse Texte wie den Koran oder die Hadithe, oder aber sie enthalten Sprichwörter oder moralische Maximen wie beispielsweise: »Der Freie ist auch im Unglück frei.«

Form und Dekor dieser Schalen lassen sich von zeitgleichen Edelmetallgefäßen mit Einlagen aus farblich kontrastierenden Pasten ableiten. Deutlich zeigt dies der Vergleich mit einer silbernen Schale, die aus einem Hortfund stammt und sich heute in einer Sammlung in Teheran befindet. Sowohl die Form, die gerade konische Wandung, als auch der Dekor, die am oberen Rand umlaufende, kalligraphisch stilisierte Inschrift, sind identisch. Zieht man außerdem in Betracht, dass die Farbe Silber in der islamischen Welt als weiß beschrieben wurde, können die weißen Keramikschalen mit dem schwarzen Dekor durchaus als originalgetreue Nachschöpfungen der Metallvorbilder in einem kostengünstigeren Material gedeutet werden.

Das Ausgangsmaterial, mit dem die Keramikmeister von Nischapur, aber auch die der übrigen Produktionszentren der islamischen Welt bis in das 10. Jahrhundert hinein arbeiteten, konfrontierte sie mit einigen grundsätzlichen Einschränkungen. Das Material, aus dem man die Gefäße herstellte, waren einfache Töpfertone, die beim Brand eine Eigenfarbe entwickelten. Je nach Zusammensetzung der keramischen Masse reichte diese von hellgelblich-bräunlichen bis zu tiefdunkelroten Farbtönen. Sollte das Gefäß zusätzlich mit einer farbigen Glasur überzogen oder bemalt werden, musste man daher zunächst einen hellen Untergrund schaffen, auf dem sodann die Farben zur Wirkung kommen konnten. Dies war eine der Hauptfunktionen der hellen Angüsse oder auch der mit Zinn getrübten, weißen Glasuren, die die irakischen Töpfer im 9. Jahrhundert entwickelten. Eine zweite materialbedingte Einschränkung betrifft die Formgebung. Wollte man Gefäße herstellen, die sich nicht beim Brand verformten und stabil genug waren, um nicht beim ersten Zugriff zu zerbrechen, war man an Wandungsstärken von 3 bis 5 mm gebunden. Um diese materialtechnischen Zwänge zu durchbrechen, begannen ägyptische Keramikmeister im 10. Jahrhundert mit neuartigen keramischen Massen zu experimentieren. Das Ergebnis war die als **Quarzfrittenkeramik** oder einfach nur Frittenkeramik bezeichnete Ware, die zu etwa 80 % aus Quarzsand besteht, der mit einem hellbrennenden Ton und Fritte, also geschmolzenem und anschließend fein gemahlenem Glas, gemischt wird. Diese neuartige keramische Masse bietet den entscheidenden Vorteil, dass der Scherben nach dem Brand weiß bleibt und sehr hart wird, sodass man auch vergleichsweise dünnwandige Gefäße herstellen kann.

Die Erfindung der Quarzfrittenkeramik wurde bis vor wenigen Jahrzehnten den persischen Keramikmeistern des 12. Jahrhunderts zugeschrieben. Diese Zuschreibung datiert in eine Zeit, als man nur persischen, also arischen Künstlern, Innovationsfähigkeit zubilligte, wohingegen die arabischen, also semitischen Völker als statisch und nicht fortschrittsfähig beschrieben wurden. Auf diese Weise blieb erstaunlich lange ungeklärt, warum die persischen Quarzfrittenkeramiken das Material zwar in höchster Vollendung in Form und Farbe umsetzen, man unter den Objekten jedoch keine experimentellen Vorstufen findet. Erst in den 1990er Jahren hat Robert Mason mit einer Serie von Analysen den Nachweis angetreten, dass in der ägyptisch-fatimidischen Keramik des 10. Jahrhunderts ebenjene experimentellen Vorstufen zu finden sind, die man im Iran vermisst. Inzwischen geht man davon aus, dass die neue keramische Masse, die sich ab dem 12. Jahrhundert in weiten Teilen der islamischen Welt für die Herstellung von Luxuskeramik durchsetzt, in Ägypten entwickelt und über Syrien im Iran bekannt wurde.

Auch wenn man somit die Erfindung der Quarzfrittenkeramik nicht für die iranischen Keramikmeister reklamieren kann, so sind sie doch diejenigen, die die Möglichkeiten, die das Material bietet, in einzigartiger Weise ausgelotet und weiterentwickelt haben. Dies gilt sowohl für die Formgebung als auch für unterschiedliche Dekortechniken. Während das Formenrepertoire der glasierten Keramiken bis dahin überwiegend Schalen umfasste, experimentierten die Meister nun mit neuen Formen, bis hin zu figürlichen Gefäßen und Skulpturen. Dabei scheinen sie bewusst mit materialspezifischen Formen zu spielen. So entstehen nun beispielsweise Keramikgefäße mit facettierter oder godronierter Wandung. In Metall, das durch Treiben und Hämmern bearbeitet wird, sind solche Formen materialtechnisch sinnvoll. Bei einem Keramikgefäß hingegen sind sie nur schwierig und sozusagen gegen die Materialeigenschaften hervorzubringen. Hier behalf man sich mit anderen Methoden der Formgebung. So wurden viele der neuen Quarzfrittenkeramiken nicht mehr durch Drehen auf der Töpferscheibe hergestellt, sondern in Modeln geformt. Dies hatte den zusätzlichen Vorteil, dass man plastische Dekors, die als Relief die Wandung des Gefäßes verzierten, in einem Arbeitsgang mit der Formgebung anbringen konnte.

Bei den Dekortechniken zielte die Weiterentwicklung bekannter und die Entwicklung neuer Verfahren darauf ab, farblich kontrastierende Effekte zu erzielen. Zu den bereits bekannten Techniken, die die persischen Keramikmeister nun auch auf der neuen Quarzfrittenkeramik umsetzten, zählt die Lüsterbemalung. Weiterentwickelt und perfektioniert wurde das Verfahren der Unterglasurbemalung, so dass man auf der Keramikoberfläche nun auch mit feinen Linien gezeichnete Motive zu komplexen Dekors zusammensetzen konnte. In der Farbgebung war man dabei auf Schwarz und Kobaltblau beschränkt. Mit bis zu acht Farben hingegen konnte man in der sogenannten Minai-Technik arbeiten, die eine Neuentwicklung der persischen Töpfer ist und nur im 13. Jahrhundert praktiziert wurde. Wie die Bemalung mit Lüsterfarben ist auch die Minai-Technik eine sogenannte Aufglasurtechnik. Das bedeutet, dass der Dekor auf ein bereits glasiertes und gebranntes Werkstück aufgetragen wird und die Farben anschließend bei einem oder mehreren nachfolgenden Bränden in die Glasur eingebrannt werden.

Neben Gefäßen produzierten die Keramikmeister auch **Baukeramik**, die in der Regel für die Ausstattung von Innenräumen gedacht war. Hier reicht das Repertoire von schlichten, einfarbig kobaltblau oder türkis glasierten Serienfliesen bis hin zu komplexen Ensembles mit Lüsterbemalung. Auch wenn kein vollständiges Ausstattungsprogramm in situ erhalten ist, lassen die in Sammlungen aufbewahrten Überreste doch den grundsätzlichen Aufbau dieser Ensembles erkennen. So waren die Wände der Räume mit einem Sockel aus Serienfliesen verkleidet, der durch breitere Bordürenfliesen nach oben abgeschlossen wurde. Besondere Elemente wie die Gebetsnische oder ein Kenotaph wurden durch exakt auf das Bauteil zugearbeitete keramische Formteile hervorgehoben. Diese großen, aus bis zu vierzig unterschiedlichen Formteilen zusammengesetzten Architekturdekors gehören technisch und künstlerisch zu den größten Leistungen, die das 13. Jahrhundert auf dem Gebiet der Keramikproduktion hervorgebracht hat. Dass dies auch von den Meistern so gesehen wurde, in deren Werkstätten diese Objekte entstanden, lassen die Signaturen vermuten, die sich auf vielen dieser Architekturensembles finden. Insgesamt kann man anhand der Signaturen auf Bau- und Gefäßkeramiken mehr als 20 Meister identifizieren. Von einigen sind sogar mehrere signierte und datierte Werke erhalten, sodass man die Entwicklung ihrer Arbeit über einen längeren Zeitraum verfolgen und nachweisen kann, dass Werkstattgemeinschaften auf Familienbasis organisiert und häufig über mehrere Generationen hinweg tätig waren. Und auch der Ort, wo zumindest ein Teil der hochspezialisierten Handwerker tätig war, lässt sich auf diese Weise identifizieren. So signieren einige der Meister mit dem Namenszusatz al-Kaschani, was so viel bedeutet wie »der aus Kaschan stammende«. Ob das im zentraliranischen Hochland gelegene Kaschan allerdings das einzige Zentrum der Produktion von Luxuskeramiken war und die dort produzierten Waren über den Handel weiträumig verteilt wurden, oder ob es andernorts weitere hochspezialisierte Werkstätten gab, wird bis heute kontrovers diskutiert. Da ein Großteil der erhaltenen Objekte nicht aus kontrollierten archäologischen Grabungen stammt, sondern über den Kunsthandel in westliche Sammlungen kam, ist ihre Herkunft unbekannt. Daher ist man auf andere Methoden wie den Stilvergleich oder Formentypologien angewiesen, mit deren Hilfe man das Material systematisch analysieren und verschiedene Gruppen identifizieren kann.

Dieselbe Problematik betrifft auch die hochwertigen **Metallarbeiten**, die sich ebenfalls in vergleichsweise großer Zahl in europäischen und amerikanischen Sammlungen erhalten haben. Auch in diesem Fall bieten die Inschriften auf den Objekten das wichtigste Argument für eine Lokalisierung und Datierung. So werden die meisten Stücke der Provinz Khurasan im Nordostiran beziehungsweise der Stadt Herat im heutigen Afghanistan zugeschrieben. Eines der Leitobjekte für diese Identifizierung ist der sogenannte Bobrinsky-Eimer. Auf dem kleinen bauchigen Wasserkessel sind insgesamt sechs Inschriften angebracht, die die Namen des Auftraggebers, des Besitzers und zweier Handwerker nennen sowie das Datum und den Ort seiner Herstellung: 1163 in Herat.

Der Herstellungstechnik und dem Dekor nach ist der Bobrinsky-Eimer ein charakteristisches Beispiel für die Metallarbeiten, die als Produkte der khurasanischen Werkstätten des 12. und 13. Jahrhunderts identifiziert werden. Er ist aus einer Kupferlegierung in Gusstechnik hergestellt und zeigt auf der äußeren Wandung einen nahezu flächendeckenden, kleinteiligen Dekor aus Silber- und Kupfereinlagen. Diese Technik, bei der in zuvor eingravierte Vertiefungen Silber- oder Kupferdrähte oder dünne Silberbleche eingehämmert wurden, war in der islamischen Welt seit dem 9. Jahrhundert bekannt, doch das Potential, das dieses Verfahren bietet, wurde erst von den Meistern des 12. und 13. Jahrhunderts voll ausgeschöpft. Die Kombination von Draht- und Blecheinlagen ermöglichte die Umsetzung komplexer, aus Linien und Flächen zusammengesetzter Kompositionen. So zeigt der Bobrinsky-Eimer mehrere übereinander angeordnete Friese, in denen Inschriftenbänder mit figürliche Szenen wechseln. Die figürlichen Szenen setzen sich zusammen aus einer frontal dargestellten, auf einem Thron sitzenden Gestalt, die begleitet wird von Tänzern, Musikern, Kämpfern, Jägern und sogar einem Paar Backgammonspieler. Sowohl der Form als auch dem Inhalt nach ist dies eine der Standarddarstellungen, die sich in der seldschukischen Kunst in den unterschiedlichsten Medien findet und für die die englischsprachige Literatur den Terminus »courtly circle«, der höfische Zirkel, geprägt hat. Mittelpunkt dieser Darstellungen ist die idealisierte Gestalt des Herrschers, der in seiner erhobenen Rechten den Weltenbecher trägt, jenen Becher, in dem er der Überlieferung nach die Geschicke seines Reiches vorhersehen kann. Ebenso wie diese Herrschergestalt als idealisierte Figur zu sehen ist, sind auch die Begleitfiguren nicht als Abbildung einer historischen Realität zu verstehen, sondern als mythisch überhöhte Darstellung des paradiesgleichen Hofes, in dem der ideale Herrscher präsidiert.

Während Darstellungen, die in den Themenkreis des höfischen Zirkels fallen, auch auf den Luxuskeramiken zum Standardrepertoire gehören, ist ein zweiter Themenkreis, der auf den khurasanischen Metallarbeiten sehr häufig umgesetzt wird, auf dieses Medium beschränkt. Von einer Ausnahme abgesehen finden sich astrologische Darstellungen nur auf Metallarbeiten. Hier kommen sie in verschiedenen Varianten vor. Neben den zwölf Tierkreiszeichen werden auch die Personifikationen der sieben damals bekannten Planeten dargestellt, wobei in der Regel die als Strahlenkranz dargestellte Sonne den Mittelpunkt bildet, um den herum die sechs übrigen Planeten angeordnet sind. Begleitet werden die astrologischen Darstellungen häufig von Inschriften mit standardisierten Segenswünschen, die dem Besitzer Glück, Macht, Reichtum und Wohlergehen wünschen. In einigen Fällen finden sich jedoch auch individuelle Formulierungen, die einen Einblick geben in die Vorstellungswelt, die mit den Darstellungen verbunden war. So weist eine Kanne, die sich heute im Museum in Tiflis befindet, eine lange Inschrift auf, die nicht nur den Herstellungsort, Herat, nennt, sondern auch einen Einblick gibt in die vielfältigen Anspielungen auf symbolische Deutungen und Assoziationen, die Zeitgenossen mit Objekten wie diesen verbanden:

Diese meine schöne Kanne, gefällig und elegant,
wo findet man heute in der Welt ihresgleichen?
Wer sie sieht, sagt: »Sie ist sehr schön.«
Keiner fand ihr Gegenstück, denn es gibt keine andere wie sie.
Schau die Kanne an, ein Geist kommt zum Leben aus ihr,
und es ist lebendes Wasser, das aus ihr fließt.
Jeder Tropfen, der aus ihr auf die Hand fließt
gibt jeder Stunde neue Freude.
Betrachte die Kanne, die jeder preist,
sie verdient es, einer so geehrten Persönlichkeit wie Euch zu dienen.
Jeder, der die Flüssigkeit aus ihr strömen sieht,
kann nur Angemessenes über sie sagen.
Diese Kanne ist für Wasser gemacht, in Herat.
In welchem Jahrhundert könnte man etwas herstellen, das ihr gleicht?
Sieben himmlische Körper, wie stolz sie auch sein mögen,
schützen den, der solche Arbeit vollbringt.
Lass Wohlgefallen kommen auf den, der eine solche Kanne machte,
der Gold und Silber verschwendete, um sie zu schmücken.
Lass ihn glücklich werden, wenn er die Kanne einem Freund überreicht,
lass Unglück kommen, wenn er sie einem Feind gibt.

Die Metallarbeiten mit den figürlichen Darstellungen, vor allem aber die Lüster- und Minaikeramiken sind neben ihrer Bedeutung als Zeugen einer hochentwickelten Objektkultur für die kunstgeschichtliche Forschung von besonderer Bedeutung, da sie einen Ersatz darstellen für die kaum erhaltene Malerei. Dass es sowohl umfangreiche Zyklen von **Wandmalereien** gab als auch mit Illustrationen ausgestattete Bücher, weiß man aus zeitgenössischen Texten. So berichtet der Historiker Baihaqi, dass Mas'ud von Ghazna als Kronprinz in Herat einen Pavillon errichten ließ, dessen Wände mit erotischen Malereien geschmückt waren, die er allerdings übermalen ließ, als er von einem geplanten Besuch seines Vaters hörte. Und für das 13. Jahrhundert berichtet al-Makkari von einem privaten Bad in Bagdad, dessen Wände ebenfalls mit erotischen Szenen bemalt waren. Beispiele solcher Wandmalereien haben sich nicht erhalten. Das einzige illustrierte Manuskript, das die Gefährdung durch Insekten, Feuchtigkeit, Brand oder mutwillige Zerstörung bis heute überstanden hat, ist ein Exemplar des persischen Liebesromans *warqa wa gulshah* von Ayyuqi in der Sammlung des Topkapı Saray in Istanbul, das vermutlich um 1250 in Westiran oder Anatolien entstanden ist. Die etwa 70 Illustrationen in querrechteckigem Streifenformat sind in leuchtenden Farben gemalt und zeigen durchweg einfache Kompositionen. Die Bildbestandteile stehen vor einem farbigen oder farblosen Grund und sind entweder einfach gereiht nebeneinander platziert oder symmetrisch um ein zentrales mittleres Element angeordnet. Abgebildet werden in erster Linie die in der Romanhandlung beschriebenen Akteure, die häufig von Tieren, überwiegend Vögeln, Katzen oder Hasen, begleitet werden. Ganz ähnliche Merkmale zeigt auch ein in Minai-Technik bemalter Becher, der sich in der Freer Collection in Washington befindet (Abb. 10, s. S. 164). Der 12 cm hohe Becher ist auf der äußeren Wandung in drei übereinander angeordneten Friesen mit figürlichen Szenen bemalt, die

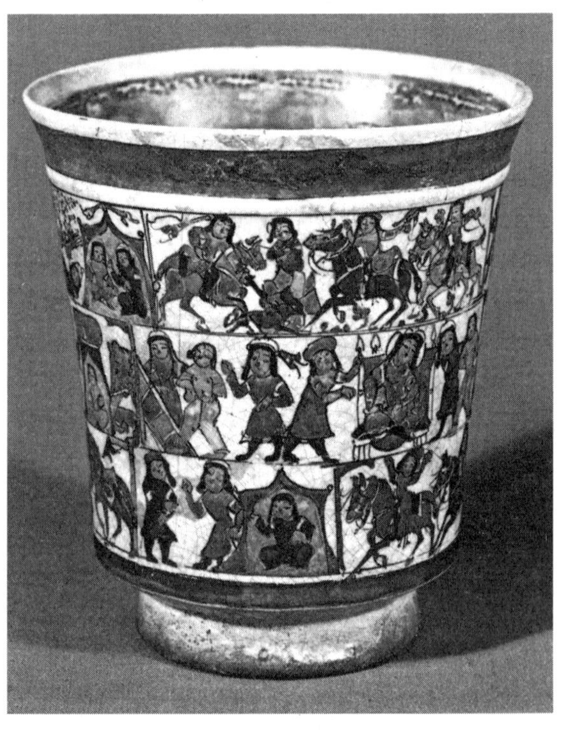

*Abb. 10.* Becher, Quarzfrittenkeramik mit Bemalung in Minai-Technik, Iran, 1. H. 13. Jh.; Freer Sackler Galleries, Washington

die Liebesgeschichte von Bizhan und Manizha illustrieren. Die Friese sind durch senkrechte Trennstreifen in querrechteckige Streifen unterteilt, sodass einzelne Bildfelder entstehen. Ihr Format, die Anordnung der Figuren und die Art, wie diese ohne Angabe von Hintergrund auf die weiße Keramikoberfläche gemalt werden, zeigen deutliche Parallelen zu den Illustrationen des *warqa wa gulshah*-Manuskripts. Dasselbe gilt für die Darstellung der menschlichen Figuren, die sowohl in dem Manuskript, als auch auf den Lüster- und Minaikeramiken einem einheitlichen Schema folgt. Männer wie Frauen sind unterschiedslos mit runden Gesichtern, mit geschlitzten Augen und einem kleinen Mund dargestellt. Der Kopf wird durch einen Nimbus hervorgehoben. Sie tragen das dunkle Haar zu langen Zöpfen gebunden und sind mit Stiefeln und knielangen Übergewändern bekleidet.

Der hohe Standard buchkünstlerischen Schaffens, den das *warqa wa gulshah*-Manuskript erahnen lässt, findet sich bestätigt in den in etwas größerer Anzahl erhaltenen seldschukischen Koranen. In der Regel besitzen die Manuskripte reich illuminierte, doppelseitige Frontispize, die den Auftakt bilden für die folgenden Seiten, auf denen der Text kalligraphisch in Szene gesetzt wird. Geschrieben sind die seldschukischen Korane entweder in *naskhi*, einem kursiven Duktus, oder in dem sogenannten östlichen Kufi, einer Variante, die die eckig-spitzen Konturen des Kufi mit der vorwärtsdrängenden Neigung und dem Rhythmus der sogenannten Kursiven verbindet. Die Schriftgröße variiert stark. Manche Manuskripte haben nur drei monumentale Zeilen pro Seite. In diesen Fällen ist die verbleibende Fläche häufig zusätzlich verziert durch großformatige stilisierte Blattformen, die die Umrisse der Schrift aufnehmen.

## *Architektur*

Die iranische und zentralasiatische Architektur des 11. bis 13. Jahrhunderts zeichnet sich typologisch und formal durch eine große Vielfalt aus, der sich die Forschung – vor allem in den beiden letzten Jahrzehnten – mit unterschiedlichen Ansätzen angenähert hat. Als systematische Kategorien, nach denen man das Material dokumentiert, analysiert und interpretiert, werden regionale, dynastische, chronologische, funktionale und typologische Ordnungssysteme erprobt. Im folgenden werden die Monumente nach funktionalen und typologischen Kriterien zu Gruppen zusammengestellt und vorgestellt, allerdings nicht ohne den Hinweis voranzuschicken, dass bei aller Vielfalt auch ein verbindendes Element existiert, das den Bauten eine einheitliche Prägung verleiht: die Bauweise. Anders als im syrischen oder anatolischen Raum wurde im Iran und in den zentralasiatischen Gebieten traditionell mit – üblicherweise quadratischen – Ziegeln gebaut. Dabei diente das Ziegelmauerwerk häufig nicht nur der Herstellung des konstruktiven Mauerwerks. Als Sichtmauerwerk oder als zweite, vorgeblendete Mauerschale in Mustern versetzt, dienten die Ziegel vielmehr auch als wesentliches Mittel der baudekorativen Gestaltung. Hier knüpften die unter muslimischer Herrschaft arbeitenden Baumeister an lokale Traditionen an, deren Ursprünge bis in vor- und frühislamische Zeiten zurückreichen. Besonders deutlich wird dies am Beispiel des sogenannten **Samanidenmausoleums** in Buchara mit seinem Ziegelmauerwerk, das den Kontrast von verschatteten und dem Licht ausgesetzten Flächen dekorativ nutzt.

Das außerhalb der Stadt befindliche Samanidenmausoleum bildet den Kern einer Friedhofsanlage und wird auf Grund einer heute zerstörten Inschrift als Grablege der Samanidenherrscher gedeutet und um 900 datiert. Der würfelförmige Bau auf quadratischem Grundriss mit leicht geböschten Mauern und einer Kantenlänge von 10,70 Metern ist von einer Kuppel überfangen. Eingestellte Dreiviertelsäulen in den Ecken, die mit vier kleinen Eckkuppeln korrespondieren, sowie eine Galeriezone aus kleinen Blendnischen gliedern den Unterbau. Die Erschließung erfolgt über vier Eingänge, die sich in den vier identisch gestalteten Wänden öffnen. Als Baumaterial verwendete man gebrannte Ziegel von unterschiedlichem Format, die zugleich den Dekor bilden. Die Oberfläche der Außen- und der Innenwände wird durch die rhythmisch wechselnde Versetzung senkrechter oder waagerechter Ziegelgruppen und durch eine abwechslungsreiche Tiefenstaffelung filigran aufgebrochen. Dieser dekorative Effekt wird durch die Verwendung von Formziegeln verstärkt. Dabei zeugt die Qualität des Ziegelmauerwerks von einer derartigen Beherrschung des Potentials des Baumaterials, dass man davon ausgehen kann, dass es Vorgängerbauten gegeben haben muss.

Dass sich im Samanidenmausoleum eine lokale Bautradition manifestiert, die weit in vorislamische Zeit zurückreicht, deren Geschichte und Ausprägungen jedoch auf Grund der Zufälle von Erhaltung und Zerstörung nicht mehr rekonstruierbar sind, lässt auch die Form des Baus vermuten. So verweisen der Grund- und Aufriss des Mausoleums, mit den gleichförmig gestalteten, nach vier Seiten sich öffnenden Eingängen und der Galeriezone auf vorislamische Vorbilder. Neben der buddhistischen Architektur Afghanistans und Ostturkestans wird als zweites mögliches Vorbild der vorislamische Feuertempel sassanidischer Prägung angeführt. Diese Vierbogenbauten, auf persisch *tschahartaq* genannt, zeichnen sich ebenfalls durch quadratischen Grundriss aus sowie durch vier Bogenöffnungen, die die vier Wände gleichmäßig durchbrechen. In Verbindung mit der Galeriezone verweist der gesamte Aufbau außerdem auf lokale Traditionen der Palastbauarchitektur, in der Emporen oder Galerien, die sich über Arkaden auf das Untergeschoss öffnen, als Hoheitszeichen fungierten.

Im Osten der islamischen Welt ist das Samanidenmausoleum in Bukhara das älteste erhaltene Beispiel der großen Gruppe der Grabbauten. Und auch wenn es mit der Datierung in das beginnende 10. Jahrhundert noch vorseldschukisch ist, kann es funktional, technisch und typologisch als ein Vorläufer der seldschukischen Grabbauten gelten. Funktional ist das Samanidenmausoleum ein frühes Beispiel für eine Bauaufgabe, der ab dem 11. Jahrhundert zunehmende Bedeutung zukam. Den Hintergrund dieser Entwicklung bildet zum einen die beschriebene Fragmentierung der politischen Landschaft. Viele der erhaltenen Gräber wurden von Lokalfürsten und deren Familien errichtet und dienten der Legitimierung ihres Herrschaftsanspruches. Ein zweiter wesentlicher Faktor, der zu einer regelrechten Blüte der Grabarchitektur führte, war die zunehmende Bedeutung des Sufismus, also der mystischen Ausprägungen des Islam. In diesem Zusammenhang gewann die Fürsprache durch lokal verehrte, heiligmäßige Leitgestalten zunehmende Bedeutung. Hinzu kam, dass viele der neuentstehenden Sufi-Orden bestrebt waren, durch die Verehrung des Grabes ihrer geistigen Urväter ein kultisches und spirituelles Zentrum zu schaffen.

Typologisch ist das Samanidenmausoleum ein Beispiel für den überkuppelten Grabbau auf quadratischem Grundriss, eine Form, die in der Folgezeit zu vielfältigen Varianten weiterentwickelt wurde. Eine der wesentlichsten Abwandlungen bestand in der Umwandlung von einem ungerichteten zu einem gerichteten Baukörper, wie sie das **Mausoleum Arab Ata** in Tim, in der Provinz Samarkand, zeigt. Der 977–978 datierte Ziegelbau ist mit dem quadratischen Grundriss, der Kuppel und den eingestellten Ecksäulen wie das Samanidenmausoleum aufgebaut, doch im Gegensatz zu diesem besitzt er eine monumentale, vorspringende Schaufassade, die ursprünglich 9 Meter in der Höhe maß und die Kuppel vollständig verdeckte. Die Fassade ist als *pishtaq* aufgebaut, das heißt, sie gliedert sich in den von einem Spitzbogen überfangenen Eingang und einen stufenweise vorspringenden, hochrechteckigen Rahmen. Doch im Gegensatz zu den späteren *pishtaq*-Fassaden ist zwischen dem Bogen und den oberen Rahmen eine Reihe von drei Blendbogennischen eingefügt, die als Reminiszenz an die Galerie des Samanidenmausoleums gedeutet wird. Der Dekor des Arab Ata-Mausoleums ist auf die Fassade beschränkt, die übrigen Außenmauern sind gänzlich ungeschmückt. Die Oberfläche des *pishtaq* hingegen ist durch die musterartige Versetzung von Ziegeln und eine umlaufende Inschrift aus Terrakottaelementen reich ornamentiert.

Als richtungsweisend gilt das Arab Ata-Mausoleum auch wegen des Aufbaus des Innenraums. Nicht nur die gleichmäßig proportionierte Dreiteilung von Unterbau, Übergangszone und Kuppel verweist auf spätere Entwicklungen. Besonders bemerkenswert ist vielmehr die Übergangszone, die von dem quadratischen Unterbau zur Kuppel überleitet. Hier wird die Trompe als konstruktives Element aufgelöst zu einer dreipassförmigen Struktur, die aus zwei übereinander angeordneten Reihen von Nischen zusammengesetzt ist. Diese Form der Übergangszone mit dreipassförmiger Trompe wurde ab dem 11. Jahrhundert ein Charakteristikum der seldschukischen Architektur.

Während der Typ des überkuppelten Grabbaus auf quadratischem Grundriss in zahlreichen Varianten bis heute überlebt hat, ist eine zweite Form des Mausoleums, der Grabturm, in ihrem Vorkommen auf die Zeitspanne zwischen dem 11. und 13. Jahrhundert und den iranischen und anatolischen Raum beschränkt. Diese Gruppe von Bauten typologisch als eine Kategorie zu fassen, ist nicht unproblematisch, da sich sowohl in der Grundrissform als auch in dem Verhältnis zwischen Durchmesser beziehungsweise Seitenlänge und Höhe deutliche Unterschiede zeigen. So ist der imposante, 1006 datierte **Gunbad-i Qabus** 44 Meter hoch und weist einen sternförmigen Grundriss und ein kegelförmiges Dach auf. Diese Dimensionen sind allerdings außergewöhnlich. Die Mehrzahl der Grabtürme ist mit einer Höhe von 15 bis 20 Metern deutlich niedriger, damit aber auch anders proportioniert. Und auch die Grundrissformen variieren stark. So finden sich neben den durch halbrunde oder spitze Vorlagen zu sternförmigen Grundrissen erweiterten, zylindrischen Bauten auch Grabtürme mit polygonalen Baukörpern, wobei 5-, 8-, 10- und 12-eckige Grundrisse vorkommen. Manche Autoren bezeichnen daher auch den am weitesten verbreiteten Typ, den oktogonalen Grabbau, als Grabturm. Sinnvoller scheint es jedoch, diese Form des Mausoleums als eigenen Typus zu fassen, da er Eigenschaften des Grabturms und des überkuppelten Kubus verbindet. So weisen die oktogonalen Mausoleen als markantes Gliederungselement ebenfalls eingestellte Dreiviertelsäulen auf, ein Detail, das sie mit Bauten wie dem Samanidenmausoleum oder dem Arab Ata-Mausoleum verbindet.

Oktogonale Grabbauten haben sich in vergleichsweise großer Zahl in Zentral- und Nordiran und in Aserbaidschan erhalten, insgesamt stehen noch etwa dreißig Bauten. Zu ihnen gehören auch die **Grabtürme von Kharraqan**. Die beiden 1067–68 und 1093 datierten Mausoleen stehen inmitten einer Ebene, ohne erkennbaren Bezug zu einer Siedlung, an der Straße von Qazwin nach Hamadan. Die Bauherren sind unbekannt, vermutlich waren sie lokale türkischstämmige Machthaber. Beide Türme bestehen aus einem aus Ziegeln gemauerten Kernbau und einer zweiten Schale aus aufgeblendetem Ziermauerwerk. Der Grundriss ist oktogonal, mit eingestellten Eckpfeilern, die teilweise Treppenaufgänge enthalten. Diese erklären sich aus der Art des Kuppelaufbaus. Die Kuppeln beider Bauten sind zweischalig aufgemauert, wobei die äußere Schale heute nicht mehr erhalten ist. Die Treppenaufgänge führen in einen etwa 45 cm breiten Gang, der zwischen der inneren und der äußeren Kuppelschale umläuft und vermutlich der Instandhaltung diente.

Die Außenwirkung der beiden Mausoleen wird von dem vorgeblendeten Ziermauerwerk bestimmt. Jede der acht Wandflächen ist in Bogen- und Rechteckfelder untergliedert, die ihrerseits ein reiches Repertoire von geometrischen und Sternflechtornamenten zeigen. Die Eingangsseiten sind zwar nicht durch zusätzliche Bauteile hervorgehoben, doch der besonders reiche Dekor kennzeichnet sie als Schauseite. Die Gliederung und Ornamentik des Baudekors der beiden Mausoleen, aber auch anderer Grabbauten derselben Zeitstellung, erinnern an textile Texturen wie beispielsweise gewebte Teppichbahnen. Dies hat, ebenso wie die oktogonalen oder runden Grundrissformen, dazu geführt, dass einige Autoren die Grabtürme und oktogonalen Mausoleen in Verbindung bringen mit nomadischen Bestattungsriten unter Baldachinen oder in Jurten, also Rundzelten. Eine eindeutige Bestätigung dieser These steht allerdings noch aus. Beim derzeitigen Stand der Forschung ist sie ebenso wenig belegbar wie die Vorschläge anderer Autoren, die die Grabtürme in Verbindung bringen mit den Grabtürmen in Palmyra, in der syrischen Wüstensteppe, mit sabäischen, also altsüdarabischen Tempeln oder mit chinesischen Wachtürmen. Auch Robert Hillenbrand, der sich eingehend mit seldschukischen Grabbauten beschäftigt hat, muss die Frage nach den Ursprüngen der Grabtürme weiter offen lassen.

Das Phänomen, das im Zusammenhang mit der Grabarchitektur in verschiedenen Zusammenhängen deutlich wurde, nämlich dass viele, zum Teil zentrale Fragen bis heute unbeantwortet sind, trifft auch auf eine andere typologische Kategorie seldschukischer Architektur zu, die Moscheearchitektur. So ist beispielsweise bis heute nicht geklärt, wie und warum es zu der Ausbildung der Iwanmoschee kam, jenes Grundrisstyps also, der ab der Zeit der

Seldschukenherrschaft für die Moscheearchitektur zunehmend Standard wurde und dessen Zentrum und Bezugspunkt ein monumentaler überkuppelter Raum ist, dem ein Iwan vorgesetzt wird. In vorseldschukischer Zeit dominierte nämlich auch im Iran zunächst der Typus der hypostylen Hallenmoschee mit großem, zentralem Hof, umlaufenden Arkaden und einem tiefen Gebetssaal, dessen Decke auf Pfeilern oder Säulen ruht. Wie in anderen Regionen der islamischen Welt auch, entwickelten sich verschiedene regionale Ausprägungen dieses Grundtyps, die durch unterschiedliche Schiffsbreiten und Raumhöhen den einförmig ungerichteten Raum der hypostylen Moschee hierarchisierten und gliederten. Ein eindrucksvolles Beispiel einer frühen iranischen Hallenmoschee ist die ehemalige **Freitagsmoschee von Damghan**, im Nordosten des Landes, in Khurasan gelegen. Die längsrechteckige Anlage datiert noch in die Mitte des 8. Jahrhunderts. Sie setzt sich zusammen aus dem an drei Seiten von einer Arkade eingefassten Innenhof und der im Südwesten anschließenden Gebetshalle. Sechs Arkaden, die senkrecht auf die Qiblawand zulaufen, bilden sieben Schiffe, wobei das Mittelschiff durch seine größere Breite hervorgehoben ist. Die Arkaden der Gebetshalle und der umlaufenden Riwaqs ruhen auf mächtigen Pfeilern, die in der Gebetshalle einen Durchmesser von 1,60 Meter erreichen. Ihre Monumentalität, die mit dem vergleichsweise kleinen Innenhof kontrastiert, bestimmt den Gesamteindruck der Anlage.

Parallel zu solchen regionalen Ausprägungen der hypostylen Hallenmoschee finden sich seit dem frühen 11. Jahrhundert aber auch iranische Moscheen mit abweichenden Grundrissformen, in denen bereits die Kuppel, die einen wesentlichen Bestandteil der späteren Iwanmoscheen bildet, zum Einsatz kommt. Die 1037 errichtete, sogenannte **Moschee des Duvazdah Imam** in Yazd ist das früheste erhaltene Beispiel einer solchen Kuppelmoschee. Formal entspricht sie dem Typ des überkuppelten Grabbaus auf quadratischem Grundriss und ist damit dem Samanidenmausoleum in Bukhara vergleichbar. Anders als dieses ist sie allerdings nur nach drei Seiten hin über einen Bogen geöffnet, die vierte Seite ist geschlossen. Hier befindet sich im Inneren des Baus der Mihrab, der die Anlage deutlich als Ort des Gebets kennzeichnet. Problematisch ist die Duvazdah Imam-Moschee deswegen, weil sie zwei bis dahin unvereinbare Funktionen vereint. Als Memorialbau für die zwölf Imame von einer schiitischen Dynastie erbaut, hat der Kuppelbau eigentlich dieselbe Funktion wie auch die Grabbauten. Er dient der Erinnerung an eine oder mehrere bedeutende und verehrte Personen. Gegen eine solche Deutung spricht jedoch die Gebetsnische. Im 11. Jahrhundert war das Beten in oder an Gräbern noch verpönt. Vor diesem Hintergrund erklärt sich, dass die Anlage zwar in Einführungen in die Geschichte der frühen iranischen Moscheearchitektur ihren Platz hat, dabei aber abschwächend als »sogenannte« Duvazdah Imam-Moschee bezeichnet wird.

Der durch eine Kuppel hervorgehobene Raum, der bereits in der vor- und frühislamischen Architektur Irans im Palast- und Tempelbau seinen festen Platz hatte, findet spätestens ab dem frühen 11. Jahrhundert auch im Moscheebau Anwendung. Anders verhält es sich mit dem zweiten zentralen Element der seldschukischen Iwanmoscheen: dem Iwan. Als Bauform hat der Iwan im Iran ebenfalls eine lange Geschichte. Das berühmteste Beispiel, das noch heute durch seine monumentalen Ausmaße fasziniert, ist der um 540 erbaute **Taq-i Kisra** in Ktesiphon im heutigen Irak. Einem Kuppelraum vorgelagert, diente der 30 (!) Meter hohe, tonnengewölbte Raum als Vestibül des Audienzsaals des persischen Großkönigs. Iwanmoscheen oder Bauten, die auf deren Entwicklung vorbereiten, sind hingegen vor dem 11. Jahrhundert nicht nachgewiesen. Dass dies möglicherweise in der Anfälligkeit von Ziegelarchitektur für Zerstörung durch Umwelteinflüsse begründet ist, lässt ein Zitat des Reisenden Nasir-i Khusrau vermuten, der im frühen 11. Jahrhundert in Khurasan reiste. In seiner Beschreibung der Moschee von Qa'een berichtet er unter anderem, dass sie die größte bogenförmige Maksura von Khurasan besessen habe. Das Wort, das hier als bogenförmig übersetzt ist, ist *tāqī*, die Adjektivbildung von *tāq*, dem persischen Wort für ›Bogen‹ also, das auch in der Bezeichnung des monumentalen Iwan in Ktesiphon, des Taq-i Kisra, vorkommt. Diese Formulierung legt die Vermutung nahe, dass die Anlage, die Nasir-i Khusrau beschreibt, einen Iwan besaß und dass diesem im Kontext der Gesamtanlage eine zentrale Funktion, nämlich die der Maksura, zukam. Offen bleibt hingegen, wie dieser Iwan in die Gesamtkonzeption der von ihm beschriebenen Anlage eingebunden war.

Die Verbindung von Kuppelraum und vorgelagertem Iwan, die sich als dominantes Merkmal der späteren iranischen Moscheen durchsetzen sollte, lässt sich in der Moscheearchitektur erst für den Zeitraum ab etwa 1080 nachweisen. Ein Bau, an dem sich die schrittweise Überformung eines Ursprungsbaus zur Iwanmoschee exemplarisch darstellen lässt, ist die **Freitagsmoschee von Isfahan**. In seiner heutigen Form ist der Bau das Ergebnis von fünf Bauphasen, die substantielle Veränderungen des Ausmaßes und der Grundrissdisposition zur Folge hatten (Abb. 11). Im folgenden sollen allerdings nur diejenigen Umbauphasen vorgestellt werden, die vor das 13. Jahrhundert datieren: Der Ursprungsbau geht zurück auf das Jahr 771, als im Viertel Yahudiya, inmitten des Basars, eine erste Moschee errichtet wurde. Diese wurde 840 ein erstes Mal im Auftrag des Kalifen al-Mu'tasim umgebaut. Resultat der kalifalen Baumaßnahmen war eine klassische Hallenmoschee mit einer Ausdehnung von 69 mal 103 Metern. Der längsrechteckige Hof wurde an den beiden Längsseiten von zwei Arkadenreihen gesäumt, der nordwestliche Riwaq war vier Arkadenreihen tief, die Gebetshalle besaß sechs Säulenreihen. Unklar bleibt die Ausrichtung der Schiffe, das heißt, ob sie

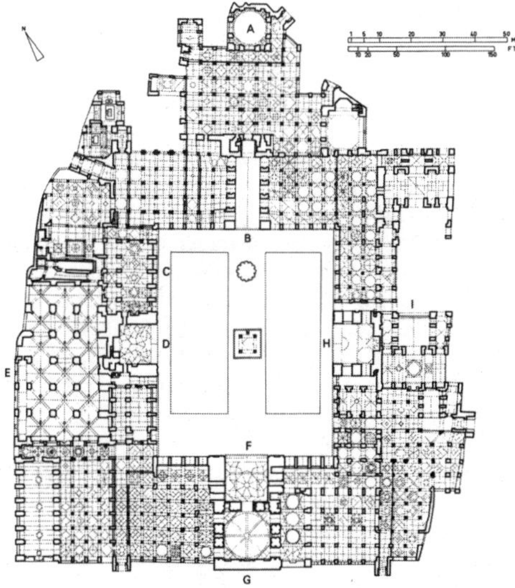


*Abb. 11.* Große Moschee, Isfahan, 8.–17. Jh., Grundriss

senkrecht oder parallel zur Qiblawand angeordnet waren. Der Haupteingang lag in der Längsachse des Gebäudes im Nordosten, zwei weitere Eingänge befanden sich vermutlich in der Nord- und Südecke. Dieser klassische Grundriss wurde in einer zweiten Umbauphase zwischen 985 und 1040 verändert, durch die Errichtung einer neuen einheitlichen Hoffassade aus in Mustern verlegten Ziegeln. Die wenigen erhaltenen Reste dieser Umbaumaßnahme lassen in ihrer Ornamentik Parallelen erkennen zu einer anderen Moschee in Isfahan, der Gurgirmoschee, die kurz vor 985 im Auftrag eines buyidischen Wesirs errichtet worden war.

Die weitestreichenden Veränderungen des Ursprungsbaus erfolgten um 1086–88. Unter den Seldschukensultanen Alp Arslan, Malik-Schah und Muhammad fungierte Isfahan faktisch als Hauptstadt des Seldschukenreiches. Große Summen flossen in den Ausbau der Stadt und in die Umgestaltung der Großen Freitagsmoschee, die nun sinnbildlich für die Macht und das politisch-religiöse Programm der Sultane stand: die Stärkung des sunnitischen Islam. Als zentraler Bedeutungsträger, der diesen programmatischen Anspruch zum Ausdruck brachte, diente ein monumentaler Kuppelbau vor dem Mihrab. Um ihn zu errichten, hatte man zunächst in einem rund 15 mal 15 Meter messenden Areal die Pfeiler und das Dach der Hallenmoschee abgerissen. Auf der somit geschaffenen Freifläche erbaute man sodann einen quadratischen Raum, der nach drei Seiten hin über Bögen geöffnet war. Dreigeteilte Trompen wie im Arab Ata-Mausoleum in Tim leiten über zu der gewaltigen Kuppel mit einer Scheitelhöhe von 30 Metern. Eine am Gewölbeansatz umlaufende, monumentale Inschrift nennt als Auftraggeber dieser Umbaumaßnahme den Wesir Nizam al-Mulk und als Bauherrn den Sultan Malik-Schah. Die Funktion des Kuppelbaus erklärt sich aus seiner Anlage, der Position innerhalb der Moschee und durch das Inschriftenprogramm. Unmittelbar vor dem Mihrab gelegen, von einer Kuppel überfangen und durch eine Inschrift ausgezeichnet, die ausführlich die Titulatur des Sultans nennt, ist der Kuppelsaal klar als Maksura, als dem Herrscher vorbehaltener Bereich, gekennzeichnet.

Weniger klar sind die Funktion und die Umstände, die zur Entstehung eines zweiten Kuppelbaus im Norden der Moschee führten. Heute ist auch dieser Kuppelbau in die Gesamtanlage integriert. Zur Zeit seiner Erbauung jedoch stand er frei, nahm aber durch seine Position in der Achse des Hauptbaus deutlich Bezug auf die Kuppel des Sultans. Wie diese auch, weist der nördliche Kuppelbau ebenfalls eine Inschrift auf, die das Baujahr, 1088, und den Namen eines Rivalen des Nizam al-Mulk, des Wesirs Tadsch al-Mulk, als Erbauer nennt. Diese Tatsache hat Anlass gegeben zu Spekulationen über die Hintergründe, die zu seiner Erbauung führten. Eine eindeutige Erklärung – auch seiner Funktion – steht allerdings noch aus.

Wenig später, vermutlich nach einem Brand, der 1121–22 Teile der Moschee beschädigte, wurden vor dem südlichen Kuppelbau weitere achtzehn Pfeiler entfernt und ein großer Iwan errichtet, der die Verbindung zwischen Hof und Kuppelsaal herstellte. Weitere Iwane im Osten, Westen und Norden ergänzten das Ensemble zu jenem aus vier um einen Hof herum angelegten Iwanen bestehenden Grundrissschema, das sich in der Folge als Standardgrundriss der großen Moscheen in ganz Iran etablieren sollte.

Die Kombination von Kuppelsaal und vorgelagertem Iwan sind ebenso wie die Anordnung von vier Iwanen in den Kreuzachsen eines zentralen Hofes Grundrissschemata, die in der iranischen Architektur eine lange Geschichte haben, allerdings weniger im Bereich der Sakral- als vielmehr in der Profanarchitektur. In diesem Kontext fanden sie auch im 11. bis 13. Jahrhundert weiterhin Verwendung. Allerdings lassen die geringe Anzahl erhaltener Monumente und der Aufarbeitungsstand nur vergleichsweise allgemeine Aussagen zu. Eine Vorstellung davon, wie im 11. bis 12. Jahrhundert ein herrschaftlicher Wohnbau in einer seldschukischen Provinzmetropole aussah, gibt der sogenannte **Seldschukenpalast** in Merw. Er liegt im Bereich der von einer turmbewehrten Befestigungsmauer eingefassten Zitadelle, in die nur ausgewählte Personen Zutritt hatten. Zentraler Bezugspunkt der etwa 45 mal 39 Meter messenden Anlage ist der quadratische Hof, auf den sich vier kreuzförmig angeordnete Iwane öffnen. Der östliche Iwan fungierte als Eingang, der Nordiwan wird als Audienzraum interpretiert. Zwischen den Iwanen ist auf zwei Geschossen eine Vielzahl kleiner Räume angeordnet, die allerdings, von einer Ausnahme abgesehen, keinen direkten Zugang vom

Hof aus besitzen. Die Erschließung dieser Räumlichkeiten erfolgt ausschließlich über die Iwane, zum Hof hin sind sie durch eine hohe Mauer abgeschlossen, deren hofseitige Fläche durch Pilaster und flache Nischen dekorativ gegliedert ist. Durch ihre Lage und die dekorative Fassadengestaltung sind der Hof und die Iwane klar als Bestandteil der repräsentativen, öffentlich zugänglichen Räume zu erkennen, wohingegen die im Schutz der Hofmauer liegenden Räumlichkeiten durch ihre beschränkte Zugänglichkeit eher privaten Charakter haben.

Die insgesamt eher bescheidenen Ausmaße und die ebenso bescheidene Ausstattung des sogenannten Seldschukenpalastes lassen es wahrscheinlich erscheinen, das es sich bei dieser Anlage nicht um einen Palast, sondern um ein herrschaftliches Wohnhaus handelt. Dass zumindest ein Teil der Sultansbauten andere Dimensionen aufwies, zeigt der ebenfalls in Merv erhaltene Grabbau des Sultans Sandschar (1118–57). Wie man inzwischen weiß, war das Mausoleum ursprünglich Teil einer größeren, vermutlich palastähnlichen Anlage, die unter anderem auch eine Moschee und ein Hammam, also ein Bad, umfasste. Heute steht nur noch das Mausoleum aufrecht. Der monumentale Kuppelbau auf quadratischem Grundriss hat eine Seitenlänge von 27 Metern, die Kuppel misst 18 Meter im Durchmesser. Sowohl Teile der Fassade als auch das Galeriegeschoss sind mit sehr fein geschnittenen Stuckreliefs verkleidet, die ursprünglich farbig bemalt waren. Fragmente ganz ähnlicher Stuckverkleidungen wurden auch in der Umgebung des Mausoleums gefunden und als Ausstattung des Bades gedeutet.

Der Hof mit vier kreuzförmig angeordneten Iwanen, der sowohl im sogenannten Seldschukenpalast in Merw, wie auch in einem weiteren dort ausgegrabenen Wohnhaus die zentrale Einheit bildet, dient auch in einem anderen Palast als Erschließungszentrum der gesamten Anlage. Der in Südwestafghanistan, nördlich der modernen Stadt Bust, am östlichen Ufer des Helmand Flusses gelegene **Palastkom-**

**plex von Laschkari-Basar** diente im 11. Jahrhundert als Residenz der Ghaznawiden-Sultane. Sie errichteten am Flussufer eine Reihe von Gärten und darin eingebetteten, kleineren Bauten. Als eigentliche Residenz fungierte der sogenannte Südpalast, in dem zwischen 1948–52 unter französischer Leitung Ausgrabungen stattfanden. Er erstreckt sich auf einer Fläche von 170 mal 100 Metern und ist von einer mit Halbtürmen befestigten Mauer eingefasst, die in ihrem südlichen Abschnitt durch doppelgeschossige Blendarkaden und reichen Stuckdekor als Fassade gestaltet ist. Mit der Blendarkade wird hier ein Motiv aufgegriffen, das in der spätantiken Repräsentationsarchitektur eine lange Tradition hat. In monumentaler Ausprägung findet es sich bereits rund fünfhundert Jahre früher auf der Fassade des Sassanidenpalastes in Ktesiphon. Dort rahmt eine durch mehrgeschossige Blendarkaden gegliederte Fassade den großen zentralen Iwan, den oben erwähnten Taq-i Kisra. Auch in Laschkari-Basar rahmt die Blendarkadenfassade einen zentralen Iwan, der hier allerdings als Portal fungiert. Er führt in das Innere der streng achsensymmetrisch aufgebauten Palastanlage. Hier durchschreitet der Besucher zunächst ein kreuzförmiges Vestibül, das ihn über einen weiteren Iwan in den zentralen Innen- oder Haupthof führt. Er ist nach dem Vier-Iwan-Schema angelegt und von einer dekorativ gestalteten Fassade mit doppelgeschossigen Blendarkaden eingefasst, die den Wandaufriss der Außenfassade aufgreift. Vom Haupthof führen Durchgänge in die im Osten und Westen anschließenden Raumreihen, die vermutlich als Diensträume hochgestellter Hofbeamten dienten. Weitere, in den Hofecken platzierte Durchgänge bilden den Zugang zu den um einen kleinen Hof gruppierten, abgeschlossenen Wohneinheiten in den vier Ecken des Haupthofes, die als private Wohnbereiche des Herrschers gedeutet werden.

Nördlich des Haupthofes schließt sich der eigentliche Repräsentationstrakt an. Durch den großen, von zwei Anräumen flankierten Nordiwan gelangt man in ein zweites, ursprünglich vermutlich überkuppeltes Vestibül. Dieses führt in einen weiteren Vorraum, durch den man schließlich in den großen Iwan gelangt, den eigentlichen Empfangs- und Thronraum. Er bot dem Besucher einen weiten Blick über die Flussauen des Helmand und war reich mit figürlichen Wandmalereien ausgestattet. Besonders berühmt sind die an den Wänden gereihten, lebensgroßen Darstellungen reich gekleideter Krieger, die bei den prächtigen Empfängen, die hier stattfanden, eine Art virtuelle Erweiterung der herrscherlichen Leibgarde darstellten.

In der Fachliteratur wird der Südpalast wegen seines streng axialen Aufbaus und seiner Dimensionen häufig in eine Reihe gestellt mit den Palastbauten von Samarra. Außerdem haben der dreiteilige Aufbau von Eingangskomplex, Hof und Repräsentationstrakt zu Vergleichen mit umaiyadischen beziehungsweise frühabbasidischen Palästen angeregt. In diesem Zusammenhang werden vor allem das im heutigen Jordanien gelegene, umaiyadische Mschatta und das frühabbasidische Ukhaidir im Irak genannt. Dass die Bezüge, die hier in der Grundrissdisposition erkannt werden, nicht nur kunsthistorischem Ordnungsdenken entspringen, sondern dass sie als Ausdruck einer Selbstverortung der ghaznawidischen Herrscher in der Tradition einer islamisch geprägten, höfischen Repräsentationskultur zu werten sind, belegen die zeitgenössischen Beschreibungen von Audienzen, beispielsweise am Hof des Mahmuds von Ghazna. Hier werden dieselben Topoi zitiert, die sich bereits in der umaiyadischen und vor allem der abbasidischen Panegyrik finden. Auch sie zeichnen das Bild des idealen Herrschers, der wie Salomo auf einem von Löwen bewachten Thron sitzt und von dort seine gerechte Herrschaft ausübt.

Mit der Grab-, Moschee- und Palastarchitektur sind die wichtigsten funktionalen Kategorien erfasst, die die Baukunst Irans und Zentralasiens im 11.–13. Jahrhundert prägten. Als weitere Bauaufgaben, die ab diesem Zeitpunkt eine zunehmende Bedeutung erlangen, sind noch die Madrasa und das Karavansarai zu nennen. Da die Mehrzahl der erhaltenen frühen Beispiele allerdings in Syrien – im Fall der Madrasa – und in Anatolien – im Fall des Karavansarai – liegen, werden sie im folgenden Kapitel abgehandelt.

# Ägypten, der syro-mesopotamische Raum und Kleinasien im 12.–13. Jahrhundert

## Kulturelle Blüte unter den Zengiden, Aiyubiden und Rumseldschuken

### *Der historische Kontext*

Der Schlüssel zum Verständnis der historischen und künstlerischen Entwicklungen des syro-mesopotamischen, anatolischen und ägyptischen Raums im 12. und 13. Jahrhundert ist die geopolitische Situation Ende des 11. Jahrhunderts. Seit der islamischen Eroberung hatte Großsyrien als eine umkämpfte Pufferzone zwischen den drei großen regionalen Machtzentren Ägypten, Irak und Anatolien fungiert. Diese Lage änderte sich grundlegend, als in der letzten Dekade des 11. Jahrhunderts innerhalb kürzester Zeit sämtliche bedeutenden Herrscherpersönlichkeiten des fatimidischen und seldschukischen Reiches starben beziehungsweise ermordet wurden. Im syro-mesopotamischen Raum und in Ostanatolien konnte sich nun ein komplexes, häufig wechselndes Gefüge lokaler Partikularherrschaften etablieren. Ethnisch und ihrer Religionszugehörigkeit nach waren diese Kleinfürstentümer außerordentlich heterogen. Neben arabischen, turkmenischen und kurdischen Muslimen, die über eine teils muslimische, teils christliche Bevölkerung herrschten, traten seit dem ersten Kreuzzug auch christliche Fürsten. Byzanz, bis in das 10. Jahrhundert der dritte große Machtblock in Anatolien, hatte die europäischen Mächte um Hilfe gebeten, da es nach der Niederlage von Mantzikert 1071 gegen seldschukische Truppen zunehmend in Bedrängnis geraten war. Papst Urban II. rief daraufhin zum ersten Kreuzzug auf, der im Juni 1099 in der blutigen Eroberung von Jerusalem gipfelte. In Ostanatolien hatten zu diesem Zeitpunkt bereits die Rumseldschuken, ein Nebenzweig der persischen Großseldschuken, ihren Einflussbereich sichern und ausbauen können. In dem ständigen Ringen um politische Vorherrschaft entwickelten sie sich zu einer festen Größe, deren Einfluss bis Mitte des 13. Jahrhunderts bestehen blieb. Im syro-mesopotamischen Raum hingegen konnte der Emir der nordmesopotamischen Metropole Mosul, Imad ad-Din Zengi, seinen Einfluss zunehmend ausdehnen. Ihm und seinem Sohn und Nachfolger Nur ad-Din Zengi gelang es, den Kreuzfahrerstaaten große Teile ihrer Territorien abzunehmen und ihre Herrschaft auf weite Teile Großsyriens auszudehnen. Dabei entwickelten die beiden Zengidenherrscher in ihren Auseinandersetzungen mit den Kreuzfahrern das Konzept des *Dschihad*, des bewaffneten Glaubenskampfes, zu einem machtvollen politischen Instrument. Insbesondere unter Nur ad-Din fand dies unter anderem in einem umfangreichen Bauprogramm Ausdruck. In seinem Auftrag entstanden zahlreiche Medresen, d.h. Schulen, und Sufi-Konvente (*khanqah*), deren monumentale Bauinschriften in ihren Formulierungen und in der Nennung der offiziellen Titel ihres Erbauers auf den Dschihad Bezug nehmen.

Auch unter der Nachfolgedynastie der Zengiden, den Aiyubiden, werden die Rhetorik und die Verbreitungsinstrumente der Dschihad-Propaganda beibehalten. Salah ad-Din, der charismatische Gründer der Aiyubidendynastie, kämpfte zunächst im Auftrag des Fatimidenkalifen al-Adid in Ägypten gegen die Kreuzfahrer, bevor er nach dem Tod des Kalifen 1171 als Sultan selbst die Macht übernahm. Von Kairo aus gelang es Salah ad-Din gegen den Widerstand der Zengiden und Kreuzfahrer, seinen Einfluss schrittweise nach Syrien auszudehnen. Höhepunkt seiner Karriere war das Jahr 1187, in dem er die Kreuzfahrer in der Schlacht bei Hattin vernichtend schlug und wenig später Jerusalem zurückeroberte. Nach Salah ad-Dins Tod zerfiel das von ihm geeinte Reich in einen Zusammenschluss halbautonomer, von Mitgliedern des Herrschaftshauses regierter Herrschaften, die unter der oft umstrittenen Führung eines Familienmitglieds standen. Anstelle der kriegerischen Auseinandersetzungen mit den Kreuzfahrern trat nun eine Politik der friedlichen Koexistenz. Höhepunkt dieser von diplomatischen Kontakten geprägten Periode bilden die Verhandlungen zwischen dem Sultan al-Malik al-Kamil und dem Kaiser des Heiligen Römischen Reiches, Friedrich II., die mit dem Friedensvertrag von 1226 in die Übergabe Jerusalems an die Franken mündeten.

Nach dem Tod von al-Malik al-Kamil im Jahr 1238 zerfiel das Territorium der Aiyubiden in kleine, miteinander rivalisierende Fürstentümer, die sich um die großen Städte des Landes, Aleppo, Damaskus, Hama und Homs konzentrierten. Währenddessen durchlebte das Reich der Rumseldschuken unter Sultan Kaikubad (reg. 1219–37) eine Phase wirtschaftlichen Wohlstands und politischer Macht. Wesentliche Grundlage für diese Entwicklung waren die Einnahmen aus dem Fernhandel, der durch die Eroberung dreier bedeutender Ausfuhrhäfen an der Mittelmeer- und Schwarzmeerküste – Antalya, Sinope und Samsun – weiter ausgebaut werden konnte. Er bildete die wirtschaftliche Grundlage für die kulturelle Blüte, die sich vor allem in der Bautätigkeit der rumseldschukischen Sultane manifestiert.

Das Ende der für die kulturelle und künstlerische Entwicklung der Region so fruchtbaren Partikularherrschaften in Syrien, Ägypten und Anatolien kam mit dem Vordringen der Mongolen um die Mitte des 13. Jahrhunderts. 1243 beendete die Schlacht am Köse Dag die Unabhängigkeit der Rumseldschuken, fünfzehn Jahre später begann nach der Einnahme von Bagdad die Eroberung Obermesopotamiens und Syriens.

## *Die Architektur des syro-mesopotamischen Raums*

Die Architektur, die zwischen dem Aufstieg des Imad ad-Din Zengi und der Schlacht am Köse Dag in Syrien, Ägypten und Anatolien entstand, reflektiert die politischen Ereignisse und Entwicklungen. Sowohl Zengiden als auch Aiyubiden und Rumseldschuken waren Militärherrscher und gehörten anderen ethnischen Gruppen an, als die von ihnen beherrschte Bevölkerung. Die Zengiden und Rumseldschuken waren Turkmenen, die Aiyubiden Kurden. Grundlage ihrer Macht war ihre militärische Stärke, ihre politische Legitimation basierte darauf, dass sie der Bevölkerung Rechtssicherheit garantierten. Diese Rahmenbedingungen führten unter anderem zu Veränderungen der Bedeutung und Struktur der Städte. Als deutlich sichtbares Zeichen ihrer militärischen Stärke erbauten oder erweiterten die neuen Herrscher inmitten der Stadt gelegene, befestigte Zitadellen, die als Herrschersitz und sicherer Rückzugsort fungierten. Hier befanden sich auch die öffentlich zugänglichen Räumlichkeiten, in denen die Sultane regelmäßig Audienz abhielten und Recht sprachen. In Aleppo übernahm diese Funktion das am Fuß des Burgberges gelegene Gerichtsgebäude (*dar al-'adl*). Eine augenfälligere Zurschaustellung der beiden wesentlichen Machtfaktoren – militärische Stärke und Rechtsprechung – lässt sich kaum denken. Ebenfalls am Fuß der Zitadelle oder am Stadtrand wurden außerdem große Plätze angelegt, *maidan* genannt, auf denen man militärische Reiterspiele veranstaltete und Paraden abhielt.

Ein weiterer Faktor, der die Architektur dieser Zeit prägte, war die ständige Präsenz der Kreuzfahrer zwischen 1099 und 1291. Dies hatte zur Folge, dass militärische Auseinandersetzungen nicht mehr, wie zuvor, in entlegenen Grenzgebieten stattfanden, sondern auf dem eigenen Territorium. Um eroberte Gebiete zu sichern und strategische Vorteile dauerhaft nutzen zu können, errichteten vor allem christliche, aber auch muslimische Fürsten außerhalb der Städte Burgen. Diese befestigten Stellungen waren multifunktionale Bauten, die als Wohn- und Wirtschaftsanlagen fungierten und zugleich der Repräsentation, Verteidigung und Verwaltung dienten. Der Burgen- und Festungsbau entwickelte sich unter diesen Umständen zu der Bauaufgabe, der sich die Baumeister mit einem Höchstmaß an kreativer Energie zuwendeten. In der älteren Forschungsliteratur wird in diesem Zusammenhang häufig die Unterlegenheit der Kreuzfahrer betont, eine Auffassung, die heute nicht mehr haltbar ist. Ihre Baumeister kannten viele verschiedene Typen von Burgen und waren sehr pragmatisch, wenn es galt, diese an lokale Gegebenheiten anzupassen. Außerdem hatten sie in Antiochia und Konstantinopel Anlagen kennengelernt, in denen man erfolgreich festungsbautechnische Traditionen der Antike weiterentwickelt hatte. So entstanden unter den Zwängen der Kriegsführung und Entwicklungen des Militärwesens verschiedene Typen von Burgen, die an unterschiedliche Funktionen angepasst waren. Ein früher, an europäischen Vorbildern orientierter Typ waren Anlagen mit einem mehrgeschossigen Wehrturm, dem Donjon, der alle für die Bewohner wichtigen Wohn- und Versorgungsräume enthielt und von einer umgebenden Ringmauer geschützt wurde. Ab 1170 wurde dieser Typ zunehmend abgelöst von Anlagen mit turmbewehrten Ringwällen mit umlaufenden Gewölbehallen, die der Unterkunft von Truppen dienten. Der Grund für diese Veränderungen war eine Reform des Militärwesens, nach der die von den Territorialherren aufgebotenen Ritterheere von den Streitkräften der Ritterorden abgelöst wurden. Unter diesen veränderten Umständen benötigte man in den Burgen Raum zur ständigen Unterbringung von Truppen. In der Folge entstanden die großen Ordensburgen der Templer, Johanniter und Deutschen Ordensritter, wie der Krak des Chevaliers, Margat oder Athlit. Sie boten bis zu viertausend Bewohnern Platz und zeigen in ihrem Aufbau auch monastische Elemente wie Kapitelsaal, Schlafsaal (Dormitorium), Speisesaal (Refektorium) und Kirche.

Die kriegerischen Auseinandersetzungen mit den Kreuzfahrern und die in diesem Zusammenhang entwickelten kriegs- und festungsbautechnischen Neuerungen hatten auch Auswirkungen auf den Festungsbau der muslimischen Herrscher. Sehr anschaulich zeigt dies die Baugeschichte der **Zitadelle von Aleppo**. Hier ließ der Aiyubidenherrscher al-Malik az-Zahir ab 1208 umfangreiche Umbaumaßnahmen durchführen. Um den Zitadellenhügel herum wurden ein Wassergraben und ein befestigtes Glacis, ein Verteidigungswall, angelegt, die das Unterminieren und Erklimmen des Burgkegels verhindern sollten. Den Zugang sicherte eine neue, befestigte Anlage, die durch Torbauten, einen fünffach abgeknickten Torweg, Fallgitter und Gusserker zusätzlich geschützt war. Außerdem wurden massive, bastionsartige Türme auf rechteckigem Grundriss in die Umfassungsmauern integriert. Sie dienten als Aufstellungsort für die großen Katapulte, die ab dem 12. Jahrhundert auch als Verteidigungsmaschinen eingesetzt wurden. Solche Türme wurden auch in den Umfassungsmauern der Zitadellen von Kairo und Damaskus erbaut. Diese beiden Anlagen zeigen außerdem eine weitere bautechnische Neuerung, die in Festungsbauten aus der ersten Hälfte des 12. Jahrhunderts häufig eingesetzt wurde: die Verwendung von rustizierten- oder Bossenquadern. Diese Form des Mauerwerks, bei dem die Hausteine nur an den Lager- und Stoßfugen sorgfältig bearbeitet werden, bietet den Vorteil, dass die tiefer liegenden Fugen durch das vorstehende, unbearbeitete Mauerwerk geschützt sind und dass es schneller herzustellen ist.

Während Militärtechnik und Festungsarchitektur von gegenseitigem Austausch geprägt waren, entsprach der Lebensstil, den man an den Höfen der christlichen Fürsten pflegte, zunehmend den landestypischen Traditionen. Sehr deutlich wird dies in der Beschreibung, die der Gesandte Wilbrand von Oldenburg 1211 vom Palast Johannes' I. von Ibelin in Beirut gibt. Dieser sei von syrischen, arabischen und griechischen Arbeitern errichtet worden und besitze einen Raum mit einer gewölbten, blau bemalten Decke, auf der Wolken, ein blasender Zephyr und die durch den Tierkreis wandernde Sonne dargestellt seien. Als Zentrum des Raumes beschreibt er einen marmornen Brunnen mit farbigen Einlagen, die Muster und Ranken bilden. Gekrönt wird die Konstruktion von einem wasserspeienden Drachen, der von weiteren Tieren umgeben ist. Diese Beschreibung lässt an den Palast auf der Zitadelle von Aleppo denken, einen der wenigen Paläste des 11.–12. Jahrhunderts, die sich bis heute erhalten haben. Auch hier bildet eine ausgeklügelte Brunnenkonstruktion das repräsentative Herzstück des Haupthofes.

Der im südlichen Bereich der Zitadelle gelegene Palast geht in seiner heutigen Form auf den Aiyubidensultan al-Malik al-Aziz zurück. Nach dem Bericht des Historikers Ibn Schaddad (1145–1234) ersetzte er den zuvor abgebrannten Palast seines Vaters und auch jene Paläste, die zuvor in der Zitadelle errichtet worden waren, das sogenannte Goldene Haus (*dar adh-dhahab*) des Zengiden Nur ad-Din, eine Anlage namens »Haus der Säulen« und die Residenz des Seldschukenprinzen Ridwan. Der Palast besteht aus drei Einheiten: einem zweigeschossigen Wohn- und Empfangstrakt, einem Bad und dem Arsenal. Der Grundriss des vergleichsweise kleinen Wohn- und Empfangstrakts basiert auf der Kombination von Raumeinheiten, die nach dem Vier-Iwan-Schema um einen Hof angeordnet sind. Ein kleinerer (etwa 4,50 mal 4,50 Meter) und ein größerer (etwa 9,50 mal 9,70 Meter) Hof sind von drei, beziehungsweise vier Iwanen eingefasst. Der große Hof ist außerdem mit einem achteckigen Brunnenbecken ausgestattet, das ursprünglich mit einem Schadirwan, einem Wandbrunnen in der Rückwand des nördlichen Iwan, verbunden war. Sowohl der Boden der beiden Höfe als auch die Brunnenanlage waren aus vielfarbigem Stein gearbeitet. Von dem übrigen Baudekor ist kaum etwas erhalten. Nur das Eingangsportal vermittelt eine Vorstellung davon, wie möglicherweise auch Teile der Hoffassaden gestaltet waren. Das Mauerwerk ist abwechselnd aus schmalen Reihen schwarzer und breiten Lagen sandfarbener Quader aufgebaut. Dieser charakteristische Farbwechsel, der im Arabischen als *ablaq* bezeichnet wird, wiederholt sich in den dekorativ verzahnten Keilsteinen, die den Türsturz bilden. Das breite Musterband mit einem in schwarz-weiß gehaltenen, großformatigen Sternflechtmuster, das den oberen Abschluss der Komposition bildet, ist eine moderne Ergänzung.

Ob die Anlage in der Zitadelle von Aleppo als ein charakteristisches Beispiel aiyubidischer Palastbautradition gelten kann, lässt sich nicht eindeutig beantworten. Aus der Zeit zwischen dem 10. und Mitte des 12. Jahrhunderts sind in Syrien keine Palastbauten erhalten, die man zum Vergleich heranziehen könnte und auch später datierende Vergleichsbauten sind rar. Yasser Tabbaa zählt insgesamt neun Paläste auf, von denen vier ebenfalls den Vier-Iwan-Plan als grundlegendes Ordnungsschema zeigen. Noch unter dem Zengiden Nur ad-Din entstand um 1168 das Qasr al-Banat im nordsyrischen Raqqa, aiyubidische Gründungen hingegen sind die beiden Paläste in Qal'at Sahyun und Qal'at Nadschm, ebenso wie der sogenannte Matbakh al-Adschami in Aleppo. Die übrigen von ihm angeführten Bauten zeigen entweder eine andere Aufteilung oder sind zu stark zerstört, als dass eine Rekonstruktion des Grundrisses möglich wäre. Auch wenn somit beim derzeitigen Kenntnisstand unklar bleibt, ob das Vier-Iwan-Schema das dominierende Ordnungssystem aiyubidischer Palastarchitektur darstellte, besteht doch Konsens darüber, dass seine Verwendung in der zengidischen und aiyubidischen Architektur auf irakische und iranische Vorbilder zurückgeht.

Dass im 12. Jahrhundert intensive Transferbeziehungen zwischen dem irakischen und dem syrischen Raum bestanden, belegt neben dem Vier-Iwan-Schema auch die Verbreitungsgeschichte eines weiteren architektonischen Elementes, des *Muqarnas*. Die Entwicklung dieser für die islamische Architektur so charakteristischen, aus einer Vielzahl sphärischer Elemente zusammengesetzten Form ist bis heute nicht lückenlos nachvollziehbar. Vieles spricht dafür, dass sie sich im iranisch-irakischen Raum vollzog. So wurden in Nischapur im östlichen Iran bei Ausgrabungen in Wohnhäusern Fragmente kleiner bemalter und reliefierter Stucknischen gefunden, die in das frühe 10. Jahrhundert datieren. Sofern diese Nischen tatsächlich Bestandteil eines Muqarnasgewölbes waren, können sie allerdings lediglich dekorative Bedeutung gehabt haben, in Form einer vorgeblendeten Verkleidung. Auf eine ursprünglich konstruktive Verbindung zwischen Baukörper und Muqarnas könnte hingegen ein anderer Bau hinweisen, der in der Diskussion um den möglichen Ursprung des Muqarnas häufig angeführt wird, das Arab Ata-Mausoleum in Tim (s. o.). Hier erfolgt der Übergang vom quadratischen Unterbau zur Kuppel durch dreipassförmige Trompen, die aus drei neben- beziehungsweise übereinander angeordneten Nischen bestehen.

Das früheste erhaltene, voll ausgebildete Muqarnasgewölbe ist im Irak belegt, an dem zwischen 1085 und 1090 entstandenen **Mausoleum des Imam Dur**. Der aus Ziegeln errichtete Bau besteht aus einem zwölf Meter hohen, würfelförmigen Baukörper mit leicht geböschten Wänden und eingestellten Ecksäulen, auf dem die ebenso hohe, konische Kuppel aufsitzt. Sie ist einschalig aus Ziegeln aufgemauert, so dass man den Aufbau der verschiedenen Nischenmodule des Muqarnas auch am Außenbau erkennt. Dasselbe gilt auch für eines der frühesten in Syrien erhaltenen Muqarnasgewölbe, die Kuppel des 1167–68 errichteten **Mausoleums des Zengiden Nur ad-Din** in Damaskus. Sie ist ebenfalls aus Ziegeln aufgemauert und lässt am Außenbau deutlich die vier Reihen von Nischenmodulen erkennen, aus denen die Muqarnaskuppel zusammengesetzt ist (Abb. 12, s. S. 192). In ihrer Konstruktion unterscheidet sie sich damit deutlich von einem weiteren, etwas früher entstandenen Beispiel eines syrischen Muqarnas im Eingangstrakt des **Maristan an-Nuri** in Damaskus. Wie sein Name erkennen lässt, wurde das Maristan ebenfalls im Auftrag des Nur ad-Din Zengi errichtet. Bei der in der Nähe der Großen Moschee gelegenen Anlage handelt es sich um ein Hospital (*maristan*), das 1154, unmittelbar nach der Eroberung der Stadt erbaut wurde. Den Eingang in den in Quadermauerwerk errichteten Bau bildet ein Vestibül auf quadratischem Grundriss. Anders als der übrige Bau ist das Gewölbe dieser Eingangshalle aus Ziegeln aufgeführt. Die Muqarnaskuppel jedoch, die der Blick nach oben zeigt, ist aus Stuck angefertigt und wird durch ein Holzgerüst in dem Gewölbe gehalten.

Die Kuppeln in den beiden Bauten des Nur ad-Din Zengi sind die frühesten erhaltenen Beispiele eines Muqarnasgewölbes in Syrien. In der Folgezeit etablierte sich der Muqarnas als architektonisches Gestaltungselement vor allem als Muqarnasnische im Kontext von Portalbauten, nun allerdings in Stein gearbeitet. So ist auch das Portal des oben beschriebenen Palastes auf der Zitadelle von Aleppo von einer mächtigen, in Stein gearbeiteten Muqarnasnische überfangen.

Für die Forschung sind die frühen syrischen Muqarnaskuppeln und ihr möglicher irakischer Ursprung nicht zuletzt deswegen von großem Interesse, weil die Frage nach dem Ursprung des Muqarnas eng verbunden ist mit der Frage nach einer möglichen Bedeutung dieser Form. Während Autoren wie Oleg Grabar oder Gülru Necipoğlu sich vorsichtig dahingehend äußern, dass der Muqarnas eine Bedeutung haben kann, die durch zusätzliche Elemente wie beispielsweise eine Inschrift sozusagen generiert wird, ver-

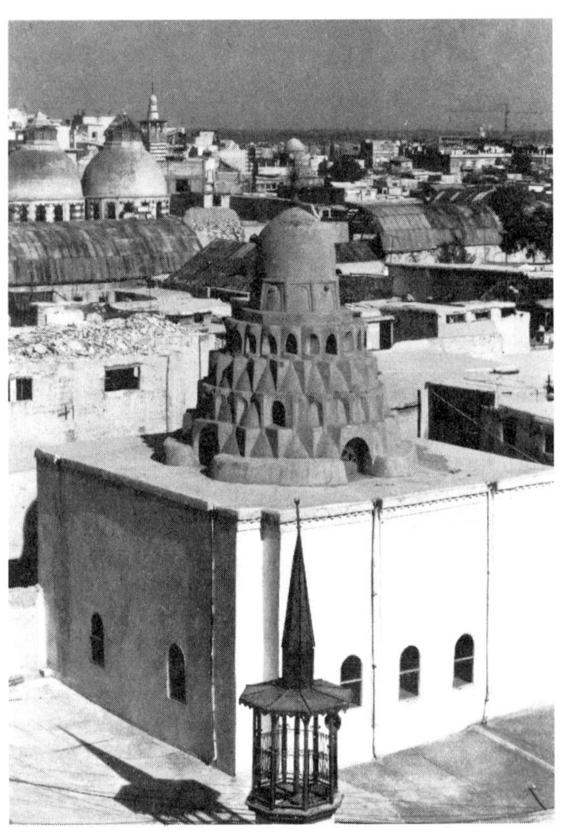

*Abb. 12.* Mausoleum des Nur ad-Din, Damaskus, 1167, Außenansicht der Muqarnaskuppel

tritt Yasser Tabbaa eine abweichende Position. Er argumentiert für einen Ursprung des Muqarnas im seldschukischen Bagdad und deutet ihn als architektonische Manifestation einer orthodox-sunnitischen Weltsicht. Die Übernahme dieser Form durch Bauherren wie Nur ad-Din Zengi kann somit als Ausdruck der Anerkennung der politischen Vormachtstellung Bagdads interpretiert werden, aber auch als offensives Bekenntnis zum sunnitischen Islam.

Dass die demonstrative öffentliche Zurschaustellung sunnitisch-orthodoxer Frömmigkeit für die Legitimation der militärischen Führungsschicht von wesentlicher Bedeutung war, zeigt der starke Zuwachs an Medresen seit dem 12. Jahrhundert. Die Bedeutung der Medrese im Rahmen des sogenannten sunni-revival als Bildungseinrichtung für spätere Angehörige einer Machtelite wurde bereits im vorhergehenden Kapitel angesprochen. In Syrien lässt sich der Prozess der Ausbreitung dieser Institution besonders deutlich nachvollziehen. So sind in Damaskus vor der Zengidenherrschaft vier Medresen belegt, unter Salah ad-Din lassen sich dreiundzwanzig identifizieren und gegen Ende der Aiyubidenherrschaft beträgt ihre Zahl neunundneunzig. Errichtet wurden die Medresen in der Regel von Angehörigen der Führungsschicht nach dem Prinzip der religiösen Stiftung (*waqf*). Das bedeutet, dass die Instandhaltung und der laufende Betrieb inklusive Personalkosten aus den Erträgen bestritten wurden, die das Stiftungsgut – Ländereien, Wirtschaftsbetriebe oder Immobilien – erwirtschafteten. Da religiöse Stiftungen nicht beschlagnahmt werden können, bot die Einrichtung eines *waqf* außerdem den Vorteil, dass man auf diese Weise Vermögensbestandteile sichern konnte.

Form und baudekorative Gestaltung der vor diesem Hintergrund entstandenen Anlagen variieren stark. Dies lässt sich zum einen mit der Organisation des Bauwesens im Syrien des 12. und 13. Jahrhunderts begründen. Die Umsetzung der Bauaufträge übernahmen lokale Bauhütten. Sie arbeiteten in spezifischen regionalen Traditionen, die sich stilistisch und in bautechnischen Details unterschieden. So wurde beispielsweise in Aleppo traditionell mit Quadermauerwerk gearbeitet, während man in Damaskus Quader- und Ziegelmauerwerk kombinierte. Ein weiterer Grund für die Unterschiedlichkeit der Medresen ist ihre Lage. Da sie meistens im innerstädtischen Kontext erbaut wurden, wo wenige Freiflächen zur Verfügung standen, waren die Anlagen vergleichsweise klein und häufig unregelmäßig geschnitten. Doch gab es auch vereinheitlichende Faktoren. Durch ihre Funktion als Ausbildungsstätten bedingt, umfassten die Medresen üblicherweise einen oder mehrere Unterrichts- oder Hörsäle, Wohnräume für Studenten und Personal und eine Moschee, zusätzlich dazu war hier häufig das Grab des Stifters angesiedelt. Diese Räumlichkeiten waren in der Regel um einen zentralen Innenhof herum angelegt und nach dem Vier-Iwan-Schema organisiert.

Das früheste in Syrien erhaltene Beispiel einer nach dem Vier-Iwan-Schema aufgebauten Medrese ist die 1135 errichtete **Madrasa Gumuschtagin** in Bosra. Die aus Basaltquadern errichtete Anlage ist um einen zentralen Hof organisiert, auf den sich vier Iwane öffnen. Der in der Längsachse des Gebäudes liegende Gebetssaal ist durch eine Schirmwand mit drei Durchgängen zum Hof hin geschlossen. Michael Meinecke interpretiert den axialen Aufbau der Anlage mit den vier Iwanen als Übernahme eines iranischen Grundrissmodells, das lokalen Bauformen angepasst wurde. So sind die Iwane nicht mit Gewölben nach oben hin abgeschlossen, sondern mit den für die Region typischen großen Basaltplatten. Und auch die Gestaltung der Fassade des Gebetsraumes mit Türöffnungen mit steinernem Sturz und darüber angeordnetem Bogenfenster entspricht syrischen Traditionen.

Einen in den Grundzügen vergleichbaren Aufbau zeigt auch die 1167–68 von Nur ad-Din Zengi erbaute **Medrese**

**in Damaskus.** Man betritt die Anlage durch den im Osten gelegenen Torbau, an den sich im Süden das Mausoleum des Erbauers anschließt. Nach Durchschreiten des Vestibüls gelangt man in einen großen längsrechteckigen Innenhof mit zentralem Wasserbecken. An drei Seiten öffnen sich Iwane auf den Hof, die jeweils von zwei Räumen flankiert werden. Im Süden führen drei Durchgänge in den querrechteckigen Gebetssaal, der von je einem weiteren Raum gerahmt wird. Diese Kombination von breit gelagertem Gebetssaal mit einem beziehungsweise zwei Iwanen kennzeichnet auch den Aufbau zweier weiterer Anlagen, die in der Diskussion um die Grundrissvarianten der syrischen Medresen häufig angeführt werden: die 1223 vollendete Adiliya in Damaskus und die 1219 erbaute Zahiriya in Aleppo.

Die bisher vorgestellten Kategorien – Festungs- und Palastbau, Mausoleum und Medrese – zeigen nur einen Ausschnitt aus dem breiten Spektrum zengidischer und aiyubidischer Architektur. Nicht erfasst sind in dieser Auswahl die große Anzahl von Profanbauten wie Karawansereien, Bäder, Krankenhäuser, Warenhäuser oder Wasserversorgungsanlagen, deren Existenz vielfach nur noch aus schriftlichen Quellen bekannt ist. Trotzdem lassen sich auf dieser Basis einige grundlegende Aussagen zur Entwicklung der Architektur des großsyrischen Raums zwischen 1080 und 1250 formulieren. In dieser Zeitspanne entsteht unter der Patronage der militärischen und städtischen Führungseliten eine Architektur, die sich durch einen eigenständigen Stil auszeichnet. Basis dieser Entwicklung ist die syrische Tradition der Steinbauweise mit ihrer Betonung von Plastizität und Oberflächenqualität. Sie findet nun Anwendung auf Raumordnungssysteme (Vier-Iwan-Schema) oder baudekorative Elemente (Muqarnas), die einem anderen baugeschichtlichen Umfeld entstammen und durch interregionale oder überregionale Transferprozesse vermittelt werden. Diese Entwicklung geht auf die Bauherren zurück, die häufig selbst einem anderen kulturellen Umfeld entstammen und neue Bauaufgaben wie die Medrese in Auftrag geben. Umgesetzt und getragen wird dieser Prozess durch die Bauhütten und Baumeister, die sich durch einen hohen Grad an Mobilität auszeichnen.

## *Die Architektur des rumseldschukischen Kleinasiens*

Die vorausgegangene Charakterisierung der syro-mesopotamischen Architektur lässt sich auch auf den ostanatolischen Raum übertragen, wo unter der Herrschaft der Rumseldschuken eine in ihrer grundsätzlichen Dynamik vergleichbare Situation bestand. Doch während für Syrien der interregionale Austausch mit dem mesopotamischen Raum und der Kontakt mit den Kreuzfahrern von primärer Bedeutung waren, entstanden Kunst und Architektur der rumseldschukischen Elite aus dem Zusammenwirken persischer, byzantinischer und armenischer Traditionen. Dabei kam – wie in Syrien auch – den Herrschern und ihrem unmittelbaren Umfeld eine herausragende Bedeutung als Auftraggeber zu. Besonders deutlich zeigt dies eine Gruppe von Bauten, die sich in vergleichsweise großer Zahl erhalten hat, die **Karawansereien** (türk. *Han*, arab. *Khan*). Unter der Herrschaft der beiden Sultane Ala ad-Din Kaiqubad (1219–37) und Giyath ad-Din Kaikhusrau II. (1236/37–1246/47) entstand an den Hauptverbindungsstraßen des Reiches ein dichtes Netz solcher Herbergen, die Kaufleuten und Karawanen Schutz und Verpflegung boten. Wie Bauinschriften belegen, wurden viele der rund hundert erhaltenen Herbergen im Auftrag eines Sultans oder Wesirs erbaut. In ihrer Anlage und Ausführung sind sie bemerkenswert homogen, wobei sie nur wenige Parallelen zu iranischen Karawansereien aufweisen. Vielmehr lässt sich ihr Aufbau vermutlich auf armenische Vorläuferanlagen zurückführen. Auf eine solche Verbindung verweisen auch bautechnische Details. Wie die übrige rumseldschukische Architektur auch, sind die Karawansereien in derselben Mauerwerkstechnik aus präzise zugearbeitetem Werkstein errichtet wie die armenischen Bauten.

Der Grundriss der Karawansereien basiert auf einer großen, mehrschiffig überwölbten Halle, die mit einem von Raumreihen flankierten Hof kombiniert werden kann. Als zusätzliches Element besitzen einige Karawansereien im Hof einen kleinen Vierbogenbau, in dessen Obergeschoss eine Moschee untergebracht ist. Die den Hof flankierenden Räume und auch die Halle öffnen sich nur zum Innenhof, die Außenmauern hingegen sind nahezu ohne Fensteröffnungen und schmucklos. Der Baudekor ist auf die Portale konzentriert, die in den Hof beziehungsweise in die Halle führen. Vor allem bei den von Sultanen errichteten Anlagen wie dem Sultan Han bei Aksaray (1228/29) sind der hohe Rechteckrahmen und die Leibungen der vorspringenden Portale mit einem aufwendigen Reliefdekor überzogen, während ein Muqarnasgewölbe den eigentlichen Tordurchgang überfängt.

Neben den Karawansereien bilden **Moscheebauten** die zahlenmäßig bedeutendste Gruppe erhaltener Monumente. Anders als in Syrien, wo Zengiden und Aiyubiden einen Bestand an Freitags- und Quartiermoscheen vorfanden, der nur geringfügig des Ausbaus bedurfte, war die Bevölkerung Zentralanatoliens vor der rumseldschukischen Expansion überwiegend christlich. Der Moscheebau war daher eine der vordringlichen Bauaufgaben, die von der neuen Führungselite betrieben wurde. Dabei experimentierte man je nach Region mit unterschiedlichen Grundrisskonzepten. In Südostanatolien finden sich Anlagen wie die Große Moschee von Diyarbakr (1091), die den Transept-Aufbau der Großen Moschee von Damaskus aufgreift, oder die Moscheen von Mardin (12. Jahrhundert), Mayyafariqin (1155) und Dunaysir (1204), deren Gebetssaal nach dem Vorbild der iranischen Moscheen von einer großen Kuppel vor dem

Mihrab dominiert werden. Eine eigenwillige Variante der hypostylen Hallenmoschee sind die Holzsäulenmoscheen, die im 13. Jahrhundert im westlichen Zentralanatolien entstanden. Anstelle von Säulen oder Pfeilern tragen hohe schlanke Holzsäulen die flache Decke des Gebetssaales. Säulen, Kapitelle und die Balkendecke sind teilweise reich bemalt. Beispiele haben sich in Sivrihisar (Ulu Cami, 1232), Ankara (Arslan Hane Cami, 1289/90), Afyon (Ulu Cami, 1272) und Beyşehir (Eşrefoğlu Cami, 1296) erhalten. Einen vierten Grundrisstypus schließlich bilden solche Bauten, in denen die Baumeister mit unterschiedlichen Kombinationen neben- oder hintereinander angeordneter Kuppeln experimentieren, wie bei der Ala ad-Din Cami in Niğde (1223). In diesen Bauten zeichnen sich bereits jene Grundrisslösungen ab, die später die frühosmanische Moscheearchitektur prägen sollten.

Deutlich weniger Grundrissvarianten zeigen die rumseldschukischen Medresen. Die erhaltenen Bauten lassen sich zwei Typen zuordnen. Anlagen wie die Gök Medrese in Sivas (1271) oder die Sirçalı Medrese in Konya (1242–43) mit dem zentralen Innenhof, auf den sich zwei bis vier Iwane öffnen, verweisen klar auf syrische und iranische Formentraditionen. Ein zweiter Typus hingegen findet sich in seiner voll ausgebildeten Form vor allem in der Hauptstadt der Rumseldschuken, in Konya. In der Karatay Medrese (1252) und der Ince Minareli Medrese (1258) bildet ein überkuppelter Hof das Zentrum, auf das sich ein großer, von zwei überkuppelten Räumen flankierter Iwan öffnet. An den drei verbleibenden Hofseiten sind Raumreihen angeordnet.

Eine weitere wichtige Bauaufgabe waren Grabbauten. Medresen, ebenso wie auch Moscheen, wurden häufig in Kombination mit einem Stiftergrab erbaut und in der näheren Umgebung der alten städtischen Zentren entstanden einzeln stehende Mausoleen. Ihre Form zeigt deutliche Bezüge zu iranischen und aserbaidschanischen Grabbautraditionen, obwohl sie, anders als diese, zweigeschossig aufgebaut sind. Ein Sockelgeschoss enthält die Krypta, die als Grablege dient. Der darüber aufgehende, runde oder polygonale Baukörper mit kegelförmigem Dach ist in vielen Fällen mit einem Mihrab ausgestattet und wurde als Gebets- und Versammlungsraum genutzt. Beide Räume besitzen separate Eingänge, wobei der obere zumeist durch eine charakteristische zweiläufige Treppe erschlossen wird.

Wie der vorangehende Überblick erkennen lässt, ist die rumseldschukische Sakralarchitektur durch eine große Zahl erhaltener Beispiele gut dokumentiert. Von den Palast- und Festungsbauten hingegen, die aus schriftlichen Quellen belegt und in europäischen Reiseberichten des 18. und 19. Jahrhunderts noch beschrieben und abgebildet sind, hat sich kaum etwas erhalten. So ist die von Ala ad-Din Kaikubad zwischen 1219 und 1221 errichtete, aus zwei Mauerringen bestehende Stadtmauer von Konya völlig verschwunden. Eine häufig als Ersatz herangezogene Abbildung aus der *Voyage en Asie Mineure* (1838) von Leon de la Borde zeigt eine mächtige Mauer mit quadratischen Türmen und einen reich verzierten Torbau, in den Spolien eingebaut sind, unter anderem eine monumentale antike Skulptur. Und auch von der Residenz der Sultane auf dem im Zentrum der Stadt gelegenen Burgberg steht heute nur noch der Sockel eines Pavillonbaus, der ursprünglich in die Umfassungsmauer der Anlage integriert war. Besser erhalten hat sich hingegen der am Beyşehir See gelegene **Sommerpalast des Ala ad-Din Kaikubad**, Kubadabad. Seit Beginn der Ausgrabungen 1965 wurden auf dem Gelände am Ostufer des Sees unter anderem zwei palastartige Anlagen von eher bescheidenen Dimensionen ausgegraben. Der sogenannte »Große Palast« erstreckt sich auf einer Fläche von 50 mal 35 Metern und besteht aus einem Vorhof mit umgebenden Raumreihen, über den man in einen Vorraum mit anschließendem Iwan gelangt. Türdurchgänge in den Seitenwänden des Vorraumes führen in flankierende Raumgruppen. Bekanntheit hat Kubadabad vor allem wegen der reichen Fliesendekors erlangt, die hier in situ gefunden wurden. Das Bruchsteinmauerwerk war noch bis auf eine Höhe von bis zu zwei Metern mit stern- und kreuzförmigen Fliesen mit Lüster- und Unterglasurdekor verkleidet, die eine Vielfalt an vegetabilen und figürlichen Motiven zeigen.

Die Verkleidung hervorgehobener Bereiche der Innenräume mit Fliesen ist kennzeichnend für die rumseldschukische Architektur, die sich auch in diesem Punkt deutlich von den zeitgleich in Syrien entstandenen Bauten unterscheidet. Während diese am Innen- und Außenbau vielfarbige Steineinlagen aufweisen, verwendeten die rumseldschukischen Baumeister Fliesen oder Fliesen- beziehungsweise Ziegelmosaik. Diese Technik wurde im Iran entwickelt. Dort begann man im 11. Jahrhundert, die Kontrastwirkung des in Mustern versetzten Ziegelmauerwerks durch einfarbig glasierte Ziegel oder Fliesenstreifen zu erhöhen. In Aserbaidschan im Nordwestiran hat sich in Maragha eine Gruppe von Mausoleen erhalten, an denen sich die Entwicklung dieses Verfahrens und die schrittweise Erweiterung des Dekorrepertoires durch farbige Fliesenstreifen nachvollziehen lassen. So sind bei dem 1147–48 datierten Gunbad-i Surkh nur im Bogenfeld über dem Eingang mit türkisfarbenen Fliesenstreifen sparsame farbige Akzente gesetzt. Der rund fünfzig Jahre später entstandene Gunbad-i Qabud hingegen zeigt einen stark plastisch durchmodellierten Dekor, der zusätzlich durch einen hohen Anteil türkisfarbener Fliesenstreifen farbig gestaltet ist.

Von Aserbaidschan ausgehend wurde die Technik des Fliesenmosaiks in Anatolien eingeführt und dort weiterentwickelt. Dies belegen Signaturen von Baumeistern wie beispielsweise in der Şifaiye Medrese in Sivas, wo der aus Marand in Aserbaidschan stammende Ahmad ibn Abi Bakr al-Marandi signierte. Die entscheidende Weiterentwicklung der Technik im rumseldschukischen Kontext bestand darin, dass man dazu überging, Fliesenstreifen in drei verschiedenen Farben zu verwenden – schwarz, weiß und türkis – die lückenlos in ein Mörtelbett verlegt wurden. Anstelle des Kontrasts von graubraunem Mörtelbett und farbigem Fliesenstreifen trat damit nun der sehr viel stärkere Kontrast zwischen schwarzen, weißen und türkisfarbenen Musterstreifen. Außerdem erweiterte man das bis dahin auf geometrische Flechtmuster beschränkte Formenrepertoire um vegetabile Motive. Wie diese neuen farbigen Dekorprogramme im architektonischen Kontext eingesetzt wurden, zeigt die um 1235 errichtete Alaeddin Cami in Konya. Hier ist die Zone, die zur Kuppel überleitet in versetzt gereihte Dreiecke gegliedert, die mit flächigem Fliesenmosaik in Türkis und Manganviolett verkleidet sind. In der unteren Raumzone ist der Mihrab durch einen in unterschiedliche Musterbänder untergliederten Rahmen aus mehrfarbigem Fliesenmosaik akzentuiert.

Wegen ihrer Anfälligkeit für Witterungsschäden eigneten sich die farbigen Fliesenmosaikdekors nur für Innenräume oder geschützte Außenbereiche. Fassaden und Portale hingegen wurden mit Steinreliefs verziert, die sich durch eine bemerkenswerte handwerkliche Präzision, Ausdruckskraft und Formenvielfalt auszeichnen. Vor allem die Portalfassaden der großen Medresen und einiger Moscheen, aber auch die weniger monumentalen Fassaden einiger Mausoleen zählen zu den eindrucksvollsten Schöpfungen, die die islamische Architektur hervorgebracht hat. Dabei zeigt der Aufbau der monumentalen Portale nur geringfügige Unterschiede. Den von einer Bogennische überfangenen Eingang rahmt ein aus der Fassade vorspringender, hochrechteckiger Rahmen, der in einigen Fällen von zwei Minaretten flankiert wird. Rahmen und Bogennische sind von Reliefdekors überzogen, einige wenige Bauten zeigen außerdem die Verwendung des in Syrien gebräuchlichen *ablaq*. Die Formensprache der Steinarbeiten hingegen zeichnet sich durch eine bemerkenswerte Vielfalt aus. Neben Fassaden mit komplizierten Sternflechtornamenten, die durch ihre mathematische Strenge beeindrucken, finden sich Beispiele wie die Fassaden der Ince Minareli Medrese in Konya oder die Ulu Cami in Divriği, die einen geradezu barocken Überschwang an plastischer Durchbildung zeigen. Flache und tief hinterschnittene Reliefs werden kontrastierend nebeneinander gesetzt. Und auch die Wahl der Formen zielt auf starke Kontraste ab. Inschriftenbänder oder -kartuschen werden mit architektonischen Elementen und vegetabilen und figürlichen Motiven zu hypertrophen Mischformen kombiniert. Dabei finden sich neben kleinformatigen, in den Dekor integrierten figürlichen Elementen wie Vogelfiguren oder menschlichen Gesichtern auch große, prominent positionierte figürliche Kompositionen. So zeigt die Sockelzone der Fassade der Çifte Minareli Medrese in Erzerum einen stark stilisierten Busch, der von zwei Drachenköpfen flankiert wird, die aus seinem Stamm wachsen. In der Krone des Busches sieht man einen in heraldischer Frontalität dargestellten Adler mit zwei Köpfen. Dasselbe Motiv findet sich in leichter Abwandlung auch auf dem sogenannten Döner Kümbet in Kayseri, einem 1267 errichteten Mausoleum. Die prominente Platzierung dieser Darstellungen und die Tatsache, dass bestimmte Motive wie der Doppeladler oder der Drache wiederholt vorkommen, lässt den Schluss zu, dass es sich nicht nur um Schmuckmotive handelte, sondern dass die Dekorprogramme auch eine inhaltliche Ebene besaßen.

## *Objekt- und Buchkunst*

Im Bereich der Objektkunst entstanden im syro-mesopotamischen Raum im 12. und 13. Jahrhundert vor allem in den zwei Materialgruppen Metall und Glas Gegenstände von überdurchschnittlicher künstlerischer und handwerklicher Qualität. Dass dies bereits von den Zeitgenossen so wahrgenommen wurde, beweisen nicht nur die überregionale Verbreitung von Objekten, sondern auch Berichte wie der des Ibn Sa'id, eines muslimischen Reisenden aus Spanien, der um 1250 durch Syrien und Armenien reiste. Er beschreibt unter anderem **Metallarbeiten** mit Einlegedekors, die von solcher Schönheit seien, dass man sie in weit entfernte Länder exportierte und »an Könige verschenkte«. Als Produktionszentrum nennt er die in Nordmesopotamien, im heutigen Irak gelegene Stadt Mosul. Die Bedeutung von Mosul als Zentrum einer florierenden Metallindustrie belegen neben dieser Textpassage auch einige der erhaltenen Objekte. Besondere Aussagekraft kommt in diesem Zusammenhang einem Objekt zu, das sich heute im British Museum in London befindet: die nach ihrem früheren Besitzer, dem Duc de Blacas benannte Blacas-Kanne. Die etwa 30 cm hohe Kanne mit balusterförmigem Körper und hohem Hals ist aus Messingblech getrieben und reich mit Silber und Kupfer eingelegt (Abb. 13, s. S. 204). Obwohl sie nicht vollständig erhalten ist – Deckel, Sockel und Ausguss fehlen –, ist sie für die Forschung von zentraler Bedeutung, da sie eine Inschrift aufweist, die angibt, dass sie im Jahr 1232 von einem Meister namens Schudscha' ibn Man'a in Mosul hergestellt wurde.

Neben der Blacas-Kanne existieren fünf weitere Objekte, die ebenfalls mit großer Wahrscheinlichkeit in Mosul entstanden sind, da sie den Namen des Atabeg Badr ad-Din Lu'lu' tragen, der 1211–59 in Mosul regierte. Außerdem haben sich insgesamt rund dreißig weitere Objekte erhalten, die von einem Handwerker mit dem Beinamen al-Mausili signiert sind. Dieser Bestand an Textbelegen und signierten Objekten wurde von der Forschung des frühen 20. Jahrhunderts dahingehend gedeutet, dass Mosul im 12. und 13. Jahrhundert im syro-mesopotamischen Raum das führende Zentrum für die Herstellung von Metallarbeiten war. Um dieses Phänomen zu bezeichnen, prägte man den bis heute verbreiteten Begriff »Mosul-Bronzen«. Nach dem

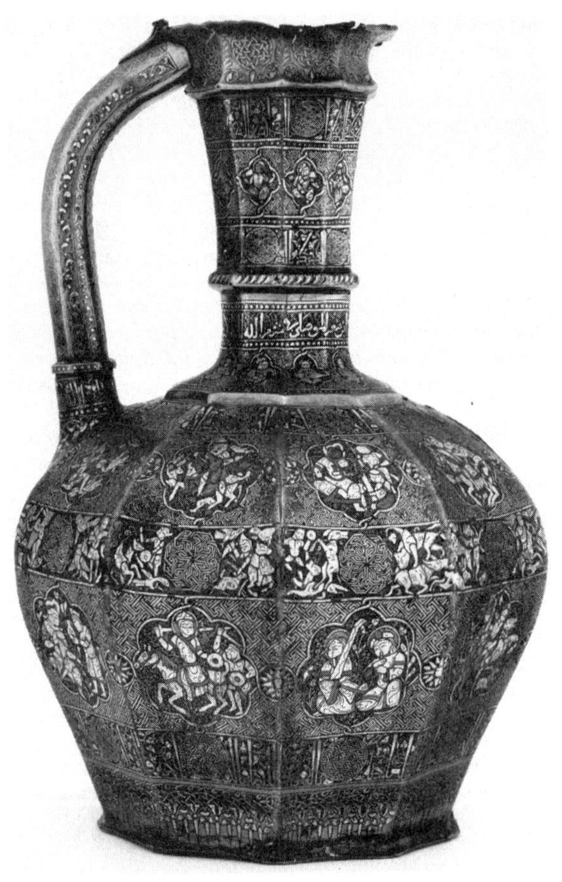

*Abb. 13.* Kanne, Messing mit Silber- und Kupfereinlagen, Mosul, dat. 1232, sign. Schudscha ibn Man'a; British Museum, London

derzeitigen Kenntnisstand ist diese Bezeichnung allerdings irreführend. Inzwischen geht man davon aus, dass es neben Mosul mindestens zwei weitere Zentren gab, die im 12. und 13. Jahrhundert hochwertige Metallarbeiten produzierten: Damaskus und das ostanatolische Siirt. In Mosul, Damaskus und Siirt entstanden Leuchter, Kannen, große Becken und Räuchergefäße, die herstellungstechnisch jenen Objekten gleichen, die wenig früher im 11. und 12. Jahrhundert im Osten der islamischen Welt, in Khurasan produziert wurden. Der Gefäßkörper besteht aus Messing und ist mit Einlegedekors aus Silber, Kupfer und Gold verziert, die das Objekt vollständig überziehen. Diese Übereinstimmungen ebenso wie die auffällige zeitliche Aufeinanderfolge haben zu der heute allgemein anerkannten These geführt, dass die Entstehung einer großen Anzahl hochqualifizierter Werkstätten im syro-mesopotamischen Raum durch die Zuwanderung von Handwerkern aus dem Osten gefördert wurde. Diese Migrationsbewegung – ausgelöst durch das Vorrücken der Mongolen – und die Existenz zahlreicher Lokalfürstentümer, deren Herrscher sich um eine repräsentative Lebensführung bemühten, waren der Nährboden für die Blüte der metallverarbeitenden Werkstätten im syro-mesopotamischen Raum im 13. Jahrhundert. Die Details dieser Entwicklung sind bis heute allerdings nicht aufgearbeitet. Wie die Einwanderung khurasanischer Meister sich konkret manifestierte, welche Veränderungen oder Neuerungen im herstellungstechnischen Bereich oder in der Formensprache einem solchen überregionalen Transferprozess geschuldet sind, ist bislang nicht untersucht worden. Hier bietet die detaillierte Analyse einzelner Objekte ein weites Arbeitsfeld. Wie folgendes Beispiel zeigt, kann sie unter anderem belegen, dass im syro-mesopotamischen Raum eine hochentwickelte, eigenständige Tradition der Metallverarbeitung existierte, die sich selbstbewusst gegenüber den aus Khurasan importierten Impulsen behauptete.

Im Metropolitan Museum of Art in New York befindet

sich eine Kanne, die von einem Umar ibn Dschaldak, Geselle (*ghulam*) des Ahmad al-Dhaki an-Naqqasch al-Mausili signiert und 1226 datiert ist. In ihrer Form ähnelt sie der Blacas-Kanne, also dem Typ »Kanne mit balusterförmigem Körper«. Wie diese hat sie einen balusterförmigen Körper, einen hohen, leicht konischen Hals und einen geraden, auf der Schulter befestigten Ausguss. Damit unterscheidet sie sich deutlich von dem khurasanischen Kannentyp. In Khurasan produzierte man Kannen mit zylindrischem Körper und einem ebensolchen Hals, der direkt in einen kurzen Ausguss übergeht. Diese Form findet sich – von einem Beispiel abgesehen – nicht im Repertoire der syro-mesopotamischen Metallarbeiten. Auf die Frage nach den Transferprozessen zwischen Khurasan und dem syro-mesopotamischen Raum bezogen bedeutet dies, dass der Einfluss der khurasanischen Meister – zumindest bei den Kannen – sich offenbar nicht in der Form manifestierte. Wo sonst könnte er sich also nachweisen lassen? Hier offenbart der Dekor der Kanne des Ibn Dschaldak ein aufschlussreiches Indiz. Generell zeigen die syro-mesopotamischen Metallarbeiten ein breiteres Spektrum an figürlichen Motiven als die aus Khurasan. Neben Themen aus dem höfischen Zirkel treten Genreszenen wie etwa die Darstellung einer Apotheke. Außerdem werden berühmte Szenen aus literarischen Werken umgesetzt wie beispielsweise der jagende Bahram Gur mit seiner Geliebten Azadeh. Dafür sind die in Khurasan sehr verbreiteten astrologischen Darstellungen auf den syro-mesopotamischen Objekten kaum zu finden. Wenn man auf dieser Basis die Kanne des Ibn Dschaldak genauer untersucht, fällt ein interessantes Detail ins Auge. Den Übergang vom Gefäßkörper zum Hals bildet eine Art Kragen, der aus zehn plastisch ausgebildeten Halbkreismotiven zusammengesetzt ist. Auf diesen zehn Halbkreisen sind zehn Tierkreiszeichen in Kombination mit den Personifikationen der zugehörigen Planeten dargestellt. Da nur zehn Felder zur Verfügung stehen, ist der Zyklus allerdings unvollständig, Wassermann (*aquarius*) und Fische (*pisces*) sind nicht abgebildet. Diese Verkürzung eines festen Bildzyklus ist sehr ungewöhnlich. Erklären lässt sie sich als Resultat einer Synthese von lokaler Form und importiertem Dekorthema, den Schlüssel zum Verständnis liefert die Zahl der Halbkreise: zehn. Ein Vergleich mit anderen Kannen aus dem syro-mesopotamischen Raum zeigt, dass sie ebenfalls zehnfach gelappte Kragen aufweisen. Und auch bei einer Variante des Typs »Kanne mit balusterförmigem Körper«, bei der der Gefäßkörper facettiert wird, ist der Körper zehnseitig. Die khurasanischen Kannen hingegen haben zwar auch häufig facettierte Körper, allerdings immer zwölfseitig. In dem Fall passen Form und Bildzyklus problemlos zueinander. Unstimmigkeiten ergeben sich erst, wenn der in Khurasan so gebräuchliche astrologische Bildzyklus auf die syro-mesopotamischen Kannentypen übertragen wird, die auf dem Zehner-Schema basieren. Dass Ibn Dschaldak dieses Problem ignorierte und an der gebräuchlichen Form festhielt, spricht für die Vitalität und Stärke der Werkstatttradition, in der er arbeitete.

Während die Kanne des Ibn Dschaldak den künstlerischen Transfer zwischen dem syro-mesopotamischen Raum und dem Osten der islamischen Welt belegt, zeigt eine andere Gruppe von Metallarbeiten, wie auch innerhalb Syriens die Koexistenz verschiedener ethnischer und kultureller Gruppierungen außergewöhnliche Synthesen hervorbrachte. Insgesamt achtzehn erhaltene Objekte, die teilweise durch Inschriften in das 13. Jahrhundert datiert sind, zeigen neben Motiven aus dem üblichen Formenrepertoire Darstellungen christlicher Motive oder Szenen. Eines der spektakulärsten Beispiele ist ein großes Becken von 50 cm Durchmesser in der Sammlung der Freer Gallery in Washington. Während auf dem Hauptmusterband der äußeren Wandung Polospieler dargestellt sind, ein Sport also, der von muslimischen Fürsten bevorzugt betrieben wurde, zeigt ein zweiter Fries Medaillons mit Szenen aus dem Leben Jesu Christi: Verkündigung, Auferweckung des Lazarus, Einzug in Jerusalem, letztes Abendmahl und die thronende Jungfrau mit Kind. Im Inneren des Beckens sieht man unter anderem ein breites Musterband mit stehenden Heiligen, die teilweise durch Attribute wie Weihrauchfass, Reliquienkasten oder Evangelienbuch gekennzeichnet sind. Eine arabische Inschrift am Rand des Beckens nennt den Namen des Aiyubidensultans Nadschm ad-Din Aiyub (reg. 1245–49). Ein zweites in diesem Zusammenhang häufig gezeigtes Beispiel ist eine große rundbauchige Flasche von etwa 37 cm Durchmesser in derselben Sammlung. Auf ihrer Vorderseite sind mit großer Detailfreude ebenfalls vier Szenen aus dem Christusleben dargestellt: Geburt, Darbringung im Tempel, Einzug in Jerusalem und abermals die thronende Jungfrau mit Kind. Die Rückseite zeigt einen Fries mit Reitern.

Eine eindeutige Erklärung, für welche Klientel Metallarbeiten mit einem so heterogenen Themenspektrum hergestellt wurden, ist bis heute nicht erbracht. So lässt sich die Auswahl illustrierter Szenen nicht in logischen Zusammenhang mit Illustrationszyklen in christlichen Manuskripten oder Mosaiken bringen. Sie illustrieren in der Regel die wichtigsten Feste des Kirchenjahres, wobei der Passion Christi eine herausragende Bedeutung zukommt. Ebendiese jedoch wird auf den Metallarbeiten in keinem Fall dargestellt. Vielmehr werden solche Ereignisse ausgewählt, die auch in islamischen Traditionen über das Leben Christi Erwähnung finden. Eva Baer schlägt daher vor, die Kombination der verschiedenen Themenfelder als Ausdruck des umfassenden Machtanspruchs der muslimischen Herrscher zu interpretieren, der in Inschriften wie jener auf dem großen Becken in der Freer Gallery zum Ausdruck kommt. Dort wird die Nennung des Namens des Sultans von Epitheta begleitet, die ihn als »Sultan der Araber und Nichtaraber«, »Herrscher, der über Nationen regiert« oder als »Kämpfer gegen die Ungläubigen« betitelt. Eva Hoffman hingegen verweist darauf, dass die Dekors durch ihr heterogenes Themenspektrum für ein breites Publikum lesbar und in je eigener Weise bedeutungsvoll waren. In ihnen manifestiert sich gleichsam die Koexistenz der verschiedenen Bevölkerungsgruppen einer pluralistischen Gesellschaft.

Darstellungen mit christlichen Bezügen finden sich auch auf der zweiten Gruppe von Objekten, den **Glasgefäßen**. Syrien besaß seit römischer Zeit eine lange Tradition der Glasproduktion, die im 12. Jahrhundert einen erneuten Aufschwung erlebte. Wie Funde in Europa, aber auch im Kaukasus oder sogar China belegen, waren die Erzeugnisse der syrischen Werkstätten bereits zu ihrer Entstehungszeit Luxusobjekte, die zu hohen Preisen und über weite Entfernungen gehandelt wurden. Neben altbekannten Dekortechniken wie Fadenauflagen oder mehrfarbig gekämmte Streifenmuster entwickelten die syrischen Glasbläser auch neue Verfahren wie die Bemalung mit Gold- und Emailfarben. In ihrer Vielfarbigkeit ähneln die nach diesem Verfahren bemalten Glasgefäße der Mina'i-Keramik, die etwa zeitgleich im Iran hergestellt wurde. Und auch der Herstellungsprozess ist teilweise vergleichbar. In beiden Fällen wird das abschließend geformte Gefäß bemalt und anschließend ein zweites Mal erhitzt, um die Farben auf der Oberfläche festzubrennen. Wie viele spezialisierte Werkstätten diesen aufwendigen und komplizierten Prozess beherrschten und wo diese angesiedelt waren, ist bis heute nur ansatzweise bekannt. Stefano Carboni vermutet, dass die Technik im nordsyrischen Raqqa entwickelt wurde. Als mögliche Vorläufer sieht er Gläser mit Goldbemalung, wie beispielsweise eine fragmentarisch erhaltene Flasche aus der Sammlung des British Museum in London. Neben Darstellungen von Adlern und einer Tänzerin trägt sie auch eine Inschrift, die den Namen des Zengiden Imad ad-Din nennt, der 1127–46 in Mosul regierte. Ab dem 13. Jahrhundert sind dann auch Aleppo, Damaskus, Hama und später auch Kairo als Produktionszentren belegt.

Die Dekors der polychrom bemalten Gläser entsprechen in Komposition und Gliederung denen der Metallarbeiten. Die Oberfläche der Gefäße wird in unterschiedlich breite Friese aufgeteilt, die vegetabile und geometrische Muster, figürliche Darstellungen und Inschriften zeigen. Neben Tieren wie Vögeln, Fischen oder einander verfolgenden Vierbeinern sind Szenen aus dem höfischen Zirkel, also trinkende, jagende, kämpfende und musizierende Personen dargestellt, seltener auch komplexe Szenen anderen Inhalts. So zeigt eine Flasche in der Furusiyya Arts Collection in Vaduz vier große Bauten, von denen einer durch ein auf dem Dach angebrachtes Kreuz als Kirche kenntlich gemacht ist. Zwischen diesen sind Genreszenen dargestellt: eine Dattelernte, eine Weinernte, ein Landarbeiter der pflügt, und ein Mann mit einem Esel, der mit Fruchtkörben beladen ist. Stefano Carboni hat vorgeschlagen, die Szenen als Darstellungen der vier Jahreszeiten zu interpretieren und den gesamten Zyklus als Illustration des Lebens in einem Kloster zu deuten.

Die Freude an der Darstellung komplexer figürlicher Szenen, die Ausschnitte aus dem Alltagsleben zeigen, ist auch ein Charakteristikum der **Buchmalerei**, die im 13. Jahrhundert einen deutlichen Aufschwung erlebte. Rar sind die Belege für Existenz und Erscheinungsformen einer Tradition der Buchmalerei vor dem Ende des 12. Jahrhunderts. Was das erhaltene Material vergleichsweise deutlich zeigt, ist, dass vor diesem Zeitpunkt vor allem wissenschaftliche Manuskripte illustriert wurden. Dabei konnten die muslimischen Illustratoren vielfach auf eine bereits bestehende Tradition der Buchmalerei zurückgreifen. Bei vielen der Werke, die sie kopierten und bebilderten, handelte es sich um Übersetzungen oder überarbeitete und erweiterte Neufassungen antiker Texte, die bereits in illustrierten Ausgaben vorlagen. Besonders deutlich zeigt dies der Vergleich von zwei Kopien eines pharmakologischen Grundlagenwerks, den *de materia medica* des Dioskurides. Das im ersten nachchristlichen Jahrhundert entstandene Werk wurde seit dem 9. Jahrhundert mehrfach ins Arabische übersetzt, spätestens ab dem 11. Jahrhundert sind auch illustrierte Kopien belegt. Die früheste erhaltene illustrierte griechische Dioskurideshandschrift ist der sogenannte Wiener Dioskurides, der 512 für eine byzantinische Aristokratin angefertigt wurde. Er enthält auf Folio 5 v. ein Autorenbild mit einer allegorischen Darstellung. In der Mitte der Komposition sieht man eine stehende weibliche Figur, die Personifikation der Denkkraft (*epinoia*), die eine Alraune – eine mit geheimnisvollen Kräften assoziierte Pflanze – in der Hand hält. Rechts von ihr sitzt eine schreibende Gestalt, Dioskurides, während links im Bild ein Maler dargestellt ist, der an einer Staffelei sitzt und die Alraune zeichnet. Eine Abwandlung dieses Motivs findet sich auch auf der Eröffnungsseite einer Kopie eines arabischen Dioskurides, die rund siebenhundert Jahre später entstanden ist. Die 1229 datierte, heute in Istanbul aufbewahrte Handschrift enthält auf Folio 2b ebenfalls ein Autorenporträt, das die Übergabe einer Alraune darstellt. Rechts im Bild erkennt man einen mit Turban und grünem Gewand bekleideten, bärtigen Mann, der auf einem Stuhl sitzt und einem vor ihm auf dem Boden hockenden, jüngeren Mann eine Alraune überreicht. Noch deutlicher werden die Bezüge dieser Illustration zu byzantinischen Vorbildern, wenn man nicht nur das Motiv, sondern auch seine formale Umsetzung in die Betrachtung einbezieht. Die Gesichtszüge der beiden Figuren sind plastisch durchmodelliert, sie sind vor einen einheitlichen Goldgrund platziert und von einer angedeuteten Architektur gerahmt. Und auch die Darstellung des auf einem Stuhl sitzenden Autors im Dreiviertelprofil entspricht in Haltung und Pose den standardisierten Darstellungen der Evangelisten auf den Frontispizen byzantinischer Evangeliare.

Die kreative Aneignung byzantinischer Traditionen der Buchmalerei ist jedoch nur eine der latenten Größen, die in der Buchmalerei des 13. Jahrhunderts als prägende Faktoren erkennbar sind. Etwa zeitgleich mit der 1229 datierten Dioskurides-Handschrift entstand eine zweite, 1224 datierte Kopie des arabischen Dioskurides, deren Illustrationen ein völlig anderes Konzept und auch einen anderen Stil aufweisen. Ihre Abbildungen zeigen nicht nur die üblichen Darstellungen der im Text beschriebenen Pflanzen, sondern auch figürliche Szenen, die die Zubereitung von Heilmitteln illustrieren, die Behandlung von Patienten oder die Innenansicht einer Apotheke. Ihre Farbpalette ist auf wenige kräftige Farben beschränkt, die Kompositionen sind einfach. Auf einer Grundlinie werden die Bildelemente nebeneinander aufgereiht und stehen ohne Rahmen und Angabe eines Hintergrundes vor dem weißen Papier. In ihrem Interesse für die Schilderung von Alltagssituationen lassen diese Darstellungen an die oben beschriebenen Genreszenen in den Dekors der zeitgleich entstandenen Metall- oder Glasarbeiten denken. Stilistisch hingegen stehen sie einer anderen Gruppe von Illustrationen nahe, die in Bagdad verortet ist und in der älteren Literatur auch als »Bagdad-Schule« bezeichnet wird. Anders als jene Handschriften, deren Illustrationen sich entwicklungsgeschichtlich als Fortführung byzantinischer Maltraditionen erklären lassen, ist die Vorgeschichte dieser Gruppe von Malereien nicht geklärt. Ihre Zuweisung nach Bagdad basiert auf zwei Handschriften, die ein Kolophon aufweisen, also einen Textpassus am Ende des Manuskripts, der Angaben zu Datum und Ort der Herstellung enthält: ein »Buch der Veterinärmedizin« in der Nationalbibliothek in Kairo, das 1209 in Bagdad kopiert wurde und eine Kopie der Makamen des Hariri in der Bibliothéque National in Paris, die von Yahya ibn Mahmud al-Wasiti, also Yahya ibn Mahmud aus Wasit, 1237 fertiggestellt wurde. Thematisch umfassen die im Stil der »Bagdad-Schule« illustrierten Manuskripte sowohl wissenschaftliche Texte als auch Werke der sogenannten *adab*-Literatur, jener Literatur also, die der kultivierten

Unterhaltung diente. Vor allem von einem Text – den Makamen des Hariri (1054–1122) – wurden mehrere illustrierte Kopien angefertigt. Die Makamen beschreiben in fünfzig Episoden die Heldentaten des wortgewandten Gauners Abu Zaid, erzählt von seinem Freund und Bewunderer al-Harith. Hauptgegenstand dieser Geschichten sind allerdings weniger die geschilderten Ereignisse als die Sprache, in der sie beschrieben werden. Die Makamen sind in einem hochkomplizierten Arabisch in Reimprosa geschrieben, ausgefallene Formulierungen, Wortspiele und grammatische Spielereien lassen ihre Lektüre selbst für den Muttersprachler zur Herausforderung werden. Warum ausgerechnet ein solcher Text zwischen dem 13. und Mitte des 14. Jahrhunderts vergleichsweise häufig illustriert wurde – erhalten sind dreizehn Handschriften – und warum diese Mode Mitte des 14. Jahrhunderts ebenso abrupt wieder endete, ist eine der zentralen Fragen, mit denen sich die Forschung auseinandersetzt.

Ein zweites, ebenso interessantes Themenfeld untersucht, wie dieser Text illustriert wurde, für dessen Bebilderung keine Vorlagen existierten, da er ursprünglich nicht illustriert war. Oleg Grabar kommt hier zu dem Ergebnis, dass die insgesamt dreizehn Manuskripte zwar anhand stilistischer Merkmale zu Gruppen zusammengestellt werden können, doch lassen die verschiedenen Manuskripte untereinander keine Zusammenhänge im Sinne einer Entwicklungsgeschichte erkennen. Im Stil der »Bagdad-Schule« sind insgesamt drei Makamen-Handschriften illustriert: neben dem al-Wasiti Manuskript eine zweite, in St. Petersburg aufbewahrte und eine dritte, stark zerstörte Handschrift in der Bibliothek des Topkapı Saray in Istanbul. Ihre Illustrationen zeichnen sich mehrheitlich durch einen komplexen Aufbau aus. Die Bildelemente und dargestellten Akteure werden nicht einfach auf einer Grundlinie gereiht, sondern in mehreren Reihen übereinander oder zu Kreisformen angeordnet. Häufig bilden detaillierte Architekturdarstellungen den Rahmen, in den die Figuren eingestellt werden, wobei die Illustratoren mit Überschneidungen experimentieren. Der mit großer Sorgfältigkeit ausgeführten Schilderung des Kontextes steht die vergleichsweise stereotype Darstellung der Akteure gegenüber, die nicht individualisiert werden. Selbst die beiden Hauptpersonen, Abu Zaid und al-Harith, sind nicht durch Physiognomie oder Kleidung erkennbar, sondern nur durch ihre Position innerhalb der Gesamtkomposition.

Eine zweite Gruppe von Makamen-Handschriften hingegen lässt deutliche Bezüge zu der Tradition syrisch-jakobitischer Buchmalerei erkennen, die noch im 13. Jahrhundert in den christlichen Klöstern im syro-mesopotamischen Raum gepflegt wurde. Gegenstand der Illustrationen sind ausschließlich die in den Geschichten beschriebenen Personen, die ohne Angabe von Details auf einer Grundlinie gereiht werden. Sparsam angedeutete Architekturen dienen der Hervorhebung oder Kennzeichnung einzelner Akteure. Charakteristisch ist die Darstellung der menschlichen Figuren, schmalgliedrig, mit langen Gesichtern und großen, verschatteten Augen. Völlig andersartig zeigen sich hingegen die Illustrationen einer weiteren Makamen-Handschrift, die ebenfalls dem nordsyrischen Raum zugeschrieben wird. Zwar konzentriert sich auch hier die Darstellung auf die agierenden Personen, die nebeneinandergereiht erscheinen. Doch die Figuren selbst sind in animierter Bewegung dargestellt, ihre Gestik und Interaktion von bemerkenswertem, bisweilen drastischem Ausdruck.

Die erheblichen Unterschiede zwischen den verschiedenen Makamen-Handschriften zeigen exemplarisch eine grundlegende Problematik der Auseinandersetzung mit der Buchmalerei des 12. und 13. Jahrhunderts. Die vergleichsweise große Anzahl von illustrierten Manuskripten bildet ein sehr heterogenes Ganzes. Formensprache und Kompositionen variieren erheblich und auch die grundlegende Aufgabe, ein Buch durch die Hinzufügung von Bildern zu gestalten, wird ganz unterschiedlich gelöst. Während in den Makamen-Handschriften bisweilen jede dritte oder vierte Seite illustriert ist, besitzen andere Manuskripte lediglich ein reich gestaltetes Frontispiz, also eine Eröffnungsseite. Dies gilt beispielsweise für die ursprünglich zwanzigbändige Kopie des *Buchs der Lieder*, die wahrscheinlich im Auftrag des Atabeg von Mosul, Badr ad-Din Lu'lu' (reg. 1211–59), entstand. Jeder der sechs erhaltenen Bände zeigt eine anders gestaltete Eröffnungsseite, wobei mit einer Ausnahme die großformatige Darstellung einer idealisierten Herrschergestalt den Kern der Komposition bildet. Die Textseiten selbst hingegen weisen keine Illustrationen auf.

Die Forschung hat sich bis vor wenigen Jahren vor allem der Aufgabe gewidmet, diesen heterogenen Materialbestand systematisch zu erschließen und zuzuordnen. Dies wird bis heute dadurch erschwert, dass die meisten Manuskripte weder eine Datierung aufweisen noch Angaben zu ihrem Entstehungsort. Daher bediente man sich bislang vor allem der Stilanalyse, um auf diesem Wege zu einer Zuordnung zu gelangen. Dieser methodisch einseitige Ansatz ebenso wie die Fokussierung auf Fragen der Lokalisierung und Datierung sind in den vergangenen Jahren zunehmend in die Kritik geraten. Neuere Untersuchungen gehen daher zunehmend dazu über, die Illustrationen nicht isoliert zu betrachten und zu vergleichen, sondern die Manuskripte als Ganzes zu untersuchen und die zugehörigen Texte in die Untersuchung einzubeziehen. Dass man auf diese Weise zu ebenso konkreten wie weiterführenden Erkenntnissen kommen kann, zeigt beispielsweise die Analyse einer illustrierten Theriak-Handschrift, einer Abhandlung über die Herstellung von Gegengiften, die sich ebenfalls in der Bibliothéque Nationale befindet. In dieser Untersuchung kommt Jaclynne Kerner zu dem Ergebnis, dass der Text ein Hybrid ist. Dem Inhalt nach handelt es sich um einen wissenschaftlichen Text, der Form nach steht er dem Genre der Biographie und der *adab*-Literatur näher. Diese Dichotomie spiegelt sich auch in den Illustrationen wieder, die Autorenporträts umfassen, ebenso wie narrative Szenen, in denen die Zubereitung eines Theriaks dargestellt wird, oder systematische Illustrationen, auf denen verschiedene Arten von Schlangen dargestellt sind. In der Zusammenschau erlaubt dieser Befund Rückschlüsse auf einen veränderten Status des illustrierten Buches im 13. Jahrhundert sowie auf mögliche Rezipienten dieser Bücher.

# Ägypten und der islamische Osten im 13.–15. Jahrhundert

## Kulturelle Neuorientierung unter den Dynastien der Mamluken, Ilkhane und Timuriden

### *Der historische Kontext*

Für den gesamten Osten der islamischen Welt setzte in der zweiten Hälfte des 13. Jahrhunderts eine Periode grundlegender Veränderungen und Neuorientierung ein. In Kunst und Architektur wird dies vor allem daran sichtbar, dass das Erbe der spätantiken Tradition, das bis zu diesem Zeitpunkt noch eine Orientierungsgröße dargestellt hatte, an Bedeutung verlor, während der kulturelle Einfluss Zentral- und Ostasiens an Einfluss gewann.

Zwischen 1220 und 1260 hatten mongolische Truppen China und Westasien erobert, im Februar 1258 nahm Hülägü, der Enkel des Dschingis Khan, Bagdad ein und ließ den abbasidischen Kalifen hinrichten. In den Berichten der Zeitgenossen werden die Verluste an Menschenleben, Plünderungen und Verwüstungen ganzer Landstriche, die mit diesen Ereignissen einhergingen, als traumatische Ereignisse lebendig. Vor allem die großen Städte der Provinz Khurasan sollten sich von der Zerstörung und Entvölkerung infolge des Mongolensturmes nie ganz erholen. Die wirtschaftlichen und demographischen Rahmenbedingungen, die bis zu diesem Zeitpunkt das innere Gleichgewicht des islamischen Ostens bestimmt hatten, ebenso wie die Verwaltungs- und Herrschaftspraktiken erfuhren grundsätzliche Veränderungen. Im Iran und in Westasien herrschte ab 1256 die Dynastie der Ilkhane, die als eines von vier Teilreichen aus dem Zusammenbruch des mongolischen Großreichs hervorgegangen war. Mit ihr gelangte eine Dynastie an die Macht, deren Elite einem steppennomadisch beziehungsweise chinesisch geprägten Umfeld entstammte. Ihre ersten Herrscher waren Anhänger des Buddhismus, räumten aber auch den Anhängern von Schamanismus, Christen und Juden Privilegien ein. Die Legitimierung ihrer Herrschaft bezogen sie nicht vom Kalifen in Bagdad, sondern vom Groß-Khan in China. Basis der Rechtsfindung war nicht die Scharia, das islamische Religionsgesetz, sondern die *yassa*, die Anordnungen Dschinghis Khans. Diese grundlegenden Veränderungen des Wertesystems und grundsätzlicher Konzepte von Herrschaft und Legitimität wurden auch dann nicht zurückgenommen, als der siebte Ilkhan Ghazan Khan (reg. 1295–1304) zum Islam übergetreten war.

Den Berichten über den Terror der mongolischen Eroberungszüge und die dauerhafte Zerstörung ganzer Landstriche stehen solche gegenüber, die die positiven Folgen der konstruktiven Handelspolitik ihrer Herrscher betonen. Durch die mongolischen Eroberungen war ein zusammenhängender Wirtschaftsraum entstanden, der von China bis an das Mittelmeer reichte und in dem sichere Handelsbeziehungen möglich waren. Zusätzlich begünstigt wurde die Blüte des transkontinentalen Handels durch den Ausbau der Infrastruktur und die Vergabe günstiger Regierungskredite. Auf dieser Basis entwickelte sich ein florierender Austausch von Waren, aber auch von Wissen und Technologien, der die künstlerische Entwicklung des gesamten islamischen Ostens nachhaltig prägen sollte.

Knapp hundertfünfzig Jahre nach dem ersten Mongolensturm erlebte der Osten der islamischen Welt ein zweites Mal vergleichbare Ereignisse. Mit Timur Lenk, in Europa als Tamerlan bekannt, trat abermals ein charismatischer Heerführer und Reichsgründer auf die politische Bühne, der innerhalb kürzester Zeit ein Weltreich schuf. Seit 1381 hatte er weite Teile Irans unter seine Kontrolle bringen können und erfolgreiche Kriegszüge gegen die Goldene

Horde, nach Multan und Indien geführt. 1400 besiegte er in Syrien die mamlukischen Truppen, im Juli 1402 in Anatolien den osmanischen Sultan Bayezid. Diese unglaublichen Leistungen basierten auf seiner Fähigkeit, die divergierenden Kräfte der verschiedenen Stammesverbände zu bündeln und an sich zu binden. Doch nach seinem Tod 1404 wurden die Nachteile dieses an seine Person gebundenen Systems deutlich. In den Thonfolgestreitigkeiten konnte sich zwar Timurs Sohn Schahrukh durchsetzen, doch unter seiner Herrschaft begann ein Prozess der Dezentralisierung, der sich in der Folgezeit fortsetzte. Für die künstlerische Entwicklung hatte diese Dynamik jedoch durchaus positive Folgen. Unter der Herrschaft der timuridischen Prinzen entstanden in Herat, Samarkand und Schiras glanzvolle Höfe, deren Eliten eine Politik der Selbstinszenierung durch gezieltes Mäzenatentum betrieben. Anders als Timur, für den die Abstammung von Dschingis Khan und die Bedeutung mongolischer Traditionen noch elementare Bestandteile seines dynastischen Selbstverständnisses gewesen waren, wandten sich die timuridischen Prinzen zunehmend der islamisch geprägten, persisch-urbanen Kultur zu. Unter ihrer Förderung entstand aus der glücklichen Synthese ostasiatischer und persischer Idiome eine einheitliche Formensprache, die sich durch ästhetische Raffinesse und ein Höchstmaß an Verfeinerung auszeichnet. Sie wirkte weit über die Grenzen des timuridischen Reiches hinaus stilbildend, weshalb in der kunsthistorischen Forschung auch von dem Phänomen eines »International Timurid Style« gesprochen wird.

Gegenspieler der Ilkhane und später der Timuriden im Westen waren die Mamlukensultane (1250–1517), die von Kairo aus über Ägypten und Syrien herrschten. Der letzte Aiyubidenherrscher, al-Malik as-Salih, hatte seine Macht auf eine Armee von Militärsklaven, arabisch *mamluk*, gestützt, die nach seinem Tod 1249 und der Ermordung seines Sohnes selbst die Macht übernahmen. Unter ihrer Führung entwickelte sich in der Folgezeit ein exklusives Herrschaftssystem in dem nur solche Personen in höchste Ämter oder an die Spitze des Reiches aufsteigen konnten, die als Sklaven nach Ägypten gekommen, dort militärisch ausgebildet, islamisch erzogen und schließlich freigelassen worden waren. Ihre Solidarität gehörte dem Herren, der sie ausgebildet und freigelassen hatte und von dessen politischen und militärischen Erfolgen sie ebenso profitierten, wie sie seine Misserfolge mittrugen. Mit diesem Modell gelang es zumindest in der Frühzeit mamlukischer Herrschaft, in Ägypten und Syrien Sicherheit und Ordnung wiederherzustellen. 1250 wurde unter mamlukischem Oberbefehl das Kreuzfahrerheer Ludwigs IX. des Heiligen im Nildelta vernichtend geschlagen, zehn Jahre später konnte der spätere Mamlukensultan Baibars den entscheidenden ersten Erfolg gegen die bis dahin als unbesiegbar geltenden Mongolen erringen und 1291 fiel mit Akkon die letzte Festung der Kreuzfahrer im Heiligen Land. Hinzu kam, dass der Mamlukensultan az-Zahir Baibars in einer klug kalkulierten Geste dem Neffen eines der letzten abbasidischen Kalifen, al-Mustansir II., in Kairo Asyl bot, so dass die Stadt ab 1261 Sitz des abbasidischen Kalifats war. Auch wenn die Kalifen in Kairo faktisch keinerlei politischen Einfluss besaßen, trug dies, ebenso wie die Schutzherrschaft über die Heiligen Stätten in Mekka und Medina, zur allgemeinen Anerkennung der mamlukischen Herrschaft bei.

Die wirtschaftliche Grundlage, die den Mamlukenherrschern ihre militärischen Einsätze ermöglichte, war der internationale Handel. Mit Alexandria und dem Zugang zum Roten Meer kontrollierten sie die Seeverbindungen zwischen Indischem Ozean und den aufblühenden italienischen, provenzalischen und katalanischen Handelszentren im Mittelmeer. Außerdem profitierten sie ab den ersten Jahrzehnten des 14. Jahrhunderts nach dem Friedensvertrag mit dem Ilkhan Abu Said von dem transkontinentalen Handel, der auf dem Landweg über die Seidenstraßen verlief. Der intensive Austausch von Waren und Objekten, der mit diesen Handelsbeziehungen einherging, prägte auch die künstlerische und handwerkliche Produktion des mamlukischen Ägyptens und Syriens, wenngleich weniger stark als im Iran, wo mit den Ilkhaniden und den Timuriden kulturell chinesisch-steppennomadisch geprägte Eliten an der Macht waren.

## *Architektur*

Das Mäzenatentum der Mamlukensultane und ihrer Emire konzentrierte sich auf Bauvorhaben. Neben dem Ausbau von Verteidigungsanlagen in den neu eroberten Gebieten und Maßnahmen zur Verbesserung der Infrastruktur ließen sie vor allem große Sakralkomplexe errichten, die mit kostbaren Objekten wie Lampen, Korankästen und Textilien ausgestattet waren. Fokus dieser Aktivitäten war Kairo. In den Provinzzentren Damaskus oder Aleppo wurde zwar ebenfalls im Auftrag der mamlukischen Aristokratie gebaut, doch die Stadt am Nil war von Anbeginn das politische und kulturelle Zentrum des Reiches, das im 13. und frühen 14. Jahrhundert eine Phase intensiver und dynamischer Entwicklung erfuhr. Diese herausragende Stellung und der massive Ausbau Kairos waren für die Entwicklung der mamlukischen Architektur von grundlegender Bedeutung. Sie hatte zur Folge, dass man immer wieder Werkleute aus den syrischen Provinzen des Reiches anwerben musste, um das Volumen und die Anzahl der Bauvorhaben in der Hauptstadt realisieren zu können. So entstanden aus der Zusammenarbeit der Kairener Baumeister mit den Werkleuten aus Aleppo und Damaskus Synthesen lokaler Regionalstile, die später wiederum von den regionalen Bauschulen rezipiert wurden. Dieses Anknüpfen an die Traditionen der existierenden aiyubidischen Bauschulen und der daraus resultierende wechselseitige Austausch sind jedoch nicht die einzigen Faktoren, die die mamlukische Architektur prägten. Grundlegende Bedeutung kommt auch jener Haltung zu, die Michael Meinecke als »historisierend« charakterisiert und die in dem bewussten Rückgriff auf vorbildhafte Baudenkmäler vormamlukischer Zeit zum Ausdruck kommt. Besonders augenfällig wird dies in dem Entwurf der sogenannten **Neuen Moschee**, die Sultan az-Zahir Baibars 1267–69 nördlich der Fatimidenstadt errichten ließ. Sie knüpft bewusst an mehrere für die islamische Geschichte Kairos bedeutsame Bauten an. So entsprach ihre Grundfläche den monumentalen Ausmaßen jener Moschee, die nach der islamischen Eroberung von Amr ibn al-As in Fustat erbaut worden war. Die Kuppel vor dem Mihrab hingegen zitierte die Kuppel über dem Mausoleum des Imam asch-Schafi'i, dem Gründer der in Ägypten bedeutendsten theologischen Rechtsschule. Die Verkleidung mit Marmor in den unteren und mit Mosaiken in den oberen Wandpartien schließlich lässt sich auf frühislamische Bauten wie den Felsendom oder die Prophetenmoschee in Medina beziehen.

An diesen und weiteren traditionellen Hauptkultbauten der islamischen Welt wie beispielsweise der Großen Moschee von Damaskus hatte az-Zahir Baibars umfassende Restaurierungen vornehmen lassen. Diese Maßnahmen waren eine wohlkalkulierte Geste – ebenso wie die Aufnahme des Abbasidenkalifen al-Mustansir II. – mit der er seine Reputation als rechtmäßiger Herrscher und guter Muslim beförderte. Doch auf die Summe aller Bauvorhaben bezogen bildeten diese Bauvorhaben nur einen geringen Anteil, das Gros der Baumaßnahmen wurde in Kairo durchgeführt. Ebenso wie auch seine direkten Nachfolger widmete Baibars dem systematischen Ausbau der Hauptstadt besondere Aufmerksamkeit. So ließ er die Zitadelle, die der Aiyubide Salah ad-Din 1171 südlich der ummauerten fatimidischen Stadt gegründet hatte, als repräsentative **Residenz** ausbauen. Neben Nutzanlagen, Kasernen und

Wohnbauten für die Familie des Herrschers und hoher Würdenträger entstand hier das »Goldene Haus«, ein reich ausgestatteter Palast, dessen Thronsaal als überkuppelter Zentralbau über zwölf Säulen errichtet und mit figürlichen Wandmalereien ausgestattet war. Außerdem wurde am Fuß des Zitadellenhügels das Gerichtsgebäude (*dar al-adl*) errichtet, sowie ein Pavillon, in dem die herrscherliche Musikkapelle zu festgelegten Zeiten spielte. Eine zweite Ausbauphase folgte wenig später in der zweiten Dekade des 14. Jahrhunderts. Sultan an-Nasir Muhammad ließ den Palastbereich um einen weiteren Palast erweitern, den sogenannten *qasr al-ablaq*, und erbaute den als Audienzhalle dienenden großen Iwan. Außerdem wurde in seinem Auftrag am Fuß des Zitadellenhügels ein Poloplatz mit Aussichtspavillons errichtet.

Der umfassende Ausbau der Zitadelle war für die Stadtentwicklung Kairos von weitreichender Bedeutung, da er einen Prozess der Umstrukturierung beförderte, der bereits unter den Aiyubiden begonnen hatte. Durch die Verlagerung der Residenz in die Zitadelle war im Zentrum der ummauerten fatimidischen Stadt das gesamte Areal der ehemaligen Fatimidenpaläste frei geworden, das nun schrittweise überformt wurde. Zunächst waren einige der Bauten noch von den Aiyubidenherrschern genutzt worden, doch unter den Mamluken wurden sie zunehmend in neuerrichtete Komplexe integriert oder aber abgerissen. Eine besonders einschneidende Veränderung der städtischen Topographie ergab sich außerdem aus der sukzessiven Überbauung von *bain al-qasrain*, des großen Platzes zwischen den beiden Fatimidenpalästen. Bereits der aiyubidische Sultan al-Malik al-Kamil hatte hier 1225 eine Medrese erbaut. In der Folge wurde der Platz durch weitere Bauten verengt, bis er schließlich nur noch ein Teil der großen, zwischen den Stadttoren Bab an-Nasr und Bab Zuwaila durchlaufenden Nord-Süd-Achse war. Diese Hauptverkehrsader war der bevorzugte Standort, an dem in der Folgezeit die großen

Sultansbauten entstanden. In dichter Folge wurden hier die Baukomplexe der Sultane Qala'un (1284–85), an-Nasir Muhammad (1295–1304) und Barquq (1384–86), die Medrese des Sultan Barsbai (1425), Medrese und Mausoleum des Sultans al-Ghauri (1501–04) und die Moschee des Sultans al-Mu'aiyad (1415–20) errichtet, die bis heute das Bild der Altstadt bestimmen.

Neben dem Ausbau der Zitadelle und den damit einhergehenden Umstrukturierungen in der Altstadt galt die besondere Aufmerksamkeit der mamlukischen Militäraristokratie in der ersten Hälfte des 14. Jahrhunderts der Errichtung imperialer Freitagsmoscheen. Unter der glanzvollen Regierung des Sultans an-Nasir Muhammad hatte die Bevölkerung in der Hauptstadt so stark zugenommen, dass der **Moscheebau** zu einer der primären Bauaufgaben wurde. In kurzer Folge entstanden die sogenannte Neue Moschee (1311–12) in Fustat, die Moschee im Palastbereich der Zitadelle (1318), die Moschee des Emirs Qausun (1329–30) und die Moschee des Emirs Altunbugha (1338–40). Sie alle zeigen den Grundrisstyp der Hofmoschee, wobei sie in den Details dem streng axialen Aufbau der Moschee des az-Zahir Baibars folgen. Der zentrale Hof wird von doppelten Arkaden eingefasst, den tiefen Gebetssaal mit parallel zur Qiblawand verlaufenden Schiffen akzentuiert eine große Kuppel vor dem Mihrab.

Eine zweite, in zahlreichen Anlagen umgesetzte Bauaufgabe war die Medrese. Mit ihr wurde in Kairo auch der Vier-Iwan-Grundriss eingeführt, der in der Folgezeit das Bild der mamlukischen Architektur wesentlich bestimmen sollte. Dieser für Kairo neue Grundrisstyp findet sich erstmals in der zwischen 1262 und 1263 erbauten Medrese des Sultans az-Zahir Baibars. Anders als die früheren Bauten derselben Funktion in Kairo, deren Grundriss zwei einander gegenüberliegende Iwane in der Hauptachse des Gebäudes zeigt, besaß sie vier axial um einen zentralen Hof angeordnete Iwane. Da der Vier-Iwan-Grundriss in Syrien weit verbreitet war, interpretiert Michael Meinecke diese Neuerung als Indiz für den Einfluss syrischer Baumeister.

In der Folgezeit wurde der Vier-Iwan-Grundriss zu immer neuen Varianten weiterentwickelt und abgewandelt. Eine monumentale Ausgestaltung erfuhr er in dem zwischen 1356 und 1362 errichteten **Medresenkomplex des Sultan an-Nasir Hasan**, der nach dem Bericht des Chronisten az-Zahiri den sagenhaften Taq-i Kisra in Ktesiphon an Größe und Pracht übertreffen sollte. Er umfasst neben einer Medrese sowie einer Moschee auch ein Mausoleum, das als Grablege des Bauherrn geplant, aber nie genutzt wurde. Am Fuß der Zitadelle, direkt unterhalb des Palastes gelegen, war die freistehende Anlage neben dem Hippodrom und dem Pferdemarkt an einem der prominentesten Plätze der Stadt platziert und bietet mit dem mächtigen Portalbau und der von ursprünglich zwei Minaretten flankierten Kuppel des Mausoleums bis heute einen beeindruckenden Anblick. Den Kern des Komplexes bildet ein großer, annähernd quadratischer Hof, der an vier Seiten von großen Iwanen eingefasst wird (Abb. 14, s. S. 226). Der im Südosten gelegene Qibla-Iwan ist durch Gebetsnische und Minbar sowie durch seine größere Tiefe und Breite als Gebetsraum ausgezeichnet. An seiner Rückseite gelangt man durch zwei rechts und links des Mihrab gelegene Durchgänge in das Mausoleum, das durch seine Ausmaße beeindruckt. Der quadratische Raum hat eine Seitenlänge von etwa 21 Metern und war ursprünglich von einer hölzernen, mit Blei gedeckten Kuppel überfangen, die 1661 einstürzte und später in veränderter Form wiederaufgebaut wurde. Weitere Durchgänge in den Hofecken führen in vier abgeschlossene, um einen kleinen Innenhof angeordnete Wohnanlagen. Hier waren auf vier Geschossen die 400 Studenten untergebracht, die in der Medrese unterrichtet wurden.

Die Monumentalisierung des Vier-Iwan-Schemas, die in der Hasan-Medrese umgesetzt wurde, blieb in der Kairener Baugeschichte einmalig, ebenso wie der axiale Bezug von

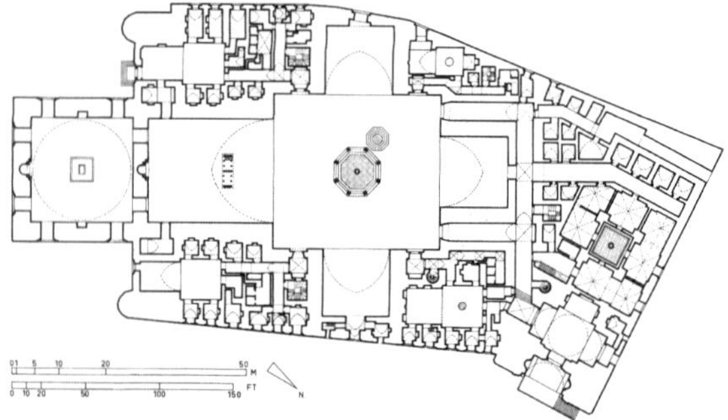

*Abb. 14.* Moschee, Mausoleum und Medrese des Sultans Hasan, Kairo, 1356–63, Grundriss

Mausoleum und Qibla-Iwan und die Doppelminarettfassade. Die Dimensionen der später entstandenen Bauten sind deutlich bescheidener, was unter anderem durch die zunehmende Verknappung von Baugrund im Innenstadtbereich bedingt war. Dies hatte außerdem zur Folge, dass man zahlreiche Grundrissvariationen entwickelte, die eine optimale Nutzung des zur Verfügung stehenden Raumes erlaubten. So wurde der Hof häufig mit einer flachen Holzdecke abgeschlossen und somit zu einem Innenraum umgewandelt. Oder einer der Iwane, meist der dem Qibla-Iwan gegenüberliegende, wurde zu einer Nische verkürzt, um Raum zu sparen.

Die Einführung und nachfolgende Weiterentwicklung des Vier-Iwan-Schemas ist nur ein Beispiel für jene wechselseitige Beeinflussung syrischer und Kairener Bautraditionen, die so maßgeblich für die Entwicklung der mamlukischen Architektur war. Besonders augenfällig wird die stilbildende Bedeutung dieser Beziehungen auch in den verschiedenen Techniken und Bestandteilen des Baudekors.

Da auch in Kairo Haustein zumindest an den exponierten Gebäudeteilen das bevorzugte Baumaterial war, basierten sowohl in Syrien wie auch in der Hauptstadt die verschiedenen Dekortechniken auf der Steinbearbeitung oder der Kombination verschiedenfarbiger Steine. Eindeutig um einen syrischen Import handelte es sich bei der Technik, Fassaden ganz oder teilweise aus farblich alternierenden Steinlagen (*ablaq*) aufzumauern. So ließ az-Zahir Baibars für die Errichtung seines *qasr al-ablaq*, also des gestreiften Palastes, sowohl Bauhandwerker als auch das farbintensive Steinmaterial aus Syrien importieren. Und auch für den 1342–45 auf der Zitadelle erbauten **Palast des Sultans as-Salih Isma'il** wurden rote und weiße Steine aus Syrien importiert, nachdem der Bauinspektor zuvor in das syrische Hama gereist war, um vor Ort den vorbildlichen Palast eines Aiyubidenfürsten zu studieren. Ein zweites, für den mamlukischen Architekturdekor charakteristisches Element hingegen nahm den umgekehrten Weg. Eine Spezialität der hauptstädtischen Baumeister waren farblich kontrastierende Marmorinkrustationen, die im Gegensatz zum *ablaq* im Innenraum angebracht wurden. Hier wurden vor allem die Sockelzonen, aber auch hervorgehobene Bauteile wie beispielsweise Mihrab oder Minbar mit kleinteilig gemusterten, geometrischen Marmoreinlagen verziert. Den hauptstädtischen Marmorinkrustationen vergleichbare Arbeiten wurden unter der Regierung des Gouverneurs Tankiz auch an einigen Bauten in Syrien angebracht, was Michael Meinecke als Indiz für das Wirken einer Wanderwerkstatt Kairener Dekorspezialisten interpretiert. Auf den ägyptischen Raum begrenzt waren hingegen die flachen Steinreliefs, die vor allem in spätmamlukischer Zeit zunehmend an die Stelle der farbigen Steinanlagen traten. Sie wurden in einem zweiten Arbeitsgang auf dem Baumaterial selbst, also auf den in Haustein errichteten Partien eines Gebäudes angebracht. Dabei blieb der Dekor stets der Architektur untergeordnet, insofern als er der Akzentuierung bestimmter Bauteile wie Portal, Minarett, Kuppel oder – im Innenraum – Gebetsnische diente. Besonders charakteristisch ist dieser Reliefdekor für die Gestaltung der spätmamlukischen Mausoleen. Die äußeren Kuppelschalen der ansonsten stark standardisierten Bauten wurden durch großformatige horizontale Zackenschraffuren, Flechtmuster oder Rankensysteme individualisiert. Das Vorbild für diese Form des Baudekors, für den sich in Ägypten keine Vorläufer finden lassen, lieferte möglicherweise der iranische Kulturkreis. Dort finden sich etwa zeitgleich ebenfalls Kuppeln mit großformatigen Mustern, die hier allerdings nicht in Stein, sondern in den in Iran üblichen farbigen Fliesen ausgeführt sind.

In der Summe bildeten Austauschbeziehungen zwischen mamlukischem Baugeschehen und der zeitgleichen iranischen Architektur allerdings eher die Ausnahme. Zwar lässt sich zwischen 1330 und 1350 an Kairener Bauten das Wirken ilkhanidischer Spezialisten für keramische Baudekors nachweisen – etwa an den Minaretten der Moschee des Emirs Qausun an-Nasiri (1330) oder dem Minarett der Zitadellenmoschee (1336) – doch grundsätzlich bedingten die abweichenden Rahmenbedingungen im Iran eine andere Entwicklung als in Ägypten und Syrien. Mit den Ilkhaniden war eine Dynastie an die Macht gekommen, deren Vertreter vor allem in der Frühzeit die nomadische Lebensweise der Mongolen weiterführten. Der Hof der Ilkhane war nicht an ein Zentrum gebunden, wie im mamlukischen Reich Kairo, sondern zog zwischen wechselnden Sommer- und Winterquartieren hin und her. Bevorzugte Großregion dieser saisonalen Wanderbewegungen war Aserbaidschan im Nordwesten des heutigen Iran. Diese Situation änderte sich geringfügig, als der siebte Ilkhan, Ghazan Khan, zum Islam konvertierte und umfangreiche Reformen in Angriff nahm. Nun wurde Täbris, das zunächst lediglich als eines der herrscherlichen Sommerlager gedient hatte, die erste Hauptstadt des ilkhanidischen Reiches, von der aus die administrative Neustrukturierung des Reiches geleitet wurde. Trotzdem behielten die Herrscher selbst die Gewohnheit bei, saisonal unterschiedliche Residenzen aufzusuchen.

Wie bereits die mongolischen Khane, wurden auch die Ilkhanherrscher bei ihren Bewegungen von einem zum nächsten temporären Quartier von ihrem gesamten Haus- und Hofstaat begleitet. Die Infrastruktur, die man vor Ort benötigte, wurde zum Teil mittransportiert, teilweise existierten in den jeweiligen Quartieren aber auch feste Strukturen. So ließ Ghazan Khan 1302 in dem südöstlich von Täbris gelegenen Ujan einige Pavillons, Bäder und Türme bauen, bevor man schließlich auch ein großes Zelt aufbaute. Die Quellen berichten, dass der Aufbau der als **»Goldenes Zelt«** bezeichneten temporären Architektur über einen Monat in Anspruch genommen habe. Solche Berichte über Zelte von kaum vorstellbaren Dimensionen, die bis zu zweitausend Menschen fassten, finden sich bei den zeitgenössischen Chronisten und auch in den Berichten europäischer Reisender mehrfach. Sie bestanden teilweise aus mehreren Raumeinheiten – Vestibül und Hauptzelt – waren aus farbigen, teilweise golddurchwirkten Stoffen angefertigt, reich ausgestattet und wurden von vergoldeten oder mit goldenen Nägeln beschlagenen Pfosten getragen.

Parallel dazu erbauten die Ilkhaniden-Herrscher jedoch auch große, permanente Palastanlagen. Ein solcher Sommerpalast hat sich etwa 230 km südlich von Täbris erhalten. In einmaliger landschaftlicher Lage auf 2400 Metern Höhe ließen Abaqa Khan (1265–82) und sein Sohn Arghun auf den Überresten eines sassanidischen Feuertempels einen ausgedehnten Palastkomplex errichten. Die Anlage, die heute als **Takht-i Sulaiman**, Thron des Salomo, bekannt ist, liegt auf einem durch stark mineralhaltige Quellen aufgebauten Kegelstumpf, der etwa 50 Meter über die umgebende Ebene hinausragt. In der Mitte der Anhöhe liegt ein runder See von rund 100 Metern Durchmesser, dessen Wasser gleichbleibend eine Temperatur von etwa 20° aufweist und aufgrund des hohen Mineralgehalts nicht genießbar ist. Er bildete bereits das Zentrum des noch im Mittelalter berühmten, sassanidischen »Feuerheiligtum des Hengstes«, *Atur Gushnasp*, auf dessen verfallenen Grundmauern Abaqa Khan seine Sommerresidenz errichten ließ. Die ursprüngliche sassanidische Anlage setzte sich aus zwei großen quadratischen Arealen zusammen, die von einer Ringmauer eingefasst wurden. Im Norden befand sich der eigentliche Tempelbezirk, im Süden bildete der See mit umgebenden Arkaden einen Hofbezirk. Diese Grundstruktur behielt man grundsätzlich bei, als man den Palast errichtete. Allerdings verlegte man – mongolischer Sitte entsprechend – den Haupteingang von Norden nach Süden. Zentrum der neuen Anlage war nun der um den See angelegte, von Arkaden eingefasste Hof von 125 mal 150 Metern (Abb. 15). An seinem nördlichen Ende errichtete man über den Resten des ehemaligen Feuertempels einen zweigeschossigen Kuppelsaal, dessen oberes Geschoss auf Holzsäulen ruhte und den Blick auf den See freigab. Ihm war ein mächtiger Iwan von 17 Metern Breite vorgelagert. Zwei weitere Iwane waren jeweils in den nördlichen Hofecken platziert, ein vierter am südlichen Ende des Hofes. Der durch seine größere Tiefe ausgezeichnete West-Iwan fungiert als Vorraum zu einer anschließenden Querhalle, die ihrerseits von zwei oktogonalen Räumen flankiert wird. Weitere Räume mit unterschiedlichen Grundrissen und einfacherer Ausstattung waren an der Westseite des Hofes angeordnet.

Durch ihre Dimensionen und die reiche Ausstattung zeichnen sich die im Norden und Nordwesten gelegenen Räumlichkeiten deutlich als der repräsentative Wohn- und Empfangsbereich des Herrschers aus. Besonders im Bereich des West-Iwan fand man bei den archäologischen Ausgrabungen, die zwischen 1959 und 1978 durchgeführt wurden, so große Mengen an Stuck und unterschiedlichen Fliesen, dass sich das Dekorprogramm weitgehend rekons-

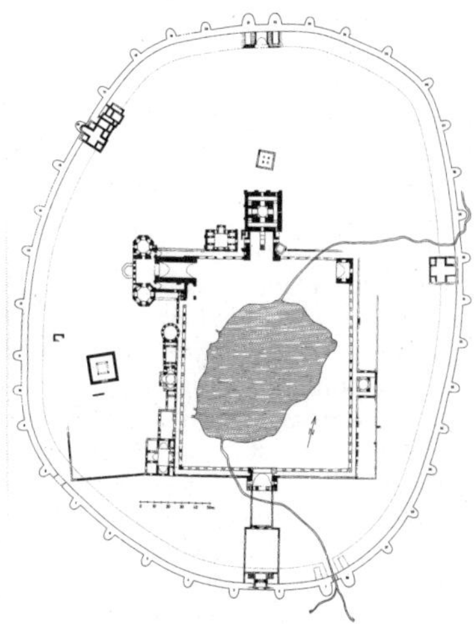

*Abb. 15.* Jagdpalast des Abaqa Khan, Takht-i Sulaiman, 13. Jh., Grundriss

truieren lässt. So wurde bemalter und reliefierter Stuck für Muqarnasverkleidungen der Gewölbe und Kuppeln verwendet, während die oberen Bereiche der Wände mehrfarbig bemalt waren. Die Sockelpartien hingegen waren mit in unterschiedlichen Techniken hergestellten Fliesen verkleidet. Große Flächen oder am Außenbau befindliche Partien wurden mit einfachen Serienfliesen verkleidet. Hier verwendete man entweder einfarbig in Türkis- oder Kobaltblau glasierte Fliesen mit Reliefdekor oder teilglasierte Fliesen, die, in Serie versetzt, großformatige Flechtmuster bilden. Auf die intimeren Innenräume begrenzt war hingegen die Verwendung der aufwendigeren Techniken. In den Bereichen der Querhalle und der angrenzenden Oktogone fanden sich lüsterbemalte Fliesen, einfarbig glasierte Fliesen mit Goldauflage und kobaltblau glasierte Fliesen mit polychromem Aufglasurdekor (*ladschwardina*). Alle diese verschiedenen Fliesen wurden nachweislich vor Ort hergestellt, in einer lokal eingerichteten Keramikwerkstatt, die die Ausgräber bei ihren Arbeiten ausfindig machen konnten. Dabei verwendete man ausschließlich Techniken, die im Iran bereits in vormongolischer Zeit bekannt waren. Während somit der technische, ausführende Bereich von Kontinuität geprägt ist, manifestiert sich im formalen Repertoire beispielhaft jener Syntheseprozess chinesisch-mongolischer und iranischer Traditionen, der die ilkhanidische Kunst so stark prägte. So zeigen die Lüsterfliesen im Stil der vormongolischen Kaschankeramiken Szenen aus dem *Shahname*, gerahmt von schmalen Inschriftenbändern, die Texte aus dem Epos zitieren. Diesen Zitaten aus dem iranischen Nationalepos werden solche Motive gegenübergestellt, die im chinesischen Kulturraum in den Bereich der Herrscherikonographie gehören oder denen glücksbringende Bedeutung zugeschrieben wird. So finden sich insbesondere auf den Reliefﬂiesen als verbreitete Motive der Drache ebenso wie Phönix, Lotusblüte, Päonie (Pfingstrose) und Löwe.

Das Anknüpfen an iranische architektonische Traditionen, das sich in Takht-i Sulaiman in der Organisation der Palastanlage um einen zentralen Hof mit vier Iwanen zeigt, kennzeichnet die ilkhanidische Architektur auch in anderen Bereichen. Im Moscheebau griff man ebenfalls Lösungen auf, die sich bereits unter den Seldschuken als Standard durchgesetzt hatten. Neuerrichtete Moscheen wie die 1322 datierte **Große Moschee von Varamin** wurden vorzugsweise nach dem Vier-Iwan-Grundriss erbaut, mit zentralem Hof, vier axial angeordneten Iwanen, zwischen denen eingeschossige Arkaden umlaufen, und einem quadratischen, überkuppelten Raum hinter dem Qibla-Iwan. Und auch im Grabbau entwickelte man jene Typen weiter, die in der Baukunst des vormongolischen Iran bereits eine lange Tradition hatten. So ist das monumentale Mausoleum, das der Bruder und Nachfolger des Ghazan Khan, Öljeitü, in seiner neuen Hauptstadt Sultaniya errichten ließ, eine konstruktiv subtile Variante des Typs des überkuppelten Kubus. Der Hauptsaal auf oktogonalem Grundriss wird von einer mächtigen Kuppel von 25 Metern Durchmesser und einer Höhe von 53 Metern überfangen. Sie ruht auf acht Bögen, die in acht tief abgetreppte Nischen mit darüberliegenden Emporen überleiten. Über diesen verläuft eine von innen nicht sichtbare Galeriezone. Von außen gesehen bildet diese Galeriezone mit den hohen, in Dreiergruppen gestaffelten Bogenöffnungen den optischen Übergang zwischen den darunter befindlichen Wandflächen und der Kuppel. Diese wurde ursprünglich gerahmt von acht Minaretten, die auf den Ecken des Sockelbaus aufsitzen, heute jedoch nur noch als abgebrochene Stümpfe emporragen.

Die kreative Weiterentwicklung bestehender Formen und technischer Lösungen zeigt sich auch im ilkhanidischen Baudekor. Hier experimentierte man mit Möglichkeiten der farbigen Gestaltung durch mehrfarbig bemalte reliefierte Stuckverkleidungen und mit farbig glasierten Fliesen und Ziegeln. Im Gegensatz zu der vormongolischen Architektur, in der glasierter Baudekor fast ausschließlich auf Innenräume beschränkt war, begann man nun zunehmend auch auf Außenmauern mit glasierten Fliesen oder Ziegeln zu arbeiten. So wurde die Kuppel des **Mausoleums des Öljeitü** mit türkisfarben glasierten Ziegeln verkleidet, wobei man im unteren Bereich bereits jenes Verfahren verwendete, das später zu einem Kennzeichen der timuridschen Architektur werden sollte. Bei der sogenannten *banna'i*-Technik werden türkis und kobaltblau glasierte Ziegel im Wechsel mit unglasierten Ziegeln zu großformatigen geometrischen Mustern oder geometrisch stilisierten Inschriften versetzt. Dieselbe Technik wandte man auch bei der Gestaltung eines zweiten, in ilkhanidischer Zeit errichteten Grabkomplexes an. Die Kuppel und das Minarett des 1307 zu Ehren des Sufi-Scheichs Abd as-Samad erbauten Grabkomplexes sind ebenfalls mit türkisfarbenen Ziegeln in *banna'i*-Technik verkleidet. Am Portal hingegen sind unterschiedlich geformte, in Kobaltblau und Türkis glasierte Formteile mit unglasierten Elementen zu kleinteiligen Muster- und Inschriftenbändern zusammengesetzt, wobei nicht nur die eigentliche Fassade, sondern auch die tiefe, von Muqarnas überfangene Nische farbig reich gestaltet wurde.

Das Bestreben, Oberflächen durch Reliefierung, Muqarnaskonstruktionen oder glänzende keramische Verkleidungen optisch aufzubrechen und dadurch ihre Materialität gleichsam aufzulösen, kennzeichnet auch die Architektur des zweiten mongolisch-iranischen Großreiches der Timuriden. Die monumentalen Großbauten, die noch unter der Herrschaft des Dynastiengründers Timur entstanden, aber auch die Bauten, die seine Nachfolger, insbesondere Schahrukh und seine Frau Gauhar Schad errichten ließen, beeindrucken durch die technische und formale Vielfalt ihres keramischem Baudekors. Schon bei der Fassadengestaltung des monumentalen **Palastes**, den Timur ab 1379 in seiner Heimatstadt **Schahr-i Sabz** errichten ließ, scheint der glasierte Baudekor die Außenwirkung entscheidend bestimmt zu haben. Zwar stehen heute nur noch Überreste des mächtigen, von dreiviertelrunden Pylonen flankierten Eingangsportals, doch diese zeigen eine reich gegliederte, flächendeckende Verkleidung in Kobaltblau, Türkis und Weiß. Und auch viele der Mausoleen der Nekropole von Samarkand, Schah-i Zinda, die etwa zeitgleich stark ausgebaut wurde, sind an ihren Schauseiten vollständig mit keramischen Baudekors verkleidet. Dem aufmerksamen Betrachter bietet sich hier eine regelrechte Schausammlung keramischer Techniken. Modelgeformte oder geschnittene Formteile mit Reliefdekor wurden zu Inschriftenbändern zusammengefügt, in Muqarnasnischen eingepasst oder zu tordierten,

d. h. gedrehten Säulchen zusammengesetzt. Größere glatte Flächen erhielten eine in Unterglasurtechnik bemalte Verkleidung oder wurden mit geometrischen Mustern aus unterschiedlich glasierten, kleinen Rechteckfliesen überzogen. Zugleich erweiterte die Einführung einer neuen Technik die Farbpalette der Dekors. Um das Problem zu umgehen, dass verschiedenfarbige, auf einem Werkstück nebeneinander aufgetragene Glasuren beim Brand ineinanderfließen, trennte man diese durch eine feine Unrisslinie aus Manganoxid voneinander ab. Diese fadendünne, unglasierte Linie gab der Technik ihren Namen, *cuerda-seca*, was so viel bedeutet wie ›trockener Faden‹. Im iranischen Raum hingegen bezeichnet man das Verfahren nach seiner breiten Farbpalette als *haft-rangi*, siebenfarbig. In Schah-i Zinda sind es vor allem die beiden Farbtöne Gelb und Grün, die dank dieser technischen Neuerung eingeführt werden können und entscheidend zum Gesamteindruck beitragen.

Neben dem reichen keramischen Baudekor ist ein weiteres Charakteristikum insbesondere der noch unter dem Dynastiegründer entstandenen timuridischen Architektur ihre Monumentalität. Dabei sind die gigantischen Dimensionen der Bauten durchaus programmatisch zu verstehen. Bauvorhaben wurden gezielt geplant, um ein ideologisches Konzept augenfällig zu machen. Dies wird bereits in dem systematischen Ausbau von Timurs neuer Hauptstadt Samarkand deutlich. Hier wurden die Vorstädte, die das Zentrum umgaben, nach den großen Städten der islamischen Welt benannt, die Timur erobert hatte. Die Reichsmetropole wurde somit zum Abbild der von ihm beherrschten Welt. Die monumentale Krönung dieser in Raumordnung umgesetzten Machtdemonstration sollte die zwischen 1394 und 1404 im Zentrum Samarkands erbaute **Bibi-Khanum-Moschee** werden. Um den Bau in möglichst kurzer Zeit zu vollenden, wurden Arbeiter aus verschiedenen Reichsteilen zusammengezogen. So waren nach einem Bericht des Chronisten al-Yazdi unter anderem 200 Steinmetzen aus

Aserbaidschan, Iran und Indien an den Arbeiten beteiligt, 500 weitere Arbeiter waren in den Steinbrüchen außerhalb der Stadt beschäftigt, und für den Transport der Steine wurden 95 Elefanten eingesetzt. Doch statische Probleme in Verbindung mit den in Zentralasien häufigen Erdbeben haben das Resultat dieses Aufwandes weitgehend zerstört. Von dem gewaltigen Bau, der sich ursprünglich auf einer Fläche von 109 mal 167 Metern erhob, stehen nur noch Teile des Eingangsportals, die in der Querachse des Hofes angeordneten Kuppelbauten, der Qibla-Iwan mit anschließendem Kuppelraum sowie eines der vier Minarette, die sich ursprünglich auf den Ecken des Gevierts erhoben.

Konstruktiv zeigen die Überreste der Bibi Khanum-Moschee noch nicht jene Neuerungen, die den Innenräumen zahlreicher anderer timuridischer Bauten ihre charakteristische Raumwirkung verleihen. Die drei noch erhaltenen Kuppelbauten sind nach dem klassischen Schema aufgebaut. Den Übergang vom quadratischen Baukörper zum Kuppelrund bilden über die Ecken gesetzte Trompen, und ein achteckiger Tambour. Gänzlich andere Lösungen finden sich hingegen in dem ebenfalls in Timurs Auftrag errichteten **Memorialkomplex in Turkestan**, dem heutigen Jassy. Der 1389–99 entstandene Bau wurde über der Grabstätte des Mystikers Ahmad Yassawi errichtet und diente als Pilgerzentrum. Die freistehende, kompakte Anlage besteht aus einem monumentalen Portalbau, der einen ähnlichen Aufbau zeigt, wie die Hauptportale der Bibi Khanum Moschee oder des Palastes in Schahr-i Sabz. An diesen Torbau schließen in der Längsachse des Gebäudes eine zentrale Versammlungshalle und das Mausoleum an. Um die zentrale Raumfolge sind auf zwei Geschossen zahlreiche Nebenräume angeordnet, die dem Aufenthalt, der Unterkunft und Versorgung der Pilger dienten. Während die Korridore, die diese Räume verbinden, als einfache Tonnengewölbe mit unterschiedlichen Profilen konstruiert wurden, lassen die Räume selbst unterschiedlichste Wölbtechniken erkennen. Das entscheidende Prinzip, das viele dieser Konstruktionen verbindet, ist die Verwendung von Gurtbögen oder einander überschneidenden Bogenpaaren, die als Auflager für eine Kuppel dienen. Auf diese Weise war es möglich, auch längsrechteckige Räume durch mehrere hintereinander angeordnete Kuppeln zu überdachen. Spätere timuridische Bauten wie das 1425–27 errichtete Mausoleum des Mystikers Abdullah Ansari in Herat, entwickelten dieses Schema weiter, indem die Zwickel im Überschneidungsbereich der Bogenpaare prismatisch aufgebrochen wurden. Auf diese Weise entstanden Innenräume, die trotz ihrer Höhenentwicklung von schwebender Leichtigkeit sind.

## *Objekt- und Buchkunst*

Im Bereich der Objektkunst nahmen im 13. und 14. Jahrhundert sowohl in Ägypten als auch im Iran **Metallarbeiten** einen herausragenden Platz ein. Technisch gesehen setzen die Arbeiten, die in diesem Zeitraum entstanden, jene Tradition fort, die von der Forschung mit der Stadt Mosul in Verbindung gebracht wird. Die aus Messingblech getriebenen Objekte tragen einen flächendeckenden Dekor aus Silber- und Goldeinlagen, dessen Komposition klare Bezüge zu den früheren luxuriösen Metallarbeiten des syromesopotamischen Raumes erkennen lassen. Unterschiede zeigen sich vor allem in Details der Formensprache. Das Repertoire der mamlukischen Metallarbeiten, die in Werkstätten in Damaskus und Kairo entstanden, umfasst neben den traditionellen stilisierten Rankenmustern nun auch Motive, die aus dem ostasiatischen Raum stammen. Besonders verbreitet sind großformatige Lotusblüten und ein im Flug dargestellter Vogel, möglicherweise ein Phönix. Diese Motive werden zunächst noch mit figürlichen Szenen kombiniert, ab dem 14. Jahrhundert ersetzen großformatige Inschriften die Darstellungen thronender Herrscher und ihres Hofstaates. Sie werden häufig begleitet von runden Wappen, deren Embleme Auskunft geben über die offizielle Funktion, die der Besitzer des Objektes am Hof ausübte.

Das Dekorrepertoire der iranischen Metallarbeiten hingegen ist sehr viel stärker von chinesisch-mongolischen Formentraditionen geprägt. Dies manifestiert sich nicht nur in der größeren Anzahl importierter Motive, wie Lotusblüte, Päonie, Drache und Phönix, sondern auch in der Ausstattung der dargestellten figürlichen Szenen. Die charakteristischen, langgliedrigen Personen tragen mongolische Trachten und die phantastischen Kopfbedeckungen, die am ilkhanidischen Hof Mode waren.

Vermittelt wurde der Motiv- und Mustertransfer, der in den Metallarbeiten aufscheint, vor allem über **Textilien**. Sowohl im mamlukischen Ägypten als auch im ilkhanidischen Iran schätzte man Luxustextilien als Statussymbol ebenso wie als Kapitalanlage und Handelsgut. Welche Rolle in diesem Zusammenhang ägyptische oder syrische Werkstätten als Produzenten luxuriöser Seidenstoffe spielten, ist beim derzeitigen Forschungsstand allerdings kaum zu beantworten. Viele der vor Ort gefundenen Fragmente können aufgrund technischer Merkmale als nicht-mamlukische Produktionen identifiziert werden, die entweder über den Handel oder als diplomatische Geschenke aus Zentral- und Ostasien in das mamlukische Reich gelangten. Sehr viel besser informiert ist man hingegen über die Produktionsumstände jener Textilien, die in den mongolisch beherrschten Zentren des Ostens entstanden. Hier war die Wertschätzung von Luxustextilien allerdings keineswegs auf chinesische Produktionen beschränkt. Besonders begehrt waren am mongolischen und ilkhanidischen Hof vielmehr die in iranischen Werkstätten produzierten goldbroschierten Stoffe. Ihre Produktion und Verteilung wurde durch ein eigens eingerichtetes Verwaltungsbüro kontrolliert und zentral organisiert. In diesem Zusammenhang wurden große Gruppen iranischer Textilhandwerker aus den eroberten muslimischen Gebieten abgezogen und in die mongolischen Verwaltungszentren in Nordchina umgesiedelt. Zugleich siedelte man in Zentralasien chinesische Textilhandwerker an. Diese gezielten wirtschaftspolitischen Maßnahmen hatten zur Folge, dass gemischte Werkstätten entstanden, in denen chinesische, uigurische, zentralasiatische und iranische Meister Stoffe produzierten, die technisch und in ihrer Formensprache eine Synthese ihrer jeweiligen Traditionen darstellen.

Weitere begehrte Handelsartikel, die als Katalysator des Motiv- und Mustertransfers fungierten, waren **Keramiken**. Ibn Battuta, der Anfang des 14. Jahrhunderts China bereiste, beschreibt den Markt von Kanton, von wo aus Keramik bis nach Indien, in den Jemen und sogar nach Nordafrika exportiert wurde. Neben dem graugrün glasierten Seladon, einem hoch gebrannten Steinzeug, schätzten die Kunden in der islamischen Welt vor allem das Blauweißporzellan, das seit etwa 1325 speziell für den Export hergestellt wurde. Nicht selten zeigen diese yuanzeitlichen Porzellane Formen und Dekors, die charakteristisch sind für mamlukische Metallarbeiten. Auf einigen finden sich sogar arabische Inschriften, deren Ausführung deutlich zeigt, dass sie von jemandem geschrieben wurden, der das Arabische eigentlich nicht beherrscht. Und auch die reichen Funde chinesischer Keramik in Alt-Kairo oder Damaskus belegen, dass der Export für die chinesischen Werkstätten einen gewinnträchtigen Anreiz darstellte, dem man mit einer solchen kundenorientierten Gestaltung der eigenen Produkte entgegenkam. Für die ägyptische und syrische Keramikproduktion hingegen muss die Beliebtheit der chinesischen Blauweißporzellane eine ernstzunehmende Konkurrenz dargestellt haben, der man dadurch begegnete, dass man in den eigenen Erzeugnissen Farbgebung und Dekor der chinesischen Porzellane nachahmte.

Das gleiche Phänomen lässt sich im 15. Jahrhundert auch

im timuridischen Iran beobachten. Funde chinesischer Blauweißporzellane in Samarkand belegen, dass man auch hier die feine chinesische Keramik schätzte und importierte. Zugleich beweisen Funde timuridischer Blauweißkeramiken in Nischapur, Ribat-i Malik, Herat und weiteren Zentren des timuridischen Reiches aber auch, dass die einheimischen Werkstätten die Mode der Blauweißkeramiken aufgriffen und eigene Versionen produzierten. Eine genaue Analyse dieser timuridischen Varianten ist sehr aufschlussreich hinsichtlich der Mechanismen von Transformationsprozessen. Sie zeigt, dass Muster und Motive häufig vereinfacht wiedergegeben beziehungsweise reduziert wurden, indem man Details wegließ, sie wurden durch Geometrisierung oder Stilisierung neu interpretiert und fremde vegetabile Motive durch bekannte ersetzt.

Besonders tiefgreifende und nachhaltige Veränderungen bewirkten die intensiven Kontakte zwischen Ostasien und der islamischen Welt im Bereich der **Malerei**. Dies trifft allerdings nicht auf die Situation im mamlukischen Ägypten zu. Hier kopierte und illustrierte man weiterhin die Texte, die bereits Anfang des 13. Jahrhunderts bebildert worden waren, wobei man die tradierten Kompositionen weitgehend übernahm. Und auch die Illustrationen von Texten, die Mitte des 14. Jahrhunderts erstmalig illustriert wurden, wie die Fabeln des Ibn Zafar oder zoologische Handbücher, orientierten sich stilistisch und ikonographisch an den älteren Vorbildern. Ganz anders hingegen entwickelte sich die Situation im Iran. Auch hier hatte man in den ersten Jahrzehnten nach der Eroberung Bagdads zunächst illustrierte Manuskripte produziert, deren Inhalte, Kompositionen und Stil an vormongolische Traditionen anknüpfen. Doch ab etwa 1290 zeichnet sich eine Reihe grundlegender Veränderungen ab, die darauf schließen lässt, dass die Funktion illustrierter Bücher eine tiefgreifende Wandlung erfuhr. So entstanden nun großformatige Prachthandschriften, die offensichtlich einem höfischen Kontext zuzuordnen sind und programmatisch-propagandistische Intentionen vermuten lassen. Außerdem wurde die Palette an Texten, die nun in bebilderten Ausgaben produziert wurden, deutlich erweitert. Zusätzlich zu den bekannten Werken illustrierte man jetzt auch Epen, Enzyklopädien, lyrische oder panegyrische Prosa und historische Texte. Für die Praxis buchkünstlerischer Gestaltung bedeutete dies, dass Maler, Illuminatoren und Kalligraphen mit Themen und Fragestellungen konfrontiert wurden, für die in ihren eigenen Werkstatttraditionen keine Vorbilder existierten. Diesen Herausforderungen begegnete man in den verschiedenen Zentren, in denen illustrierte Bücher produziert wurden – Bagdad, Isfahan, Schiras, Täbris, Maragha –, mit unterschiedlichen Lösungen.

In Maragha im Nordwesten des heutigen Iran wurde zwischen 1297 und 1300 das *Über den Nutzen der Tiere* betitelte Bestiarium des Ibn Bakhtischu illustriert. Die großformatige Prachtausgabe enthält insgesamt 103 Illustrationen, von denen elf später zugefügt oder überarbeitet wurden. Die Abbildungen nehmen ein Drittel bis zur Hälfte der 35,5 mal 28 cm messenden Seiten ein und zeigen – einzeln oder paarweise – die in den zugehörigen Textpassagen beschriebenen Tiere. Sie sind entweder von Büschen, Gräsern und Bäumen gerahmt oder in eine vergleichsweise komplexe Landschaft eingestellt. Dabei tritt anstelle des Grasstreifens, der in der Malerei des 13. Jahrhunderts als Grundlinie diente, nun der hohe Horizont. Das halbe Bildfeld wird farbig angelegt und mit Elementen wie Grasbüscheln, Steinen, einem Wasserlauf oder Ähnlichem ausgefüllt. Dieses Interesse für Landschaftsschilderungen ebenso wie Details der Ausführung wie beispielsweise die eingehende Darstellung der knorrigen Rinde eines Baumstammes oder die fedrig gezogenen Halme eines Grasbüschels lassen deutliche Bezüge zur chinesischen Tuschemalerei der südlichen Sung-Dynastie erkennen. Und auch eine weitere Neuerung, die sich in einigen Illustrationen der Handschrift beobachten lässt, weist in diese Richtung. Anders als die Malerei des 13. Jahrhunderts, die ihre Bildelemente ohne Rahmen in einem Freiraum zwischen die Textzeilen auf einer Grundlinie anordnet, sind die Illustrationen nun durch einen fein gezeichneten Rahmen vom Text abgesetzt. Diese scheinbare Marginalie offenbart sich bei eingehender Betrachtung als ein grundlegender Wechsel der Bildauffassung. Die Hinzunahme eines Rahmens lässt ein autonomes Bildfeld entstehen, das dem Illustrator völlig neue Möglichkeiten bietet und den Betrachter zu bislang unbekannten Assoziationen anregt. Das Bildfeld kann nun zum Ausschnitt aus einem nicht sichtbaren Ganzen werden. Indem Bildelemente nicht vollständig, sondern nur angeschnitten dargestellt werden, wird ein Bezug hergestellt zwischen dem innerhalb des Rahmens Dargestellten und einem imaginären Außen. Den Hintergrund für diesen so grundsätzlichen Wandel in der Bildauffassung bildet möglicherweise die Seherfahrung, die aus dem Betrachten chinesischer Rollbilder resultiert. Diese werden zum Anschauen langsam abgerollt, so dass der Betrachter immer nur einen Ausschnitt der ganzen Rolle sieht.

Auf welche Weise die Kenntnis chinesischer malerischer Konventionen, Sujets und Formen der Rezeption in die islamische Welt vermittelt wurden, lässt sich bis heute nur ansatzweise nachvollziehen. Schon vor den mongolischen Eroberungen hatte man die chinesische Malerei bewundert. Bereits im 9. Jahrhundert werden die Chinesen in den Berichten der Geographen als ein Volk der Künste charakterisiert, und im 11. Jahrhundert rühmt der aus Nischapur stammende Tha'alibi die Kunstfertigkeit der chinesischen Maler, die einen Menschen so darstellen könnten, dass er zu atmen scheine. Dies spricht dafür, dass man Beispiele chinesischer Malerei aus eigener Anschauung kannte. Doch erst unter den Ilkhanen kam als weiterer, entscheidender Faktor hinzu, dass nun vermutlich auch chinesische Künstler an der Ausgestaltung persischer Handschriften mitarbeiteten.

Dies gilt für die sogenannte Weltgeschichte des ilkhanidischen Wesirs Raschid ad-Din. Im Auftrag der Ilkhane Ghazan Khan und Öljeitü geschrieben, sollte sie eine autorisierte Fassung ilkhanidischer Geschichtssicht vermitteln und durch illustrierte Kopien in sämtlichen Provinzen des Reiches verbreitet werden. Um dieses gigantische Unterfangen zu verwirklichen, arbeitete in Raschidiya, dem von Raschid ad-Din erbauten Vorort von Täbris, eine Heerschar von Schreibern, Papierherstellern, Illuminatoren, Buchbindern und Illustratoren aus allen Teilen des Reiches zusammen. Ihre Aufgabe bestand darin, innerhalb von sechs Monaten jeweils eine rund 1200 Seiten umfassende Ausgabe mit etwa 540 Illustrationen zu versehen. Umfangreiche Teile einer 1314 datierten Ausgabe der Weltchronik, die sich in Edinburgh und in der Khalili Collection in London erhalten haben, belegen, wie man diese Aufgabe bewältigte. Die Kompositionen der querrechteckigen Illustrationen sind einfach und wiederholen sich häufig. Vielfach wird auf die Angabe von Hintergrund verzichtet, die Darstellung bleibt auf das Kerngeschehen konzentriert. Um Szenen und Themen zu illustrieren, für deren Darstellung keine Vorlagen existierten, griff man auf ikonographische Traditionen der chinesischen, jüdischen und christlichen Malerei zurück. So lässt beispielsweise die Darstellung der Geburt des Propheten Muhammad deutliche Bezüge zu Darstellungen der Geburt Christi erkennen. In den ostasiatischen Raum verweist hingegen die Technik, in der die Illustrationen ausgeführt sind. In der Betonung der Linie und des Zeichnerischen sind sie eigentlich Tuschezeichnungen, die in einer reduzierten Palette gedeckter roter, blauer und grüner Farbtöne koloriert sind.

Das Experimentieren mit neuen Themen, Formaten, Stilen und Techniken, das die Malerei des frühen 14. Jahrhunderts kennzeichnet, lässt sich besonders deutlich an den verschiedenen illustrierten **Schahnama-Handschriften** belegen. Um 1010 von Abu'l-Qasim Firdausi geschrieben, entwickelte sich das monumentale, aus 60000 Versen bestehende Epos ab dem ausgehenden 13. Jahrhundert zu einem der am häufigsten illustrierten Werke. Aus dem Zeitraum zwischen 1300 und 1350 haben sich zehn illustrierte Ausgaben erhalten, die alle eine individuelle Fassung des Textes auf je eigene Weise bebildern. In den Illustrationen der wegen ihrer Formate sogenannten kleinen Schahnamas experimentieren die Maler mit verschiedenen Rahmenformaten – neben querrechteckige treten gestufte Rahmen –, während die Miniaturisierung der fein gezeichneten Gesichter und die Detailfreude der Schilderung auf kommende Entwicklungen verweist. Während die Gruppe der kleinen Schahnamas vermutlich außerhalb des höfischen Kontextes in den Provinzzentren des Reiches entstand, wird das nach seinem ehemaligen Besitzer benannte Demotte Schahnama dem Ilkhan Abu Said (reg. 1317–35) zugeschrieben und nach Täbris verortet. Die 59 noch erhaltenen illustrierten Blätter aus dem ursprünglich etwa 200 Illustrationen umfassenden Manuskript zeichnen sich durch ihre Größe, reiche Farbigkeit und komplexen Kompositionen aus. Stilistisch lassen sie sich als Synthese der wenig früher entstandenen Prachtausgaben charakterisieren. Der hohe Horizont und die Landschaftsschilderungen mit den chinesisch inspirierten Wolken, Bergen und knorrigen Bäumen lassen an das Bestiarium des Ibn Bakhtischu denken, wohingegen andere Blätter noch deutlich in der Tradition der Weltchronik des Raschid ad-Din stehen. Und auch der eklektische Charakter der Illustrationen, die Elemente aus christlichen ikonographischen Traditionen mit chinesisch inspirierten Details verbinden und sogar Bezüge zur zeitgleichen französischen oder italienischen Malerei aufweisen, lässt an ein Produkt einer heterogenen Werkstattgemeinschaft denken. Neu hingegen ist die Komplexität der Kompositionen, die nun aus Haupt- und Nebengeschehen zusammengesetzt sind. Und auch die expressive Gestik und Mimik, die die Emotionen der agierenden Personen zum

Ausdruck bringen, lassen ein bislang unbekanntes Interesse erkennen, das Geschehen psychologisch aufzufassen und zu schildern. Diese zunehmende Ablösung der beschreibenden Illustrationen durch solche, die Emotionen oder Stimmungen in Bilder umsetzen, ist ein entscheidender Wandel, der in der Folgezeit seine Fortsetzung findet. Die Illustrationen der Manuskripte, die nach dem Zusammenbruch der Ilkhanidenherrschaft unter dem glanzvollen Mäzenatentum des Dschalairiden Sultan Ahmad in Bagdad entstanden, greifen diese Auffassung auf. Illustriert werden nun auch Werke wie das *Khamsa* des Khwadschu Kirmani, dessen fünf Versdichtungen romantische und mystisch-ethische Inhalte verbinden. In der 1396 datierten Kopie des Werkes, die in der British Library in London aufbewahrt wird, büßen die Akteure proportional an Bedeutung ein und werden zunehmend idealisiert dargestellt. Der Hauptakzent liegt auf der Schilderung des Umfeldes, das in brillanten Farben und unter Verwendung von viel Gold in Szene gesetzt wird. Durch die detaillierten Darstellungen von Architektur und Natur werden komplexe Szenen von außerordentlicher lyrischer Ausdruckskraft geschaffen, die weniger Geschichten erzählen, als vielmehr die Gefühle der handelnden Personen widerspiegeln.

Eine der insgesamt acht Illustrationen dieses Manuskripts weist eine Signatur auf, die früheste erhaltene Zuweisung dieser Art. Auf der Darstellung einer Hochzeitsfeier hat der Maler seinen Namen, Dschunaid, in beziehungsreicher Platzierung zu Füßen des Throns der Prinzessin angebracht. Wie man aus späteren Textquellen weiß, war Dschunaid ein Schüler des Bagdader Meisters Schams ad-Din. Dieser hatte einen zweiten berühmten Maler ausgebildet, Abd al-Hayy, der im Zuge der Eroberung von Bagdad durch Timur 1393 und 1401 in Gefangenschaft geriet, nach Samarkand transportiert wurde und dort zum Leiter des Hofateliers aufstieg. Genealogien wie diese, die Meister-Schüler-Verbindungen über mehrere Generationen nachweisen, lassen die Vermutung zu, dass im 14. Jahrhundert die Herstellung illustrierter Manuskripte in Werkstattgemeinschaften erfolgte, die hierarchisch gegliedert waren und in denen eine gewisse Arbeitsteilung praktiziert wurde. Greifbar werden die Existenz und Organisation derartiger als *kitabkhana* bezeichneter Ateliers jedoch erst mit dem beginnenden 15. Jahrhundert. Ein Schlüsseldokument ist in diesem Zusammenhang eine undatierte und unsignierte Bittschrift, die vermutlich um 1427 entstand und vom Leiter des Hofateliers des Timuridenprinzen Baisunqur verfasst wurde. Der Verfasser schildert den Arbeitsstand von zwölf Künstlern, die mit der Anfertigung verschiedener illustrierter und illuminierter Handschriften beschäftigt sind, sowie weiterer namentlich genannter Meister, die Vorlagen für Buchbinder, Zeltmacher, Sattler und Fliesenschneider angefertigt haben.

Dass die Meister in den Hofateliers – wie hier beschrieben – nicht nur kostbar ausgestattete Handschriften anfertigten, sondern darüber hinaus auch Entwürfe für Luxusobjekte, Gebrauchsgegenstände und Architekturdekor, lässt auch eine zweite wichtige Quelle vermuten. In der Sammlung des Topkapı Saray Museums in Istanbul und in der Berliner Staatsbibliothek haben sich mehrere, aus einigen Hundert Einzelblättern und nicht fertiggestellten Manuskriptseiten zusammengestellte Sammelalben mit Zeichnungen und Skizzen erhalten, die ursprünglich aus dem Iran stammen. Die einzelnen Blätter variieren stark in der Größe, neben Formaten von 2 mal 4 cm finden sich auch solche mit bis zu 40 cm Seitenlänge. Ihrem Inhalt nach lassen sie sich in verschiedene Kategorien einteilen. Eine große Gruppe bilden solche Zeichnungen, die mit großer Wahrscheinlichkeit als Entwurfszeichnungen für den Dekor von Objekten wie beispielsweise Bogenköcher oder Textilien identifiziert werden können (Abb. 16). Daneben enthalten die Alben jedoch auch Kompositions- und Detailskizzen, die die Arbeitspraxis der Manuskriptherstel-

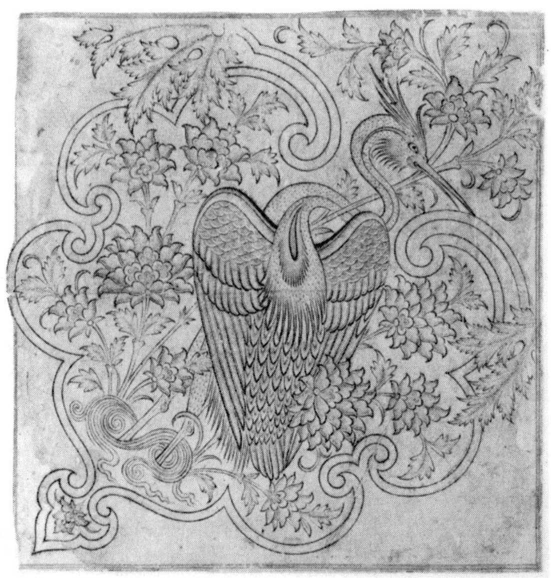

*Abb. 16.* Entwurfszeichnung für ein Textil, Tinte auf Papier, Iran oder Zentralasien, 1. H. 15. Jh.; Staatsbibliothek Preußischer Kulturbesitz, Berlin

lung genauer beleuchten. Von besonderem Interesse sind hier einige Detailskizzen, bei denen die gezeichneten Linien mit einer feinen Nadel durchstochen wurden. Die solchermaßen präparierten Schablonen konnten auf eine zu illustrierende Seite gelegt und mit feinem Holzkohlenstaub bestäubt werden, der durch die Öffnungen hindurchrieselte und die Umrisse der Entwurfszeichnung abbildete. Auf diese Weise ließen sich mehrere strukturelle Bildeinheiten individuell zu größeren Kompositionen zusammenkopieren. Praktisch gesehen hatte dieses Verfahren den Vorteil, dass es eine arbeitsteilige Arbeitsweise erleichterte. Für den ausführenden Künstler bedeutete es allerdings, dass dieser in seiner Arbeit nicht nur durch den Inhalt des zu illustrierenden Textes, sondern auch durch ein standardisiertes Vokabular von Formen gebunden war. Auf den ersten Blick scheint dies eine ernorme Einschränkung zu bedeuten. Doch bei genauerem Hinsehen eröffnen sich andere Formen der Kreativität und Virtuosität, die im Umgang mit den vorgegebenen Paradigmen zum Ausdruck kommen. Welchen Grad an Verfeinerung das Kopieren, Sich-Annähern und Sich-Anverwandeln eines Vorbildes erreichen konnte, zeigt eine Analyse der erhaltenen Manuskripte. Spätestens ab dem 15. Jahrhundert lässt sich ein breites Spektrum unterschiedlicher Formen des Kopierens nachweisen. Neben regelrechten Kopien finden sich Entwürfe, die Einzelmotive oder Kompositionen übernehmen, wobei sie diese unterschiedlich stark abwandeln. Auch wenn Belege für die Konzeptualisierung und theoretische Reflexion des Kopierens in bezug auf die Malerei bislang fehlen, liegt es nahe, hier Parallelen zu jenem System zu erkennen, das in bezug auf die Dichtung existierte und als Erscheinungsformen des Kopierens die Imitation, das Folgen, das Nachfolgen, das Antworten, die Variation und die Rezeption unterschied. Es wäre daher missverständlich, das Kopieren als Basis künstlerischer Formfindung als Zeichen von Unselbstständigkeit zu interpretieren. Die Nachahmung wurde absichtsvoll als künstlerisches Ausdrucksmittel eingesetzt, wobei die Grenze zwischen Kopie und Zitat eine fließende war. So gesehen erscheint das Kopieren weniger als Reflex einer konservativen Grundhaltung. Vielmehr gibt sich der Akt des Nachahmens als ein konstruktives Handeln zu erkennen, das einem eigenen Regelwerk gehorcht und eine zunehmende formale Ausdifferenzierung zur Folge hat. Auf diese Weise konnten komplexe

Sinngefüge entstehen, in denen dem Verhältnis von Vorbild und Abbild eine ikonographisch relevante Funktion zukam.

Die Illustrationen, die unter diesen Bedingungen in den Werkstätten der timuridischen Mäzene entstanden, gehören zu den Höhepunkten persischer Malerei. Einflussreiches Zentrum der Manuskriptproduktion war zunächst Schiras, später gaben die Werkstätten von Herat und Samarkand den Ton an. In Schiras entstanden unter der Förderung durch Iskandar Sultan (1409–15) und Ibrahim Sultan (1415–35) kleinformatige Manuskripte, die zusätzlich zu den detailreichen Illustrationen in harmonischem Kolorit reiche Illuminationen und Randzeichnungen aufweisen. Mit ihnen wird das illustrierte Buch als Ganzes zum Gegenstand künstlerischen Gestaltungswillens. Ab etwa 1420 verlagerte sich der Schwerpunkt künstlerischen Schaffens sodann in den Osten des Reiches. In Herat zog der bibliophile timuridische Prinz Baisunqur Künstler aus Täbris, Schiras, Bagdad und Samarkand an seinem Kitabkhana zusammen. Sie schufen großformatige bebilderte Prachtausgaben mit Illustrationen, die das gesamte Blatt einnehmen und in ihrer brillanten, bisweilen fast scharfen Farbigkeit unübertroffen sind. Ähnlich wie bereits in den dschalairidischen Illustrationen werden die Figuren der Akteure vergleichsweise klein dargestellt, wohingegen die Schilderung von Architektur oder Natur breiten Raum einnimmt. Den Aufbau der Kompositionen bestimmt ein sorgfältig abgewogenes Spiel von Horizontalen und Diagonalen, das durch die rhythmische Wiederholung der leuchtenden Farben aufgegriffen und verstärkt wird. Die Dichte und Ausdrucksstärke dieser Illustrationen steht in deutlichem Gegensatz zu jenen Kompositionen, die zeitgleich im Kitabkhana des Timuriden Ulugh Beg (1409–49) in Samarkand entstanden. Anstelle von Detailfreude und Bewegung tritt hier äußerste Reduzierung und Klarheit. Auf dem Bildfeld wird eine geringe Anzahl von Figuren und Bildelementen in so klarer Ordnung zusammengestellt, dass ein Gesamteindruck von äußerster Harmonie und Ruhe entsteht.

Eine letzte großartige Synthese der verschiedenen Traditionen entstand schließlich unter der Regierung des Sultans Husain Baiqara (1468–1506) in Herat, wo neben ihm sein Milchbruder und enger Vertrauter Mir Ali Schir Nawa'i eine prägende Rolle als Dichter, Autor und Mäzen spielte. In diese Zeit fällt das Wirken zahlreicher berühmter Meister wie Mirak, Khodscha Muhammad, Schah Muzaffar, Qasim Ali und schließlich Bihzad. Letzterem wird sowohl in der späteren persischen Kunstgeschichtsschreibung als auch in der europäischen Forschungsliteratur die Schaffung eines neuen Stils zugeschrieben, der die Herater Illustrationen dieser Periode auszeichnet. Als kennzeichnend für diesen neuen Stil gelten die größere Bandbreite an Posen, Gesten und Haltungen der agierenden Figuren, die Einführung einer psychologischen Ebene, die Vorliebe für Darstellungen alltäglicher Verrichtungen, eine Ausarbeitung der Illustration über die vom Text vorgegebene Notwendigkeit hinaus sowie eine stärker differenzierte Palette, in der nicht mehr Primär- und Sekundärfarben, sondern gemischte Töne dominieren.

Ob all diese Neuerungen tatsächlich auf das Wirken eines einzigen Künstlers zurückzuführen sind, ist in der aktuellen Forschungsliteratur mehrfach kritisch diskutiert worden. Thomas W. Lentz plädiert dafür, Bihzad nur als einen, wenn auch herausragenden, Vertreter eines neuen Stiles zu sehen. Die Entstehung dieses neuen Stils und einer veränderten Einstellung zur Malerei interpretiert er als Reflexion der veränderten politischen Rahmenbedingungen. Kunst und Malerei dienten in der zweiten Hälfte des 15. Jahrhunderts nicht mehr der Schaffung eines repräsentativen, statisch-feierlichen Selbstbildes einer mächtigen Dynastie. Vielmehr ging der politische Machtverlust einher mit der zunehmenden Hinwendung zu mystischen Strömungen und Texten, die ihren Ausdruck in bildlichen Reflexionen über Vergehen und Endlichkeit fanden. Solche Themen können nicht in einer idealen Welt beschrieben und abgebildet werden, sondern nur mittels eines zunehmenden Realismus. David Roxburghs Kritik hingegen basiert auf methodischen Erwägungen. Er moniert die unreflektierte Übertragung kunsthistorischer Analysemethoden und Interpretationsansätze, die für die Untersuchung der europäischen Malerei seit der Renaissance entwickelt wurden und die einen Künstlerbegriff voraussetzen, der nicht auf den timuridischen Iran übertragen werden kann.

## Die drei großen Reiche der Safawiden, Osmanen und Mogulherrscher

### *Der historische Kontext*

Ab der Mitte des 15. Jahrhunderts konnten sich in kurzer Folge drei Dynastien in verschiedenen Regionen der islamischen Welt etablieren, die in der Folgezeit zu konkurrierenden Großmächten aufstiegen: die Osmanen (um 1300–1923), die Safawiden (1501–1722) und die indischen Mogulherrscher (1526–1858). Das Osmanische Reich mit der Hauptstadt Istanbul erstreckte sich in seiner Blütezeit im 16. Jahrhundert vom Balkan über die heutige Türkei bis nach Ägypten und auf die Arabische Halbinsel. Im Osten grenzte es an das Reich der Safawiden, das die Gebiete des heutigen Iran bis nach Zentralasien umfasste, mit Isfahan als glanzvoller Hauptstadt. Die indischen Mogulherrscher schließlich regierten Ende des 16. Jahrhunderts über ein riesiges Reich, das sich von Kabul und Kaschmir bis nach Bengalen und an die Nordgrenze des Dekkans erstreckte. Historisch gesehen durchliefen die drei Mächte nahezu parallel eng aufeinander bezogene Phasen von Expansion, Konsolidierung und Niedergang.

Die Anfänge des Osmanischen Reiches gehen zurück in das beginnende 14. Jahrhundert. Im nordwestlichen Anatolien führte Osman I., Haupt eines turkmenischen Stammesverbandes, in der Tradition des Glaubenskampfes gegen die Ungläubigen erfolgreiche Beutezüge gegen das geschwächte Byzantinische Reich. 1326 konnte er das byzantinische Handelszentrum Bursa einnehmen, das zur ersten Hauptstadt des Osmanischen Reiches wurde. Osmans Nachfolger konzentrierten ihre Kräfte darauf, ihre Machtposition in Südosteuropa auszubauen und ein zentral organisiertes Staatswesen einzurichten. Eine zweite Phase osmanischer Expansion begann Anfang des 15. Jahrhunderts, als am 29. Mai 1453 Mehmed II. die Eroberung Konstantinopels gelang, das unter dem Namen Istanbul zur neuen Hauptstadt wurde. Weitere umfangreiche territoriale Gewinne folgten, schrittweise wurden Ostanatolien, Syrien, Ägypten und die Heiligen Stätten Mekka und Medina eingenommen. Unter Süleyman (1520–66) hatte das Osmanische Reich schließlich seine größte Ausdehnung erreicht und befand sich auf dem Höhepunkt politischer und kultureller Machtentfaltung. Doch bereits wenig später begann eine durch das Zusammenwirken sozialer, wirtschaftlicher und technologischer Entwicklungen ausgelöste Krise. Der Zufluss billigen Edelmetalls aus Amerika führte zu einer rasch voranschreitenden Inflation, während die Misswirtschaft der Steuerpächter eine zunehmende Landflucht zur Folge hatte. Zugleich erwuchsen dem Reich mit den Venezianern, Österreich und Russland machtvolle Gegner. Unter diesen Umständen waren der weitgehende Rückzug der Sultane aus ihren offiziellen Funktionen, der Machtverlust der Großwesire sowie der wachsende Einfluss der Elitetruppen der Janitscharen verhängnisvoll, da sie eine zunehmende Lähmung des Staatswesens zur Folge hatten. Erst die Zerschlagung des Janitscharenkorps 1826 machte eine ernsthafte Reformpolitik möglich, führte zugleich aber auch zu einer militärischen Schwächung des Reiches, die die europäischen Mächte ebenso wie der osmanische Gouverneur von Ägypten nutzten.

Während die Osmanensultane von Anbeginn in erster Linie weltliche Herrscher waren, ist die Entstehung safawidischer Herrschaft religiös motiviert. Geistiger Gründervater ist der Sufi Scheich Safi ad-Din, der um 1300 in Ardabil im Nordwesten Aserbaidschans einen Orden gründete, der sich in der Folgezeit unter der Führung turkmenischer Emire zunehmend militarisierte. Die eigentliche Reichsgründung erfolgte 1501, als der charismatische Ordensmeister und spätere Schah Ismail Täbris eroberte und weite

Teile Irans und den Irak unterwarf. Unter seiner theokratischen Herrschaft wurde die Zwölfer-Schia als Staatsreligion etabliert und damit die Grundlage für ein religiös motiviertes Nationalbewusstsein geschaffen. Ismails Nachfolger Tahmasp führte während seiner von Kämpfen mit den Osmanen geprägten Herrschaft den von seinem Vater begonnenen Aufbau eines zentral organisierten Staatswesens fort und bereitete eine Militärreform vor, die sein Nachfolger Schah Abbas I. vollendete. Die turkmenische Militärelite wurde durch ein aus Militärsklaven zusammengesetztes Heer ersetzt, das dem Schah direkt unterstellt war. Wirtschaftspolitisch verfolgte Abbas I. eine Politik der Zentralisierung und der Einrichtung von Staatsmonopolen, vor allem auf den lukrativen Seidenhandel. Außerdem erlangte er durch die Rückeroberung der im Persischen Golf gelegenen Insel Hormuz, die den Portugiesen seit 1515 als Handelsniederlassung gedient hatte, sowie die Gründung der Hafenstadt Bandar Abbas die Kontrolle über eine wichtige Drehscheibe des Fernhandels. Die Förderung der Handelskontakte mit den europäischen Seemächten, vor allem England und Holland, war auch einer der Schwerpunkt der Politik von Schah Abbas II. (1642–66). Außerdem führte er die Reform der politischen Organisation des Reiches fort, so dass unter seiner Regentschaft die Umbildung des safawidischen Staatswesens zu einem absolutistischen, von einem göttlich legitimierten Herrscher regierten System ihren Abschluss fand. Unter seinen Nachfolgern setzte ein drastischer Niedergang der Wirtschaft ein, dessen fatale Auswirkungen auf die Stabilität der Landes durch die anti-sunnitischen Maßnahmen des ultrareligiösen Sultan Husain (1694–1722) noch verstärkt wurden. Das Resultat war ein Aufstand der Afghanen, die schließlich 1722 im Iran die Macht übernahmen. In der Folgezeit begann ein Prozess der zunehmenden Desintegration, der durch die Einflussnahme der Briten befördert wurde, die die afghanischen Herrscher Irans für ihre machtpolitischen Auseinandersetzungen mit Russland instrumentalisierten.

Das dritte große Reich, das im 16. und 17. Jahrhundert Weltpolitik machte, war das der Mogulkaiser. Ihr erster Herrscher, Babur, wurde 1483 als Sohn eines timuridischen Lokalfürsten im zentralasiatischen Ferghana geboren. Nachdem er sein ererbtes Fürstentum nicht hatte halten können, gelang es ihm, sich in Kabul festzusetzen, das er in der Folgezeit als Stützpunkt für Einfälle in Indien nutzte. Dort besiegte er 1526 den letzten Herrscher des Sultanats von Delhi, das seit dem 13. Jahrhundert weite Teile des indischen Subkontinents regiert hatte. Die verbleibenden Jahre seiner Regierung widmete er vor allem der Konsolidierung seiner Macht. Wie auch sein Sohn und Nachfolger Humayun (1530–56) musste er sich vor allem gegen afghanische Rivalen und Führer der hinduistischen Radschputenkonföderation durchsetzen. Erst unter Humayuns Sohn Akbar (1556–1605) begann eine Konsolidierungsphase. Durch die Abschaffung der rechtlichen und steuerlichen Benachteiligung der Hindus gegenüber den Muslimen und durch eine geschickte Bündnis- und Heiratspolitik gelang es Akbar, rivalisierende Gruppierungen wie die Radschputen in den Staatsdienst einzubinden. Zugleich schuf seine Reform von 1583 die Voraussetzungen für die effiziente Organisation und Verwaltung des riesigen Reiches, das bei seinem Tod Nord- und Zentralindien sowie Afghanistan umfasste. Seine Nachfolger, der kunstliebende Dschahangir (1605–27) und der engagierte Bauherr Schah Dschahan (1628–58), setzten die Expansions- und Konsolidierungspolitik ihres Vorgängers erfolgreich fort und schufen damit auch die Grundlagen für die kulturelle Blüte des Reiches. Unter dem letzten großen Mogulkaiser, Aurangzib (1658–1707), setzte ein Wandel ein. Er machte die Gleichstellungspolitik Akbars rückgängig und provozierte damit den Widerstand weiter Teile der Bevölkerung. Vor allem mit den zentralindischen Marathen, gegen deren Guerillataktik Aurangzibs Truppen machtlos waren, entstanden ihm mächtige Gegner, deren Wirken wesentlich zum Zusammenbruch des Mogulreiches beitrug. Dieser Prozess des Erstarkens kriegerischer Hindu-Gruppen setzte sich unter Aurangzibs Nachfolgern mit verstärkter Dynamik fort, so dass die Mogulkaiser zu Beginn des 18. Jahrhunderts nur noch Marionetten der British East India Company waren, unter deren Schutz sie sich gestellt hatten.

## *Architektur*

Während die safawidische und mogulindische Architektur deutlich in der Nachfolge der timuridischen Baukunst stehen, hat die osmanische Architektur eine ganz eigene, unverwechselbare Formensprache entwickelt. Ausgehend von den zentralen Orten des Reiches bildete sich ab dem späten 14. Jahrhundert ein Reichsstil aus, dessen Dominanz allerdings auf die Zentren konzentriert war. In den Provinzen des Reiches hingegen blieben die Traditionen lokaler Bauschulen lebendig.

Die Entwicklungen im Moscheebau sind seit Beginn der osmanischen Herrschaft dominiert von Experimenten mit zunehmend großzügig dimensionierten Kuppelräumen. Während in den Freitagsmoscheen der beiden ersten Hauptstädte, der Ulu Cami in Bursa (1396–99) und der Eski Cami in Edirne (1404–13), noch der alte Typus der Hallenmoschee mit freistehenden Innenstützen umgesetzt wurde, entstand mit der **Moschee Murads I. Hüdavendigar** in Bursa (1366–85) ein in seiner Form neuartiger Bau. Kern des Entwurfs ist die überkuppelte Halle, der eine offene Vorhalle und ein Vestibültrakt vorgelagert sind. Sie erhebt sich über zwei Geschosse und öffnet sich im Osten und Westen auf zwei von Seitenräumen flankierte Iwane. Im Süden führt eine kleine Treppe in den erhöhten Qiblaiwan hinauf. Während der zentrale Kuppelraum und der

Qiblaiwan sich über die volle Höhe des Gebäudes erstrecken, sind die flankierenden Seitenräume zweigeschossig und beherbergen im oberen Stockwerk eine Medrese. Eine Variante dieses Grundrissschemas, das in der Fachliteratur als »umgedrehter T-Typ« (inverted T-type) bezeichnet wird, wurde wenig später in der Yeşil Cami, der **»Grünen Moschee«**, in Bursa umgesetzt. Sie ist Teil eines Stiftungskomplexes (*külliye*), den Mehmed I. (1413–21) einrichtete und der außer der Moschee zwei Medresen, eine Armenküche, ein Bad, ein Stiftergrab (*türbe*) und einen kleinen Palast umfasste. Anders als bei der Hüdavendigar-Moschee bildete nun ein zweikuppliger Betraum die Längsachse des Baus. Die Ausbildung der Seitenflügel mit von Seitenräumen flankierten Iwanen sowie Vestibül und Vorhalle hingegen blieben weitgehend unverändert.

Berühmt ist die Yeşil Cami – ebenso wie das Stiftergrab des Komplexes – vor allem wegen des überaus reichen keramischen Baudekors. Erstmals findet sich hier die bis dahin in Kleinasien unbekannte Cuerda-seca-Technik, die in der zweiten Hälfte des 14. Jahrhunderts in Zentralasien verbreitet war. Das Auftreten dieser Technik an Bauten im frühosmanischen Kleinasien erklärt sich aus zeitgeschichtlichen Umständen. 1402 hatte Timur den Osmanensultan Bayezid bei Ankara besiegt. Unter den Gefangenen, die er bei seiner Rückkehr nach Zentralasien mit sich führte, befanden sich auch Baumeister, die in Timurs Dienst in Samarkand und Shahr-i Sabz eingesetzt wurden. Namentlich bekannt ist der aus Bursa stammende Nakkasch Ali, seinem Namen nach Zeichner und Entwerfer. Er kehrte nach seiner Verschleppung nach Samarkand mit einer Gruppe von Handwerkern nach Bursa zurück, wo er an der Ausgestaltung der Yeşil Cami mitarbeitete. Dies belegt eine Signatur im Bereich der Sultansloge. Man darf vermuten, dass die Einführung der Cuerda-seca-Technik auf sein Wirken zurückzuführen ist. Zusätzliche Belege dafür, dass an den Arbeiten in der Yeşil Cami ortsfremde Baumeister beteiligt waren, bieten weitere Signaturen auf den Fliesen, die die »Meister aus Täbris« nennen.

Ein weiterer bedeutender frühosmanischer Bau, der in vielem spätere Entwicklungen vorwegnahm, war die **Üç Şerefeli Cami** in Edirne (1438–47), seit 1362 neue Hauptstadt der Osmanen. Der eigentlichen Moschee war ein querrechteckiger, von überkuppelten Arkaden gesäumter Hof vorgelagert, an dessen vier Ecken sich Minarette erhoben, eine Neuerung, die bei den späteren Sultansmoscheen zur Standardlösung wurde. An den Hof schließt sich ein in die Breite entwickelter Betsaal an. Das zentrale Problem, den für das Gebet erforderlichen, querrechteckigen Raum mit der für die Raumwirkung erwünschten Kuppel zu verbinden, löste der unbekannte Baumeister, indem er den Betsaal mit der mächtigen Hauptkuppel durch seitenschiffartige Raumteile erweiterte. Die 24 Meter im Durchmesser messende Hauptkuppel entwickelt sich über einem Sechseck und ruht auf vier Wandpfeilern sowie zwei mächtigen freistehenden Pfeilern. Die flankierenden Raumteile werden von je zwei kleineren Kuppeln abgeschlossen.

Mit dem arkadengesäumten Hof, den Minaretten und dem von einer zentralen Kuppel überfangenen Betsaal weist die Üç Şerefeli Cami bereits jene Grundelemente auf, die ein Jahrhundert später der leitende Hofarchitekt, Mimar Sinan, in verschiedenartigsten Lösungen zur klassischen osmanischen Moschee entwickelte. Sinans Wirkungsperiode war eine Zeit des Experimentierens vorausgegangen. Nach der Eroberung Konstantinopels, das in den letzten Jahrzehnten byzantinischer Herrschaft stark verfallen war, mussten die Stadt und ihre Befestigungsanlagen wiederaufgebaut werden. Ein Palast sowie Versorgungs- und Wirtschaftsanlagen wurden errichtet und zahlreiche Moscheen neu erbaut, wobei ein breites Spektrum von Grundrisstypen umgesetzt wurde. Die repräsentativen Sultansmoscheen hingegen folgten vorzugsweise dem Modell der ehemaligen Hauptkirche der Stadt, der 537 eingeweihten Hagia Sophia. So griff der Baumeister der Bayezid Cami (1506) das in der Hagia Sophia vorgegebene Schema auf und erweiterte den Kuppelraum in der Längsachse durch stützende Halbkuppeln. Doch erst Mimar Sinan schöpfte in seinen Variationen zum Thema Zentralkuppel das Potential der möglichen Lösungen voll aus. Er errichtete die zentrale Kuppel über vier, sechs oder acht freistehenden oder in die Wände eingebundenen Pfeilern oder kombinierte sie mit bis zu acht stützenden Halbkuppeln zu jeweils unterschiedlichen Raumformen. Meilensteine seines Schaffens sind die Şehzade Cami (1543), mit vier die Hauptkuppel stützenden Halbkuppeln, die Süleymaniye Cami (1557) mit zwei die Hauptkuppel in der Längsachse stützenden Halbkuppeln und schließlich die **Selimiye Cami** in Edirne (1574), die er selbst als sein Meisterwerk bezeichnete. Die gewaltige Kuppel mit einem Durchmesser von 31,3 Metern ruht auf acht Stützen, die in die Außenwände integriert sind. Auf diese Weise entsteht ein weiter, unverstellter Raum, ein Eindruck, der durch die gezielte Lichtführung verstärkt wird. Und auch im Außenbau zeigt die Selimiye Cami jene Silhouette, die ab dem 16. Jahrhundert kennzeichnend wurde für die osmanische Moscheearchitektur. Die zentrale Kuppel bildet den optischen Höhepunkt, zu dem die pyramidenartig aufsteigenden Kaskaden der Kuppeln von Vorhofarkaden und Vorhalle hinleiten, während vier an den Gebäudeecken emporragende, bleistiftspitze Minarette die Grenzen des Baukörpers markieren und einen Rahmen schaffen.

Die klare Strukturierung, die Sinans Bauten kennzeichnet, wird durch den Baudekor verstärkt, der das Augenmerk auf das konstruktive Gefüge des Baus lenkt. In den Innenräumen experimentierte Sinan mit farbigen Fliesen als wesentlichem Ausdrucksmittel, wobei das von ihm entwickelte Konzept sich deutlich von dem bis dahin üblichen unterscheidet. Anstatt Fliesendekors als verhüllende Wandverkleidungen ohne klaren Bezug zu strukturbildenden

Baugliedern zu verwenden, schuf er individuell auf ein Bauwerk zugeschnittene Dekorprogramme, die konstruktive Elemente betonen und Symmetrien und Achsbezüge aufgreifen. Dabei verwendete er zunächst noch Fliesen in Cuerda-seca-Technik. In dem 1543 vollendeten Grabbau des Sohnes Sultan Süleymans, Şehzade Mehmed, ist der Dekor noch in diesem der Vergangenheit angehörenden Verfahren ausgeführt. Das dekorative Programm hingegen weist in die Zukunft. Der Fliesendekor überzieht den oktogonalen Innenraum bis zur Höhe des Tambours und geht eine enge Wechselbeziehung mit der Architektur ein, indem er die Gliederung der Außenfassade aufgreift. Vierzehn Jahre später verwendet Sinan in der Süleymaniye erstmals in Unterglasurtechnik bemalte Fliesen, mit denen er eine völlig andere Farb- und Lichtwirkung erzielen konnte. Der entscheidende Unterschied zwischen der Cuerda-seca- und der Unterglasurtechnik besteht darin, dass bei ersterer grüne, blaue und gelbe Farbflächen kontrastierend gegeneinander gesetzt werden, Weiß wird nur sehr sparsam eingesetzt. Die resultierenden Motive haben häufig einen schablonenartigen Charakter, die Farbwirkung ist gedämpft. Die Unterglasurtechnik hingegen bietet dem Künstler die Möglichkeit linear zu arbeiten. Der weiße Fliesengrund wird wie ein Blatt Papier genutzt, auf dem mit dem Pinsel Linien gezogen werden. Zugleich verleiht der weiße Grund dem Blau, Rot und Grün der Bemalung eine leuchtende Brillanz, eine Eigenschaft, die Sinans Experimenten mit der Lichtführung in den Räumen entgegenkam. Dieses Potential der Unterglasurfliesen nutzte er in der Süleymaniye noch sehr behutsam. Die Fliesendekors sind auf zwei den Mihrab flankierende Paneele beschränkt. In der Selimiye Cami ist sodann jenes Konzept verwirklicht, an dem man auch in der Folgezeit weitgehend festhielt. Der Fliesendekor war auf den Bereich der Qiblawand und der Sultansloge konzentriert, wobei die Gebetsnische den Bezugspunkt und die Spiegelachse des gesamten Ensembles bildete. Ihre Höhe gab die maximale Höhe der übrigen Fliesenfelder vor, deren unterschiedlich große Paneele in Breite, Rhythmus und Orientierung von den großen Linien der Architektur bestimmt wurden.

Die osmanische Moscheearchitektur zeigt nach Sinans Tod 1588 keine grundlegenden Neuerungen. Sinan hatte während seiner nahezu fünfzigjährigen Karriere als Hofbaumeister die möglichen Varianten des Themas Zentralkuppelbau so erschöpfend durchgespielt, dass seinen Nachfolgern kaum Spielraum für eigenständige Lösungen blieb. Veränderungen zeichneten sich höchstens in der Reduktion der Dimensionen ab sowie im Bauornament. Erst ab dem 18. Jahrhundert brachte das zunehmende Interesse an der europäischen Architektur neue Impulse. Nun entstanden Bauten wie die Yeni Valide Cami (1710) im Istanbuler Stadtteil Üsküdar, die Nur-i Osmaniye Cami (1755) und die Laleli Cami (1763). Sie behalten zwar das Zentralkuppelschema bei, kommen in der plastischen Durchbildung ihrer Bauglieder jedoch einer barocken Auffassung des Bauens nahe.

Nach dem Moscheebau war auch im Osmanischen Reich die Medrese die zweitwichtigste Bauaufgabe im sakralen Bereich. Häufig waren die Medresen Bestandteil einer religiösen Stiftung, wobei vor allem die größeren Stiftungen häufig mehr als eine Medrese umfassten. So beispielsweise der **Moscheekomplex Sultan Süleymans** in Istanbul. Er umfasst vier hierarchisch organisierte Medresen, in denen die Studenten eine Ausbildung von der Grundstufe bis zur vierten und höchsten Stufe durchliefen. Diese Hierarchie der einzelnen Medresen drückte sich allerdings nicht in der Struktur oder Anordnung der Bauten aus. Alle vier Medresen zeigen die Grundrissform, die bereits frühosmanische Bauten aufweisen und die bis in das 18. Jahrhundert hinein vorherrscht: einen offenen Hof, um den herum Wohnzellen angeordnet sind, in die mittig ein großer, bisweilen überkuppelter Unterrichtsraum eingefügt ist.

Im Gegensatz zu der nach Monumentalität strebenden Repräsentationsarchitektur der Sakralbauten waren Formenrepertoire und Typendifferenzierung der osmanischen Profanarchitektur eher übersichtlich und ihre Dimensionen bescheiden. Selbst der größte erhaltene profane Baukomplex, der Sultanspalast in Istanbul, das **Topkapı Saray**, zeigte wenig von jenen Attributen – Axialität, Klarheit, Ordnung, Größe – die die großen Stiftungskomplexe der Sultansmoscheen kennzeichneten. Er bestand aus verschiedenen Einzelbezirken innerhalb weitläufiger Gärten und aus Gartenhöfen, um die in lockerer Anordnung kleine Bauten gruppiert waren. Trotzdem faszinierte und beeindruckte dieser Ort die Zeitgenossen in höchstem Maße. Wie Gülru Necipoğlu gezeigt hat, manifestiert sich hier eine imperiale Ikonographie, die mit anderen Parametern arbeitet als mit denen einer repräsentativen Monumentalarchitektur. Welche Mechanismen dazu führten, dass das scheinbar zusammenhanglose Nebeneinander kleiner um Höfe gruppierter Bauten als Symbol imperialer Macht erlebt und beschrieben wurde, erschließt sich erst aus der Zusammenschau von Architektur und Hofzeremoniell.

Ikonographisch betrachtet, ist bereits der Ort, an dem Mehmed II. 1459 seinen neuen Palast errichtete, programmatisch. Auf der Landspitze zwischen Marmarameer und goldenem Horn gelegen, versinnbildlichte er den Titel der osmanischen Sultane, Herrscher der zwei Kontinente und der zwei Meere. Zugleich garantierte die natürliche Topographie die erwünschte Abgeschiedenheit vom alltäglichen Treiben der Stadt und ihrer Bewohner. Das 70 Hektar umfassende, durch Terrassen gestufte Gelände war nach zwei Seiten hin durch Wasser geschützt, an der dritten Seite erbaute man eine festungsartig wirkende, durch große Türme befestigte Mauer, die das gesamte Areal von der Stadt abschirmte (Abb. 17, s. S. 263). Drei Haupteingänge sowie drei Pforten boten kontrollierten Zugang. Große Teile des riesigen Palastareals waren unbebaut und dienten als Ver-

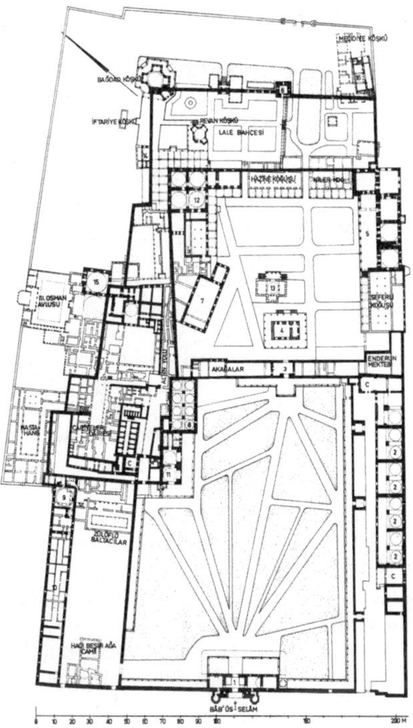


*Abb. 17.* Topkapı Saray, Istanbul, 1459–1853, Grundriss

gnügungs- und Nutzgärten. Der eigentliche Palast befand sich im Zentrum des Geländes. Er erstreckte sich auf einer Fläche von etwa 7,4 Hektar und war in drei aufeinanderfolgende Höfe unterteilt, eine räumliche Ordnung, die den Aufbau des imperialen Zeltlagers reflektiert. Die einzelnen

Höfe unterlagen unterschiedlich strengen Zugangsbeschränkungen und Verhaltensmaßregeln. Der erste Hof, den man durch das Bab-i Humayun, die Hohe Pforte, betrat, war öffentlich zugänglich. Hier befanden sich vor allem Versorgungseinrichtungen sowie die Münze, Waffendepots, ein Krankenhaus für die Angestellten der äußeren Palastbezirke sowie Kasernen. Durch das zweite Tor, das Bab üs-Salam, gelangte man in den zweiten Hof, zu dem nur noch ausgewählte Personen an bestimmten Tagen Zutritt hatten. In seiner heutigen Gestalt entspricht er weitgehend jener Anlage, die nach den umfangreichen Umbauarbeiten unter Sultan Süleyman zwischen 1525 und 1529 entstand. An seiner Westseite lag auf etwas tieferem Niveau der Marstallbau, die gesamte Ostseite nahm der langgestreckte Küchentrakt (2) ein. Im Südwesten befanden sich die Staatskanzlei, das Schatzhaus sowie der Ratssaal, in dem die höchsten Beamten des Reiches regelmäßig zu Beratungen zusammenkamen (8 und 11). Hinter dem Ratssaal erhob sich weithin sichtbar der sogenannte Turm der Gerechtigkeit, köşk-i adl. In seinem Untergeschoss lag ein Raum, der nur vom Harem aus zu erreichen und durch ein vergittertes Fenster mit dem Ratssaal verbunden war. Hier konnte der Sultan jederzeit unbemerkt die Vorgänge und Gespräche im Ratssaal verfolgen. Diese psychologisch subtile Form indirekter Kontrolle, versinnbildlicht durch das Fenster mit dem vergoldeten Gitter, war ein wesentlicher Bestandteil des höfischen Zeremoniells. Ähnliche Gitterfenster gab es an der Audienzhalle sowie am ersten Torbau und in einem der Ecktürme der äußeren Befestigungsmauer.

An der Nordseite des zweiten Hofes markierte ein Torbau, das »Tor der Glückseligkeit«, den Durchgang in den dritten Hof und zugleich die Grenze zwischen äußerem (*birun*) und innerem (*enderun*) Palast (3). Jenseits dieses Tores lag der Bereich, der dem Sultan und seinen direkten Bediensteten vorbehalten war. Nur die direkt hinter dem »Tor der Glückseligkeit« gelegene Audienzhalle (*arz odası*, 4), in der hochstehende Würdenträger oder Gesandtschaften empfangen wurden, war von dieser Beschränkung ausgenommen. Im dritten Hof galt ein strenger Verhaltenskodex, der den Bewohnern dieses Bereichs unter anderem untersagte, zu sprechen oder sich hastig zu bewegen. Neben den Privatgemächern des Sultans (12) befanden sich hier ein Bad, die Palastschule für die Pagen, die für den Dienst beim Sultan ausgebildet wurden, der Privatschatz und die Räume, in denen der Mantel des Propheten, sein Schwert, Bogen und Standarte sowie die Schwerter der vier ersten Kalifen aufbewahrt wurden. Durch Treppenanlagen mit dem Hof verbunden, schlossen sich an seiner Nordseite terrassierte Gartenanlagen mit Wasserbecken und kleinen Pavillonbauten an, von denen aus sich ein weiter Blick auf das Goldene Horn, den Bosporus, das Marmarameer und das europäische und asiatische Festland bot. Diese »hängenden Gärten« sind den italienischen »giardini pensili« vergleichbar, die zeitgleich im Palazzo Piccolomini in Pienza (1459–62) oder im Palazzo Ducale in Urbino (um 1468) entstanden, und belegen das aktive Interesse Mehmet II. für die Kunst und Architektur der italienischen Renaissance.

In der zweiten Hälfte des 16. Jahrhunderts führte der zunehmende Rückzug der Sultane in den angrenzenden Harem zu einer grundlegenden Neustrukturierung der inneren Palastbezirks, wobei die nun realisierte räumliche Ordnung die hierarchische Organisation seiner Einwohner widerspiegelt. Die Wohnräume des Sultans wurden aus dem dritten Hof in den Harem verlegt. Murad III. (1574–1595) ließ sich hier einen Schlaf- und einen Thronsaal sowie ein Bad erbauen. Angrenzend an diesen Trakt befand sich das Quartier der Sultansmutter, das ebenfalls aus Schlaf- und Empfangsraum sowie einem Bad bestand. Weitere, um kleine Innenhöfe angeordnete Baugruppen beherbergten die schwarzen Eunuchen und die im Harem lebenden Frauen. Insgesamt umfasste der Harem Ende des 16. Jahrhunderts etwa 40 kleine Innenhöfe und rund 200 Räume. Verbunden und erschlossen wurden diese nur schwer voneinander abgrenzbaren Baugruppen durch einen von Norden nach Süden durchlaufenden Gang, den sogenannten »Goldenen Weg«.

In den vierhundert Jahren seines Bestehens und sukzessiven Ausbaus wurde der osmanische Sultanspalast zunehmend zu einem hermetischen Rückzugsort, wo anstelle der physischen Präsenz des Herrschers das höfische Zeremoniell der symbolischen Vergewisserung imperialer Macht diente. Welche Auffassung diesem Wandel zugrunde lag, bringt der im späten 16. Jahrhundert schreibende Chronist Ali zum Ausdruck, wenn er den Herrscher in seiner prächtigen Abgeschlossenheit mit einer Perle in einer verschlossenen Auster vergleicht. Eine weniger bildliche Beschreibung desselben Phänomens gibt auch der zeitgleich schreibende venezianische Gesandte Giacomo Sorranzo. Er merkt an, dass die repräsentative Praxis der osmanischen Sultane in deutlichem Gegensatz steht zu jener der Safawidenherrscher, die regelmäßig öffentliche Audienzen abhalten und bei Feierlichkeiten auftreten.

In besonders augenfälliger Weise manifestierte sich die gegensätzliche Auffassung des osmanischen und safawidischen Zeremoniells von Repräsentation und herrscherlicher Selbstdarstellung in Isfahan, das zwischen 1590 und 1611 unter Abbas I. zur Hauptstadt ausgebaut wurde. Zuvor hatten die safawidischen Herrscher in Täbris residiert. Von den dortigen Palastanlagen ist allerdings kaum etwas erhalten, so dass man zu ihrer Rekonstruktion weitgehend auf die Berichte des Italieners Michele Membré beschränkt ist, der sich 1539 in Täbris aufhielt. Die Nähe der Stadt zu den osmanisch-safawidischen Grenzgebieten und ihre wiederholte Bedrohung durch osmanische Angriffe bewogen jedoch bereits Schah Tahmasp, seine Residenz nach Qazwin zu verlegen. Unter Schah Abbas I. kam es zu einem erneuten Ortswechsel. Auch von dieser neuen, südwestlich des alten Isfahan erbauten Residenz sind heute nur noch

Teile erhalten. Ihr ursprünglicher Zustand lässt sich jedoch mit Hilfe von Text- und Bildquellen – insbesondere Reiseberichten europäischer Reisender – in weiten Teilen rekonstruieren. Zentrum der neuen Residenzstadt war der sogenannte **Maidan-i Schah**, ein großer, von zweigeschossigen Arkaden eingefasster Platz. In der unteren Ebene der Arkaden waren Geschäfte untergebracht, die dem Schah gehörten und vermietet wurden, die Einkünfte kamen einer frommen Stiftung zugute. Im Osten und Süden schlossen sich die Lutfullah-Moschee und die große Freitagsmoschee an, im Westen markierte das Ali Kapu den Eingang in den Palastbezirk, im Norden führte ein monumentales Portal in die Qaisariyya, den Tuchmarkt. Im seinem Obergeschoss befand sich das *nakkareh-khane*, die Musikgalerie, auf der täglich zu festen Zeiten die herrscherliche Militärkapelle aufspielte.

Seiner Funktion nach war der Maidan-i Schah ein Zwischenbereich. Er fungierte als Erweiterung des angrenzenden Bazars und zugleich als Vorhof des Palastes und öffentliche Bühne für höfische Feste. Das eigentliche Verbindungsglied zwischen Palast und dem öffentlichen Platz war jedoch das Ali-Kapu, der Eingangstorbau. Über dem Tordurchgang im Erdgeschoss erhob sich der offene Talar, eine nach drei Seiten offene Terrasse mit anschließendem Empfangssaal, deren flache Holzdecke von 18 Holzsäulen getragen wurde. Sie diente als Tribüne, auf der der Herrscher mit seinen Gästen den Veranstaltungen beiwohnte, die auf dem Platz stattfanden. Hinter dem Ali Kapu erstreckte sich der rund 50 Hektar umfassende engere Palastbereich, der unter den Nachfolgern von Shah Abbas mehrfach aus- und umgebaut wurde. Er war in einen privaten und einen öffentlichen Bereich unterteilt. Der öffentliche Bereich, nördlich des Ali-Kapu, beherbergte Werkstätten, Vorratsräume, Diensträume für Verwaltungsbeamte und Unterkünfte für einen Teil der Palastangestellten. In dem privaten Bereich südlich des Torbaus waren der Harem und die privaten

Wohnräume des Sultans untergebracht. Nach Westen hin schloss sich ein semi-öffentlicher Bereich an, der für Audienzen oder festliche Zusammenkünfte genutzt wurde. Er bestand aus zahlreichen, durch Mauern voneinander getrennten Gärten, die streng geometrisch nach dem Vier-Gärten-Schema (*tschahar bagh*) angelegt waren. Kreuzförmig angeordnete Wasserläufe oder Alleen unterteilten die Grundfläche in vier Quadranten, an deren Schnittstelle oder Ende ein Pavillonbau positioniert war. Heute sind nur noch zwei Gärten mit den zugehörigen Pavillonbauten erhalten, die zwei für die safawidische Palastarchitektur charakteristische formale Typen repräsentieren. Der unter Abbas II. 1647 erbaute »Vierzig-Säulen-Pavillon« (*Tschihil Sutun*) kombiniert einen Talar – eine Terrasse mit von hohen Holzsäulen getragenem Flachdach – mit einem Iwan und einem anschließenden Kuppelsaal. Der Typ des »Acht-Paradiese-Pavillon« (*Hascht Bihischt*), der auf timuridische Vorläufer zurückgeht, ist radialsymmetrisch aufgebaut. Um eine zentrale Halle auf quadratischem oder oktogonalem Grundriss sind kreuzförmig vier Vorhallen angeordnet, in den vier Ecken befinden sich zweigeschossige Raumgruppen, die durch diagonale Durchgänge mit dem zentralen Raum in Verbindung stehen.

Das Prinzip des Tschahar Bagh wurde bei der Neuanlage von Isfahan nicht nur auf die Gärten des Palastes angewendet, sondern bestimmte auch die großräumliche Ordnung der Residenzstadt. An der Rückseite des Palastbezirkes begann eine breite Allee, die in Südrichtung senkrecht auf den Fluss zuführte, diesen kreuzte und an einem weiteren großen Gartengelände, dem sogenannten Hazar Dscharib, endete. Zusammen mit dem in Ost-West-Richtung verlaufenden Fluss bildete sie ein großes Achsenkreuz, das die Stadt wie einen Tschahar Bagh in vier Quadranten teilte, in denen die muslimische, jüdische und christliche Bevölkerung untergebracht war. So wurde die ganze Stadt zu einem regelmäßig angelegten Garten, der sinnbildlich die Macht des

Herrschers als Garant von Ordnung und Kultur zum Ausdruck brachte. Zugleich erfüllte die große Allee ähnliche Funktionen wie der zentrale Maidan-i Schah. Sie diente als Bühne für die Inszenierungen höfischer Spektakel wie Prozessionen und Paraden und fungierte damit als Verbindungsglied zwischen öffentlichem Stadtraum und zugangsbeschränktem Palastbereich.

Ebenso wie die Anlage der von Abbas I. gegründeten Residenzstadt das autokratische Herrschaftsverständnis des safawidischen Herrscherhauses zum Ausdruck brachte, reflektierten auch die Bauprogramme der Mogulherrscher das sich wandelnde Selbstverständnis der einzelnen Herrscherpersönlichkeiten. Die Zusammenschau von historischen Abläufen und Baugeschichte zeigt eine enge Wechselbeziehung zwischen Auftraggeber, dynastischem Selbstverständnis und Bauprogramm. So förderten Humayun, Akbar und Dschahangir an erster Stelle den Bau von Palast- und Festungsanlagen, die Anlage von Gärten sowie die Errichtung dynastischer Mausoleen, während unter Schah Dschahan, der sich als Erneuerer des Islam sah, und seinem Nachfolger Aurangzib vor allem Moscheen und öffentliche Bauten errichtet wurden. Doch die Einflussnahme der Auftraggeber war nicht nur auf den Gegenstand herrscherlicher Patronage beschränkt. Die Berichte der Hofchronisten lassen vielmehr darauf schließen, dass die Herrscher durch präzise Vorgaben auch den spezifischen Stil der von ihnen in Auftrag gegebenen Bauten entscheidend prägten. Dabei konnten Auftraggeber und Baumeister auf ein ebenso breites wie heterogenes Repertoire an Formen und Techniken zurückgreifen. Neben den architektonischen Traditionen des vorislamischen und islamischen Indiens wurden vor allem timuridische, aber auch safawidische, zentralasiatische und europäische Elemente integriert.

Exemplarisch lässt sich dieser Syntheseprozess an der zwischen 1572 und 1585 erbauten **Palastanlage von Fatehpur Sikri** darstellen, die Akbar und seinem Hof neben Agra als Residenz diente, bevor der Schwerpunkt des Reiches 1585 nach Lahore verlegt wurde. Die Palaststadt lag auf einem Hügelrücken oberhalb eines künstlichen Sees, wo auf drei unterschiedlichen Ebenen eine lockere Folge von Höfen, offenen Hallen und Pavillonbauten angeordnet war. Auf der obersten Ebene befanden sich die Moschee und ein kleinerer Palast, auf der mittleren Ebene lagen die Wohnquartiere, die strengen Zugangsbeschränkungen unterlagen, auf der untersten Ebene schließlich waren die öffentlichen und semi-öffentlichen Bereiche untergebracht, die unter anderem die öffentliche und die private Audienzhalle umfassten. Weite Teile der Palastanlagen wurden nach der Eroberung von Gujarat errichtet und waren von den architektonischen Traditionen dieser Provinz geprägt. Die Konstruktion der Bauten basierte auf der Kombination von Stützen und aufliegenden horizontalen Balken, eine Technik aus dem Holzbau, die hier in Stein übertragen wurde. Nach diesem System errichtete man flach gedeckte Hallen, Gänge und Vorhallen. Und auch der häufigste Pavillontyp – ein geschlossener Gebäudekern mit umlaufender, offener Veranda – entstand unter Anwendung des charakteristischen Tragwerks. Auf timuridische Vorbilder hingegen lassen sich Pavillonbauten wie der Hada Mahall zurückführen. Sein oktogonaler Grundriss mit zentraler Halle, vier kreuzförmig angeordneten Vorhallen und Raumgruppen in den Ecken entspricht dem Typus des Hascht Bihischt, der sich später auch in der safawidischen Palastarchitektur zu einem Standardtypus entwickelte.

Neben der Palastarchitektur finden sich zahlreiche Varianten des Hascht Bihischt-Typus vor allem in der Grabarchitektur. Eine monumentale Abwandlung zeigt das 1562–1571 errichtete **Mausoleum des Humayun** in Delhi, das erste große Bauvorhaben, das Akbar nach seinem Regierungsantritt durchführen ließ. Der Bau liegt in der Mitte eines nach dem Tschahar Bagh-System angelegten Gartens, auf einem Sockelgeschoss mit 124 umlaufend ange-

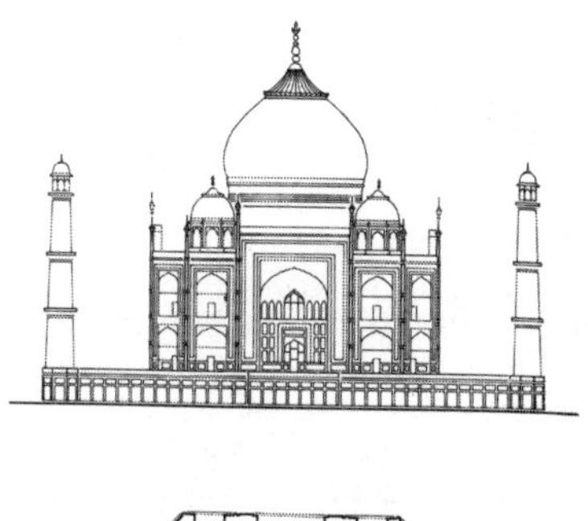

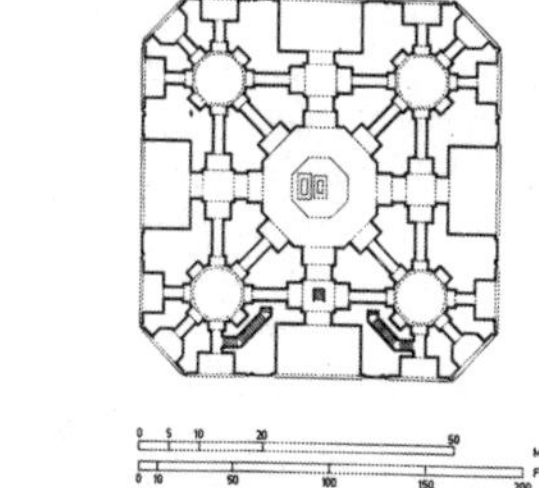


*Abb. 18.* Tadsch Mahal, Agra, 1622–28, Grundriss

ordneten, überwölbten Kammern. Der raffinierte Grundriss basiert auf der Kombination von vier nach dem Hascht Bihischt Schema aufgebauten Einheiten, die kreuzförmig um eine zentrale überkuppelte Halle angeordnet sind. Diese kreative Weiterentwicklung eines timuridischen Grundrisstyps wird kombiniert mit einem Baudekor, der in der Tradition der indo-islamischen Architektur des 13. Jahrhunderts steht. Der gesamte Außenbau ist mit rotem Sandstein verkleidet, Friese und Paneele aus weißem Marmor greifen die Hauptlinien der Fassadengliederung auf, und auch die bekrönende Kuppel ist mit weißem Marmor verkleidet. Solche farbig kontrastierenden Fassadengestaltungen wurden in der Folgezeit vor allem unter Dschahangir zu höchster Verfeinerung weiterentwickelt. Dabei kombinierte man traditionelle Techniken wie die Verkleidung mit flach reliefierten Steinplatten aus rotem Sandstein und weißem Marmor mit neuen Verfahren wie farbigen Steinintarsien, keramischen Baudekors und bemaltem Stuck.

Ein Schwerpunkt der Bauprogramme unter Dschahangir war die Anlage beziehungsweise der Ausbau von Gärten, auch dies ein Element, das auf timuridische Traditionen zurückgeht. In Kaschmir, wo der Hof sich im Sommer aufhielt, entstanden in enger Bezugnahme auf die Topographie streng regelmäßig konzipierte Gärten wie der 1620 gegründete **Schalimar Bagh** bei Srinagar. Die zentrale Achse der terrassierten Anlagen bildete jeweils ein breiter Wasserlauf, der in eine Abfolge von Becken, Wassertreppen und Seitenkanälen unterteilt war. Und auch in Agra wurden etwa zeitgleich am Ufer des Yamuna neue Gärten angelegt und bestehende ausgebaut. Hier führte die Lage der Gärten am Flussufer zu einer Neuerung, die sich in der Folgezeit als Standardtyp der repräsentativen Garten- und Palastarchitektur etablieren sollte. Anders als in den traditionellen Tschahar Bagh-Gärten, in denen ein Pavillonbau zentral auf den beiden sich kreuzenden Achsen positioniert ist, errichtete man die zu den Gärten gehörige Pavillonbebauung nun auf einer Terrasse direkt am Flussufer. Dieses Schema der Ufergärten wurde auch in den Palastanlagen des Red Fort in Agra übernommen, die Schah Dschahan zwischen 1628 und 1637 errichten ließ. Der Kern des Komplexes bestand aus drei Höfen, die an drei Seiten von ein- oder zweigeschossigen Raumzeilen umschlossen wurden, während an der vierten Seite auf einer Terrasse die Hauptrepräsentations- und Wohnräume untergebracht waren. In monumentalisierter Form schließlich fand das Schema seinen sublimierten Ausdruck in dem 1632–43 im Auftrag von Schah

Dschahan errichteten **Tadsch Mahal**, der Grabanlage für seine Lieblingsfrau Ardschumand Banu Begam (Abb. 18, s. S. 271). Der Aufbau der streng achsensymmetrisch konzipierten Anlage am Ufer des Jamuna folgte ebenfalls dem Prinzip der Palastgärten, wobei anstelle der Pavillons der Grabbau trat. Das 310 mal 550 Meter messende Areal besteht aus einem Vorhof mit Torbauten, der ursprünglich auch einen Basar umfasste. Nach Süden hin folgt ein Garten mit Pavillonbebauung, der im Süden von einer direkt am Flussufer gelegenen Terrasse begrenzt wird. Sie dient als Unterbau, auf dem der von einer Moschee und einer Versammlungshalle flankierte und von vier Minaretten gerahmte Grabbau steht. Der Grundriss des Mausoleums entspricht der im Grab des Humayun vorgebildeten Variante des Hascht Bihischt-Typs. Im Aufriss entsteht allerdings durch die hoch aufragende, bauchig geschweifte Kuppel ein völlig anderer Eindruck, der durch die vollständige Verkleidung mit weißem Marmor und farbige Steineinlagen in *pietra dura*-Technik zusätzlich verstärkt wird.

Neben dem Palast- und Festungsbau entfällt ein großer Anteil des von Schah Dschahan beauftragten Bauprogramms auf den Moscheebau. Die erhaltenen Anlagen lassen sich zwei Grundrisstypen zuordnen. Die großen Freitagsmoscheen wie die 1650–56 erbaute Dschami Masdschid in Schajahanabad wurden auf einem Sockel errichtet und bestehen aus einem an drei Seiten von Arkaden oder Raumzeilen umschlossenen Hof, der durch drei axial positionierte Torbauten erschlossen wird. Der durch einen Pischtaq betonte Betsaal ist einschiffig und in fünf Joche unterteilt, die überkuppelt beziehungsweise überwölbt sind, wobei der Vormihrabbereich deutlich akzentuiert wird. Der zweite Grundrisstyp zeigt ebenfalls die Kombination von Hof und Betsaal, dessen Struktur auf der Aneinanderreihung gleichartiger Raumabschnitte basiert.

## *Objekt- und Buchkunst*

Die Rahmenbedingungen, unter denen im Osmanischen Reich, im safawidischen Iran und in Mogulindien luxuriöse Gebrauchsgegenstände oder reich ausgestattete Manuskripte produziert wurden, ähneln sich grundsätzlich. Die Förderung von Kunst war fester Bestandteil des politischen Instrumentariums und wurde gezielt als Mittel dynastischer Selbstdarstellung eingesetzt. Dabei bestimmten in den stark zentralistisch geprägten Systemen die Persönlichkeit des Herrschers und seine Vorlieben den Umfang und die Gegenstandsbereiche mäzenatischen Wirkens. Die zentrale Institution, die diese höfische Kunstproduktion bündelte und lenkte, war das Hofatelier (*nakkaşhane*). Hier entstanden vor allem reich ausgestattete Manuskripte, seine Künstler fertigten aber auch Entwürfe für umfangreiche Baudekors an, ebenso wie Vorlagenzeichnungen für künstlerisch gestaltete Objekte. Diese eigentlich eher nachgeordnete Funktion der Hofateliers trug entscheidend zur Ausbildung eines einheitlichen, charakteristischen Hofstils bei, der von den freien Werkstätten kopiert und popularisiert wurde. Neben dem Hofatelier existierten außerdem Hofwerkstätten, die eng mit dem Hofatelier zusammenarbeiteten und in denen für den unmittelbaren Bedarf des königlichen Haushalts produziert wurde. Wie die Abläufe und die Arbeitsteilung zwischen Entwerfenden und Ausführenden im einzelnen organisiert war und welche Rolle in diesem Zusammenhang freie Werkstätten und Handwerker spielten, die im Auftrag des Hofes arbeiteten, wird im Einzelfall kontrovers diskutiert. Relativ gut unterrichtet sind wir über Hofatelier und Hofwerkstätten der Osmanen. In den Archiven des Topkapı Saray in Istanbul sind bis heute zahlreiche Dokumente erhalten – Abrechnungen, Gehaltslisten, Materialbestellungen, Arbeitsaufträge usw. – die einen Einblick in die Organisation, personelle Zusammensetzung und Entwicklung des Hofateliers gewähren. Sie belegen, dass bereits unter Bayezid II. ein Nakkaşhane existierte, das unter Selim I. durch persische Künstler erweitert wurde, die nach der Eroberung von Täbris nach Istanbul kamen. Die Mitglieder der hierarchisch organisierten Werkstätten waren in zwei Gruppen unterteilt, die weitgehend ihre regionale Herkunft spiegelten und die jeweils einem Leiter unterstellt waren. Für das 16. Jahrhundert sind mehrere Leiter des Palaststudios namentlich bekannt, die von der kunstgeschichtlichen Forschung mit der Entwicklung spezifischer Stile in Verbindung gebracht werden.

Die Komplexität der Wechselbeziehungen zwischen Hofatelier, Hofwerkstätten und freien Werkstätten, die sowohl für den Hof als auch für den Handel produzierten, zeigt die osmanische **Textilproduktion**. Wie bereits im Bagdad des 9. Jahrhunderts spielten kostbare Textilien im Rahmen des Hofzeremoniells eine bedeutende Rolle, sowohl für die Ausstattung von Räumlichkeiten als auch in Form von Gewändern. Die Verteilung von Ehrengewändern an Hofbeamte und -bedienstete war fester Bestandteil der Feierlichkeiten am Ende des Fastenmonats, außerdem wurden anlässlich von Thronfeierlichkeiten, Amtseinsetzungen, Beförderungen usw. Ehrengewänder verliehen. Der enorme Bedarf des osmanischen Hofes an hochwertigen Textilien wurde größtenteils durch die Produktion des führenden osmanischen Textilzentrums Bursa gedeckt. Außerdem bezog man Seiden aus Italien, was zu intensiven Austauschbeziehungen führte. Einerseits wurden in Italien nach präzisen Anweisungen des Hofes regelrechte Auftragsarbeiten hergestellt, andererseits kopierte man in osmanischen Werkstätten die italienischen Importstoffe. Diese osmanischen Kopien italienischer Seiden, ebenso wie die italienischen Kopien osmanischer Entwürfe, sind so originalgetreu, dass oft nur eine genaue Analyse der verwendeten Materialien und Techniken eine genaue Zuschreibung erlaubt. Ab Mitte des 16. Jahrhunderts richtete man schließlich auch in Istanbul Seidenwebereien ein, um den weiter wachsenden Bedarf des Hofes zu decken und den zunehmenden Importen italienischer Luxustextilien entgegenzuwirken. Neben einer Werkstatt, die exklusiv für den Sultan arbeitete, wurde eine zweite eingerichtet, in der ausschließlich Ehrengewänder hergestellt wurden. Zusätzlich dazu existierten Mitte des 16. Jahrhunderts 318 freie Seidenwebereien, in denen die vier Hauptstoffgruppen – Samt, Atlas, Lampas und Taftstoffe – produziert wurden. Sie belieferten den Hof, arbeiteten zugleich aber auch für den freien Markt, insbesondere für den Export nach Europa.

Im safawidischen Iran waren die Wechselbeziehungen zwischen Hofatelier, Hofwerkstätten und freien Werkstätten grundsätzlich anders gewichtet. Schah Tahmasp hatte in den ersten Jahrzehnten seiner Regierung zunächst ebenfalls ein Hofatelier nach timuridischem Muster eingerichtet, das unter anderem auch Vorlagen für die Produktion von Luxusobjekten und Textilien lieferte. Eine Objektgruppe, die diese Bezüge deutlich macht, sind die kostbaren **Teppiche**, die in seinem Auftrag entstanden. Die großformatigen, häufig aus Seide geknüpften Luxusobjekte wurden nicht mehr im dörflich-nomadischen Bereich produziert, sondern in städtischen Großwerkstätten. In Kaschan, Isfahan und Kirman richtete man Werkstätten ein, die im Auftrag des Hofes arbeiteten. Dass die Knüpfer, die hier tätig waren, nach Vorlagen arbeiteten, die das Hofatelier lieferte, zeigen der Aufbau der Kompositionen und auch die verwendeten Motive, die deutliche Bezüge zur gleichzeitigen Buchkunst erkennen lassen. So ähnelt die klassische Feldaufteilung der Teppiche mit dem Hauptfeld, das ein zentrales Medaillon sowie Viertelmedaillons in den Ecken enthält und von einer mehrteiligen Bordüre gerahmt wird, den gleichzeitigen Bucheinbänden. Und auch die Tiere, Figuren von Höflingen, Jagdszenen und blühenden Bäume, die das Hauptfeld schmücken, entstammen der Tradition der Manuskriptillustration.

Entscheidende Veränderungen ergaben sich Mitte des

16. Jahrhunderts. In den späteren Jahren seiner Regentschaft wurde Schah Tahmasp streng religiös und verbannte alle Künstler von seinem Hof. Um 1555 wurde das Hofatelier aufgelöst, an dem bis dahin die berühmtesten Künstler seiner Zeit gearbeitet hatten. Ein Teil von ihnen fand Zuflucht in dem Kitabkhana seines Neffen Bahram Mirza, andere wanderten ab nach Indien an den Hof der Moghulherrscher. Erst unter Abbas I. und seinen Nachfolgern wurde wieder ein Hofatelier eingerichtet, nun jedoch nur noch in der Funktion als Scriptorium, in dem reich ausgestattete Manuskripte entstanden. Für die Produktion von Luxustextilien, Teppichen und Objekten hingegen wurden spezielle Werkstätten eingerichtet, die sowohl für den Handel als auch für den Gebrauch des Hofes arbeiteten.

Dass diese Werkstätten nur noch indirekt mit dem Hofatelier zusammenarbeiteten, zeigen technische Analysen safawidischer Seidenstoffe. Ebenso wie die frühen safawidischen Teppiche galten sie der Forschung bislang als ein Produkt, das direkt nach Entwürfen des Hofateliers angefertigt wurde. Doch die technische Analyse zeigt, dass die Herstellung anders organisiert war. Schlüssel zum Verständnis ist die komplizierte Herstellungstechnik. Die vorwiegend in Lampas-Technik gewebten Stoffe entstanden auf besonderen Musterwebstühlen, die erlaubten, jeden einzelnen der mehreren Tausend Kettfäden eines Gewebes einzeln anzuheben. Die Information, welcher Kettfaden wann angehoben werden muss, wurde mittels einer Fadenvorlage vermittelt, die von einem spezialisierten Handwerker anhand einer Zeichnung angefertigt wurde. Das Weben selbst war somit eher ein mechanischer Vorgang. Die eigentliche Kunst bestand darin, eine Zeichnung in eine Fadenvorlage umzusetzen. Diese Aufgabe konnte nur ein Spezialist erfüllen, der sogenannte *naqschband*, der mit den technischen Finessen des Musterwebens bis ins Detail vertraut war. Einige dieser Naqschband signierten ihre Werke und sind daher namentlich bekannt, wie beispielsweise

Meister Ghiyas aus Yazd, der zu den engsten Vertrauten von Schah Abbas I. zählte. Die Naqschband fungierten als Vermittler zwischen dem Hofatelier, dessen Vorlagen sie in eine Fadenvorlage übertrugen, und den eigentlichen Werkstätten, in denen diese umgesetzt wurden.

Neben den Hofateliers war ein weiterer Faktor, der die künstlerische Produktion der drei großen Reiche prägte, die wachsende Bedeutung des Fernhandels und eine zunehmend merkantilistische Einstellung der Herrscher zu der Verbindung von Kunst und Handel. Europa entwickelte sich mehr und mehr zu einem lukrativen neuen Absatzmarkt für Teppiche, Textilien, Keramiken und andere Luxusobjekte, auf deren Vertrieb die Höfe teilweise Monopole einrichteten. Und auch die in umgekehrte Richtung verlaufenden Warenströme wurden vom Hof kontrolliert. Offizielle Aufkäufer beobachteten als Agenten der Herrscher die Märkte, besaßen Vorkaufsrechte und konnten Sonderkonditionen beanspruchen. Für die künstlerische Praxis und das Handwerk waren diese über den Fernhandel, aber auch durch die veränderten geopolitischen Strukturen entstehenden Austauschbeziehungen sehr anregend, da sie neue Impulse brachten und zusätzliche Märkte erschlossen.

Besonders deutlich zeigt dies die hochwertige **Feinkeramik**, die im 16. und 17. Jahrhundert in Iran entstand und deren Formen und Dekors sich aus dem Dialog mit chinesischen Porzellanen herleiten. Seit dem Ende des 14. Jahrhunderts waren große Mengen chinesischer Porzellane, insbesondere solche mit Blauweißdekors, in weite Teile der islamischen Welt importiert worden. Während jedoch im Osmanischen Reich ab Anfang des 16. Jahrhunderts die chinesische Importware zunehmend durch eine eigene, polychrome Feinkeramik abgelöst wurde, war das chinesische Blauweißporzellan im Iran auch im 17. Jahrhundert noch gesucht und diente den einheimischen Keramikmeistern als Vorbild. Dabei zeigt sich, dass der iranische Markt höchst sensibel war, was die wechselnden Moden der chinesischen Waren anging, und diese innerhalb kürzester Zeit adaptierte. Vor allem im 17. Jahrhundert entstanden aus diesem fruchtbaren Austausch einige der qualitätvollsten Keramiken, die in der islamischen Welt jemals produziert wurden. Formgebung, Dekor und Glasur der großen Teller, Schalen, Flaschen und Kannen bezeugen ein Höchstmaß an technischem Können und künstlerischer Sensibilität. Wo die Werkstätten angesiedelt waren, in denen diese Feinkeramik entstand, ist bis heute nur ansatzweise bekannt. Anders als in der osmanischen Türkei war die Produktion im Iran nicht zentralisiert, Keramik wurde in verschiedenen Orten hergestellt und zu zentralen Märkten transportiert. Die europäischen Reiseberichte und die Auftragsbücher der internationalen Handelskompanien nennen an erster Stelle Kirman und Maschhad, aber auch Täbris, Qazwin, Isfahan, Yazd, Schiras, Teheran, Nischapur und Kaschan.

Doch die iranischen Keramikwerkstätten produzierten nicht nur für den einheimischen Markt, sondern auch für den Export nach Südostasien und Europa. Nachdem bereits im 16. Jahrhundert der Nachschub an chinesischem Porzellan zeitweise unterbrochen worden war, weil die chinesischen Kaiser zwischen 1522 und 1552 keine fremden Händler ins Land ließen, kam der Chinahandel nach dem Zusammenbruch der Herrschaft der Ming-Dynastie 1643 fast gänzlich zum Stillstand. Das auf diese Weise entstandene Vakuum wurde durch die Produktionen japanischer und iranischer Werkstätten gefüllt. Eine wichtige Rolle spielten in diesem Zusammenhang die großen nationalen Handelskompanien, die Anfang des 17. Jahrhunderts gegründet worden waren und die den Ostasienhandel dominierten. Neben der 1600 gegründeten English East India Company war dies die niederländische VOC (Vereenigde Oost Indische Compagnie). Sie bestellte zwischen 1652 und 1683 große Mengen Blauweißkeramik im Iran für den Export nach Europa. Die iranischen Meister kopierten vor allem die blauweiß bemalten Kraak-Porzellane, so genannt nach einem portugiesischen Schiffstyp, der Karacke. Die großen Teller mit geschweiftem Rand zeigen nicht nur die charakteristische Einteilung der Wandung in blütenblattähnliche Felder und die Ausmalung des Innenfeldes mit chinesisch inspirierten Landschaften der chinesischen Vorbilder, sondern auf der Unterseite sogar pseudochinesische Marken. Diese Phantasiezeichen ahmen jene Marken nach, die auf dem chinesischen Porzellan angebracht wurden, um zu kennzeichnen, in welcher Werkstatt ein Stück hergestellt worden war.

Ganz anders gestaltete sich die Produktion hochwertiger Keramiken im Osmanischen Reich. Ausschließliches Produktionszentrum war das an der Westküste gelegene Iznik. Hier produzierte man zwischen dem 15. und 18. Jahrhundert eine qualitätvolle Feinkeramik aus weiß brennender Quarzfritte mit Dekors in Unterglasurtechnik. Ihre Formensprache zeigt eine Abfolge klar differenzierbarer Stile, die maßgeblich vom Wirken des Nakkaşhane geprägt waren. Die in Kobaltblau und Weiß gehaltenen Dekors der frühen, zwischen 1480 und 1520 entstandenen Objekte standen noch ganz in seldschukischer und timuridischer Tradition. Aus dem seldschukischen Motivrepertoire stammen Lanzettblätter und Knotenmuster, wohingegen chinesische Motive wie Wolkenbänder und phantastische Kompositblüten über die timuridische Kunst vermittelt wurden. Ab etwa 1540 begann man mit einer erweiterten Farbpalette zu experimentieren, die neben einem matten Graugrün ein blasses Manganviolett umfasste. Parallel dazu entwickelte man ein neues Formenrepertoire, beherrschendes Motiv waren große geschwungene Sichelblätter – sogenannte *saz*-Blätter – die mit phantastischen Blüten und Darstellungen von Fabelwesen kombiniert wurden. Die Entwicklung dieses aus timuridischen Traditionen abgeleiteten Stils wird mit dem aus Bagdad stammenden Künstler Schahkulu in Verbindung gebracht, der seit 1526 als Leiter des Nakkaşhane tätig war. Ab Mitte des 16. Jahrhunderts schließlich veränderten sich Farbpalette und Formensprache der Iznik-Keramiken abermals grundlegend. Anstelle der matten Grün- und Violetttöne traten nun ein leuchtendes Rot und ein strahlendes Smaragdgrün, die Motivpalette umfasste naturalistisch dargestellte Blumen und Blüten, vor allem Rosen, Tulpen, Nelken und Hyazinthen, was den Dekors die Bezeichnung »Quatre Fleur«-Stil eingetragen hat. Auch dieser Stilwandel wird von der kunstgeschichtlichen Forschung mit einem Leiter des Nakkaşhane in Verbindung gebracht, dem Schüler und Nachfolger des Schahkulu, Kara Memi. Aber auch die zunehmende Beliebtheit von Baukeramik war ein bedeutender Anreiz für die Veränderungen. Die großen Baumaßnahmen, die ab Mitte des 16. Jahrhundert vom Sultan und den Angehörigen der höfischen Elite in Auftrag gegeben wurden, umfassten in der Regel auch großflächige Fliesenensembles. Um auch aus der Ferne betrachtet noch eine Wirkung zu erzielen, mussten diese andere Farb- und Motivkombinationen aufweisen als ein Gefäß, das der Benutzer auf Armeslänge betrachtet. Die neue Farbpalette mit strahlenden Grün- und Rottönen erfüllte diese Bedingungen, die leuchtend farbigen Blütendekors entfalteten auch auf die Distanz gesehen noch eine kontrastreiche Wirkung. Doch die Auftragsflut für die Produktion von Baukeramik hatte nicht nur positive Folgen. Die höfischen Auftraggeber betrieben eine restriktive Preispolitik, die die Werkstätten zunehmend in Bedrängnis brachte. Um trotzdem profitabel arbeiten zu können, begannen diese zunehmend auch für den freien Markt, insbesondere für den Export nach Europa zu arbeiten. Anstelle aufwendig dekorierter Einzelstücke produzierte man große Serien weniger qualitätvoller Stücke. Mittelfristig führte dies im 17. Jahrhundert zu einem deutlichen Qualitätsverlust, der nicht mehr kompensiert wurde.

Im mogulindischen Reich war Keramik keine von den höfischen Eliten geschätzte oder geförderte Materialgruppe. Zwar verlagerte sich ab Mitte des 17. Jahrhunderts das Mäzenatentum zunehmend von der Buch- auf die Objektkunst, doch gefördert wurde vorzugsweise die Produktion von Textilien, Teppichen, sowie Goldschmiede- und Steinschnittarbeiten. So erwähnt Dschahangir (1605–27) in seinen Memoiren mindestens ebenso häufig kunstvoll gestaltete Objekte wie er über reich ausgestattete Bücher berichtet. Lange Passagen widmet er der Beschreibung von reich verzierten Dolchen und Messern, die er verschenkt oder als Geschenk erhalten hat. Mehrfach nennt er auch die Namen der Meister ebenso wie die reiche Vergütung, die diese erhielten. Die immer aufwendiger gestalteten Prunkwaffen, die ab dem 17. Jahrhundert entstanden, waren meist ein Gemeinschaftsprodukt mehrerer Spezialisten, die zunehmend unabhängig voneinander arbeiteten. Goldschmiede und Steinschneider fertigten die Griffe an, die Klingen wurden von Waffenschmieden hergestellt. Beide konnten dann nach Wunsch zusammengefügt werden.

Neben Waffen galt Dschahangirs besonderes Interesse **Objekten aus Jade**. Der wegen seiner Härte nur schwer zu bearbeitende Stein wurde in der islamischen Welt traditionell verarbeitet. Vor allem die turko-mongolischen Dynastien des 13.–15. Jahrhunderts schätzten das Material, dem sie nicht nur besondere Kräfte, sondern auch dynastische Symbolkraft zuschrieben. So ließ der Timuridenherrscher Ulughbeg für seinen Großvater, den Dynastiengründer Timur Lenk, einen Sarkophag aus Jade anfertigen. Die Moghulherrscher, die sich über ihre Verwandtschaft mit den Timuriden legitimierten, griffen diese Materialsymbolik auf und verbanden sie mit der höchst verfeinerten Ästhetik einer Objektkultur, in der eine ausgefeilte Hierarchie von Kategorien die feinsten Farbschattierungen der Steine unterscheidet und mit poetischen Begriffen bezeichnet.

Die grundlegende Bedeutung timuridischer und safawidischer Kunst und Kultur, die in diesen Zusammenhängen anklingt, prägte – insbesondere im 16. Jahrhundert – auch andere Bereiche künstlerischen Schaffens im mogulindischen Reich. Die Teppichproduktion beispielsweise orientierte sich bis in das 17. Jahrhundert hinein an persischen Vorbildern, man importierte Mustervorlagen aus dem Iran und holte Spezialisten, die diese umsetzten. Erst ab den zwanziger Jahren des 17. Jahrhunderts entstanden zunehmend eigenständige Kompositionen, die die für die mogulindische Kunst so charakteristischen naturalistischen Blütenstauden gereiht auf leuchtend rotem Grund zeigen. Die gleichen Blütenstauden finden sich auch auf den zeitgleich entstandenen Textilien. Diese spielten eine wichtige Rolle im Rahmen der hoch differenzierten höfischen Kleiderordnung, vor allem aber dienten sie der Ausstattung dauerhafter oder der Errichtung temporärer Architekturen. Da militärische Auseinandersetzungen und die Sicherung des Reiches bis weit in das 17. Jahrhundert hinein eine hohe Mobilität der Herrscher und des gesamten höfischen Apparates erforderten, bildeten temporäre Architekturen aus der Kombination unterschiedlicher Zelte, Baldachine und Stoffbahnen einen essentiellen Bestandteil mogulindischer Baukunst. Die Dimensionen dieser mobilen Städte, ihre Prachtentfaltung und der organisatorische Aufwand, der mit ihrer Errichtung verbunden war, sind heute kaum noch vorstellbar. Der englische Gesandte Sir Thomas Roe verglich 1616 die Größe des Lagers Dschahangirs mit einer europäischen Großstadt, während Abu'l Fazl, der Biograph Akbars, ein Audienzzelt beschrieb, in dem bis zu zehntausend Personen Platz fanden.

Die hochwertigen Gebrauchs- und Ausstattungsgegenstände aus Keramik, Metall und Glas, die in der Zeit der Großen Reiche entstanden, zeigen zwar formale und stilistische Neuerungen und auch die Produktionsumstände veränderten sich, die Funktion und Wertigkeit der Objekte hingegen blieb unverändert. Luxuriöse Gebrauchsgegenstände dienten ästhetischen Ansprüchen, sie drückten Sozialprestige aus, und als Handelsgut hatten sie geldwerte Bedeutung. Hergestellt wurden sie in einem handwerklichen Umfeld, was darin zum Ausdruck kommt, dass ein Großteil der Objekte anonym ist, also nicht einem bestimmten Meister zugeschrieben werden kann. Diese Kontinuität steht in deutlichem Gegensatz zu den Entwicklungen in der **Malerei**, insbesondere im safawidischen und mogulindischen Reich. Hier vollzog sich ab Mitte des 16. Jahrhunderts ein grundlegender Wandel, der sowohl auf Veränderungen der bis dahin üblichen Produktionsabläufe schließen lässt als auch auf eine modifizierte Auffassung der Rolle von Malerei, Kreativität und Individualität. Neben das illustrierte Buch, das in einer Werkstatt als Gemeinschaftsprodukt mehrerer Künstler entstand, trat nun als neues Format das Einzelblatt, das von einem Künstler angefertigt wurde. Einzelblätter mit Kalligraphien, Zeichnungen und Malereien wurden in Sammelalben, sogenannten *muraqqa*, collageartig montiert. Sie waren häufig signiert oder wurden nachträglich mit einem Hinweis auf den ausführenden Künstler versehen. Die Auswahl der in den Alben zusammengestellten Blätter reflektierte eine ideale Abfolge der künstlerischen Entwicklung, vertreten durch einzelne Künstlerpersönlichkeiten. Einleitungen, die den Alben vorangestellt wurden, kommentierten und erklärten die Auswahl der Einzelblätter.

Ein solches Vorwort – 1544 von Dust Muhammad für das Album des Bahram Mirza verfasst – beschreibt unter anderem ein Bild, auf dem Menschen mit Leopardenfellen dargestellt sind, dessen »wunderbarer Anblick jeden Maler beschämt das Haupt senken lässt«. Diese Illustration findet sich in dem sogenannten *Tahmasp Schahname*, dem wichtigsten Buchprojekt der frühen Safawidenzeit. Der 258 Illustrationen umfassende Prachtband entstand in einem Zeitraum von über zwanzig Jahren. Ab 1522 arbeiteten die führenden Maler ihrer Zeit, unter ihnen Sultan Muhammad, Mir Musawwir und Aqa Mirak, im Kitabkhane des Tahmasp in Täbris an den großformatigen Illustrationen. Für die kunstgeschichtliche Forschung sind sie unter anderem deswegen so interessant, weil sich an ihnen exemplarisch die Synthese von zwei Maltraditionen nachvollziehen lässt. Mit der Eroberung von Täbris 1501 war Tahmasps Vater, Schah Ismail, nicht nur in Besitz der Bibliothek der turkmenischen Herrscher, sondern auch der dort tätigen Schreiber, Illustratoren und Illuminatoren gekommen. Sie arbeiteten in der Folgezeit zusammen mit jenen Künstlern, die Tahmasp mitbrachte, als er 1522 aus Herat zurückkehrte, um in Täbris die Regierung anzutreten. Aus dieser Zusammenarbeit resultierte der für die frühe safawidische Malerei kennzeichnende Stil, in dem sich die leuchtende Farbpalette, nervöse Energie und emotionale Bewegtheit der turkmenischen Malerei mit dem klaren, rationalen Stil der Herater Malerei harmonisch verbindet.

Die intensive Phase kreativen Schaffens unter Tahmasp währte jedoch nur kurz, da der Schah ab 1540 zunehmend das Interesse an der Malerei verlor und schließlich 1555 das Hofatelier auflöste. Die Künstler waren gezwungen, sich neue Mäzene und Aufgabenbereiche zu suchen. Vor die Notwendigkeit gestellt, für weniger potente Auftraggeber aus dem höfischen Umfeld arbeiten zu müssen, aber auch befreit von der strikten Disziplin des Kitabkhane-Systems, begannen sie mit neuen Formaten und Themen zu experimentieren. Anstelle illustrierter Manuskripte, die aufwendig und damit kostspielig in der Herstellung waren, wurden zunehmend Einzelblätter mit idealisierten Porträts von Höflingen, Liebespaaren oder Derwischen sowie Landschaftsszenen produziert. Damit einhergehend veränderten sich auch die Maltechniken. Anders als die Manuskriptillustrationen, bei denen das gesamte Bildfeld farbig angelegt ist, wurden die Einzelblätter nun häufig als teilkolorierte Zeichnung ausgeführt. Das heißt, dass Umrisse und Binnenzeichnung mit schwarzer Tusche angelegt wurden, während nur einzelne Elemente wie die Gesichter oder Details wie Turbane oder Gürtel farbig ausgemalt wurden. Ein denkbarer Grund für die Kreation dieses neuen Stils, der dem Künstler Muhammadi zugeschrieben wird, ist der ökonomische Druck, der die Künstler veranlasste, auf teure Malfarben zu verzichten.

Als schließlich nach dem Regierungsantritt von Schah Abbas I. 1587 das Kitabkhane wieder eingerichtet wurde und auch wieder illustrierte Manuskripte entstanden, hatten die neuen Formate und Techniken sich fest etabliert. Das Einzelblatt und die Zeichnung blieben das bevorzugte Medium und Experimentierfeld der Hofkünstler. Neben Sadiqi Beg, dem Leiter des Hofateliers von Abbas I., war es vor allem Riza-i Abbasi, neben Bihzad der berühmteste persische Maler, der die stilistischen Möglichkeiten des Mediums auslotete, wobei er sich in einem ständigen Dialog mit seinen Vorgängern bewegte. In der Frühzeit seiner Karriere in den 1590er Jahren experimentierte er zunächst mit variierenden Strichstärken, ein Stilmittel, das vor ihm bereits Scheich Muhammad, der ehemalige Leiter des Kitabkhane unter Tahmasp, eingesetzt hatte. Riza setzte diese kalligraphisch wirkende Art der Linienführung ein, um Körperlichkeit und Bewegung anzudeuten. Nach 1610 änderte sich sein Stil, die Zeichnungen lassen ein Interesse für Konturen und geschlossene Formen erkennen sowie einen intensiven Dialog mit namhaften Künstlern wie Bihzad und Muhammadi.

Die Emanzipation des Bildes vom Text und die damit einhergehenden Experimente mit Techniken und Stilen ist nur einer der Faktoren, die die Entwicklung der Malerei in den drei großen Reichen prägten – wenn auch in unterschiedlichem Ausmaß. Ein zweiter wesentlicher Punkt war die zunehmende Kenntnis und Auseinandersetzung mit der europäischen Malerei. So wurde die osmanische Malerei von der venezianischen Kartographie und topographischen Zeichnungen geprägt, während die von christlichen Missionaren vermittelte nordeuropäische Malerei die Entwicklung der safawidischen und vor allem der mogulindischen

Malerei entscheidend beeinflusste. Seit Ende des 16. Jahrhunderts gelangten flämische, niederländische, englische und italienische Kupferstiche in das safawidische Reich und nach Indien, wo sie in unterschiedlicher Weise rezipiert wurden. Die persischen Künstler ließen sich vor allem zu neuen Sujets inspirieren, technisch und formal blieb ihre Malerei konservativ. In Indien hingegen wurde die europäische Malerei einer der konstituierenden Bestandteile des für die Mogulmalerei so kennzeichnenden Eklektizismus. Die Künstler übernahmen Techniken wie die Zentralperspektive oder das *sfumato* – ein Verfahren, bei dem in der Ferne liegende Gegenstände heller und unscharf gemalt werden, um einen Tiefeneindruck zu erzeugen – und integrierten sie in ihre eigenen Kompositionen. Zugleich entstanden Auftragsarbeiten, die europäische Vorlagen adaptierten wie beispielsweise eine Darstellung des hl. Hieronymus, die die plastisch modellierte Gestalt des Heiligen unter einem Baum ruhend zeigt. Keimzelle dieser Entwicklungen war das 1556 gegründete Hofatelier des Akbar. Hier arbeiteten Künstler aus verschiedenen Provinzen des Reiches zusammen, die in unterschiedlichen künstlerischen Traditionen aufgewachsen und ausgebildet worden waren. Die Leitung hatten zwei safawidische Meister, die noch in Täbris am Schahname des Tahmasp mitgearbeitet hatten und nach der Auflösung des safawidischen Kitabkhane an den mogulindischen Hof abgewandert waren, Abd as-Samad und Mir Sayyid Ali. Als erstes monumentales Projekt des neugegründeten Hofateliers entstand zwischen 1562 und 1577 das illustrierte Hamzaname, das die Abenteuer des Prophetenonkels Hamza erzählt. Die vierzehn Bände umfassten insgesamt 1400 ungewöhnlich großformatige, auf Leinen gemalte Illustrationen, die Elemente des safawidischen Stils von Täbris mit sultanatszeitlichen, hinduistischen und jainistischen Maltraditionen verbinden. Das ungewöhnliche Format der Illustrationen lässt vermuten, dass die Blätter begleitend zu Rezitationen des Epos gezeigt wurden. Ebenso wie die persischen Übersetzungen hinduistischer Epen, die Akbar anfertigen ließ, dienten solche Vorträge dazu, seine Gleichstellungspolitik zu unterstützen, indem sie die heterogenen Elemente seines Hofes einander näherbrachten.

Dass Akbar und seine Nachfolger – ganz in der Tradition der Timuriden – die Förderung von Kunst als politisches Instrument nutzten, zeigt auch der Umgang mit illustrierten Chroniken. Nachdem der Dynastiengründer Babur mit seiner Autobiographie bereits Maßstäbe gesetzt hatte, ließ Akbar ab 1580 eine Reihe von illustrierten Chroniken anfertigen, aus deren Abfolge ein klares Programm erkennbar wird. Auf eine Weltgeschichte (1581) folgte eine Geschichte der Timuriden (1584), als deren legitime Erben die Mogulherrscher sich betrachteten, den Abschluss bildete das *Akbar-name* (1590), die panegyrische Chronik seiner eigenen Herrschaft. Diese propagandistisch motivierte Förderung historischer Werke ging einher mit einem zunehmenden Interesse an Porträts jener Personen, die den Lauf der Geschichte bestimmten. Das realistische und das allegorische Porträt entwickelten sich zu einem festen Genre der Mogulmalerei. Besonders Akbars Nachfolger Dschahangir nutzte das Medium, um Geschichte umzudeuten und seine Herrschaft zu legitimieren und zu glorifizieren. So zeigt ein im Musée Guimet in Paris aufbewahrtes Porträt den Herrscher vom Oberkörper aufwärts im Profil dargestellt. Er ist reich gekleidet, ein goldener Nimbus hebt den Kopf hervor. In der Hand präsentiert er ein Porträt seines Vaters, ebenfalls goldnimbiert und in Weiß gekleidet, jene Farbe, die in der islamischen Mystik mit der nach Erleuchtung strebenden Seele verbunden ist. In der Hand trägt Akbar eine Weltkugel, die er seinem Sohn zu reichen scheint und auf der zu lesen ist: »Porträt des Verehrten, der auf dem himmlischen Thron sitzt. Gemalt von Nadir az-Zaman.« In der augenfälligen Symbolik dieser Darstellung wird die historische Realität eklatant umgedeutet. Dschahangir, der als

Kronprinz gewaltsam gegen seinen Vater rebellierte und so weit ging, dessen engsten Vertrauten und Minister, Abu'l-Fazl, ermorden zu lassen, lässt sich hier als loyaler Sohn und legitimer Nachfolger darstellen.

Dasselbe Interesse an realistischer Nachbildung, Individualität der Erscheinung und psychologischer Beobachtung, das die allegorischen Porträts mit ihren komplexen Bildprogrammen oder die detailreichen Schilderungen des höfischen Lebens kennzeichnet, kommt auch in den zahlreichen Naturstudien zum Ausdruck, die Dschahangir in Auftrag gab. Auf Einzelblättern, die man später zu Alben zusammenstellte, entstanden regelrechte Porträts der indischen Flora und Fauna, deren Realismus und Präzision von europäischen Herbarien inspiriert waren, die europäische Reisende nach Indien brachten. Hier wird eine Auffassung deutlich, die Malerei als ein Medium nutzt, das die Ordnung der Welt in ihren Erscheinungsformen anschaulich abzubilden vermag.

Ein vergleichbares Interesse an dem dokumentierenden Charakter von Malerei kennzeichnet auch die osmanische Malerei. Dies zeigt sich in Stil und Komposition, aber auch in den bevorzugten Genres, der illustrierten Chronik und dem Porträt. Bereits unter Mehmed II., der sich nach seiner Eroberung Konstantinopels 1453 als legitimer Erbe der byzantinischen Kaiser sah, entstanden die ersten Sultanporträts. Dabei galt die besondere Vorliebe des Sultans den Porträtmedaillen, eine zu dieser Zeit in Italien hochgeschätzte Kunstform, die in Istanbul ausschließlich von italienischen Künstlern vertreten wurde.

Neben den Medailleuren wurden auch italienische Maler nach Istanbul berufen, um dort für den Sultan zu arbeiten. Diese scheinen während ihres Aufenthaltes auch osmanische Künstler in europäischen Maltechniken ausgebildet zu haben. So wird heute ein Porträt Mehmeds II., das früher als Werk des Costanza da Ferrara galt, dem Maler Sinan Bey zugeschrieben, der bei einem Maestro Paolo gelernt hatte. Parallel dazu entstanden aber auch Herrscherbildnisse, die sich an den idealisierenden Porträts timuridischer Herrscher orientieren. Dieses gleichberechtigte Nebeneinander unterschiedlicher künstlerischer Traditionen ist kennzeichnend für die Frühphase osmanischer Malerei bis in die Mitte des 16. Jahrhunderts. Durch die erfolgreiche Expansionspolitik der frühen Osmanenherrscher waren Illustratoren, Illuminatoren und Kalligraphen aus dem Balkan, Nordwestiran und dem Irak in die Hauptstadt gelangt, wo sie zunächst die künstlerischen Traditionen fortführten, in denen sie ausgebildet worden waren. Außerdem gelangte durch die Eroberungen auch eine große Anzahl von Manuskripten in die herrschaftliche Bibliothek, die nicht nur den literarischen Geschmack der herrschenden Eliten entscheidend prägten, sondern deren Illustrationen auch als Vorlagen zur Verfügung standen. Aus dem Zusammenwirken dieser unterschiedlichen Faktoren und Einflüsse entstand ab Mitte des 16. Jahrhunderts ein zunehmend eigenständiger Stil. Damit einhergehend gewann ein literarisches Genre an Bedeutung, die **illustrierte Chronik**. Unter den verschiedenen Manuskripten, die nun in rascher Folge entstanden, war besonders das Werk des Matraki Nasuh über den Irakfeldzug Süleymans von nachhaltig stilprägender Bedeutung. Das 944/1537–38 datierte, von dem Verfasser illustrierte Manuskript zeigt erstmals präzise topographische Illustrationen, die eine genaue Kenntnis der Örtlichkeiten erkennen lassen, aber auch eine Vertrautheit mit venezianischen topographischen Illustrationen des 16. Jahrhunderts. Die leuchtend farbigen Darstellungen verzichten gänzlich auf die Darstellung von Personen, das Interesse konzentriert sich auf die charakteristischen Bauten der porträtierten Städte, die teilweise in Ansicht, teilweise in Vogelperspektive dargestellt sind.

Ein zweites wegweisendes Manuskript entstand gegen Ende der Regierung Sultan Süleymans. Das *Süleymanname* war eine fünfbändige panegyrische Geschichte der Osmanen, in der Süleymans Herrschaft als grandioser Endpunkt einer glücklichen Ereigniskette dargestellt wurde. Die Illustrationen, die diese Sicht auf das Weltgeschehen untermalen, zeigen vorwiegend Schlachten, Belagerungen sowie Thron- und Jagdszenen. Der Fokus liegt auf der detailgetreuen und zugleich schlichten Darstellung der meist sehr zahlreichen Akteure, deren statische Anordnung Hierarchien abbildet. Dieses Bemühen um Realismus und Schlichtheit der Darstellung hatte einen nachhaltigen Einfluss auf die illustrierten Chroniken, deren Anfertigung unter den Nachfolgern Süleymans zu den Standardaufgaben des Nakkaşhane gehörte. Zugleich prägte es aber auch die Porträtkunst, die zwischen 1540 und 1580 eine zweite Hochzeit erlebte. Um auf verbindliche Bildvorlagen für die illustrierten Chroniken zurückgreifen zu können, ließ der Großwesir Sokullu Mehmed Pascha in Zusammenarbeit mit dem Leiter des Nakkaşhane, Meister Osman, eine vorbildgebende Porträtserie der osmanischen Sultane seit Murad II. anfertigen. In Vorbereitung dazu wurden umfangreiche Recherchen angestellt und Porträts europäischer und osmanischer Künstler abgeglichen. Das Ergebnis war eine Serie von zwölf ganzfigurigen, idealisierenden Einzelporträts, die weniger die Individualität als vielmehr die Einheitlichkeit der porträtierten Personen in den Vordergrund stellten und damit die Kontinuität der Dynastie augenfällig machten.

Neben den großen illustrierten Chroniken und Porträtserien entstanden im Nakkaşhane aber auch illustrierte beziehungsweise reich illuminierte Manuskripte theologischen oder religiösen Inhalts. Illuminierte Korane und Hadithsammlungen, Gebetbücher, Propheten- und Sufibiographien wurden für den Gebrauch bei Hof oder als Stiftungen für die Bibliotheken von Moscheen, Medresen oder Derwisch-Konvente hergestellt.

# Das 19. und 20. Jahrhundert

## Kolonialisierung und Aufbruch in die Moderne

### *Der historische Kontext*

Die Interaktion mit Europa hatte bereits ab dem 17. Jahrhundert Auswirkungen auf die politischen und kulturellen Entwicklungen in der islamischen Welt. Ab dem ausgehenden 18. Jahrhundert gewann dieser Prozess durch die Ausdehnung der europäischen Kolonialherrschaft eine neue Dimension. An die Stelle der indirekten Einflussnahme durch die europäischen Mächte und ihre Handelskompanien trat nun die direkte politische und militärische Kontrolle. Bis zum Beginn des Ersten Weltkrieges hatten sich die europäischen Kolonialmächte weite Teile der islamischen Welt angeeignet und kontrollierten die annektierten Territorien politisch und wirtschaftlich. Diejenigen politischen Systeme, die sich einem direkten Zugriff entzogen, wie das Osmanische Reich oder der Iran, wurden indirekt, durch wirtschafts- und finanzpolitische Maßnahmen, zu Konzessionen gezwungen. Voraussetzung für den Erfolg der kolonialen Expansion war unter anderem der technische Fortschritt der Industrieländer. Neue Transport- und Kommunikationssysteme ermöglichten die effektive Beherrschung großer, weit entfernter Gebiete; neue Waffen garantierten militärische Überlegenheit. Gerechtfertigt wurde die Kolonialpolitik durch die sozialdarwinistische Lehre von der Überlegenheit der weißen Rasse, die diese dazu verpflichte, Zivilisation, Ordnung und Gerechtigkeit zu verbreiten (»mission civilisatrice«).

Als Beginn dieses Prozesses gilt allgemein der Einmarsch Napoleons in Ägypten 1798. Zwar konnten die Osmanen mit britischer Unterstützung den Abzug der französischen

Truppen erzwingen, doch Ägypten war ihrem Einfluss entglitten. In der Folgezeit nutzte der Gouverneur Muhammad Ali Pascha die Schwäche des Osmanischen Reiches und baute eine weitgehend unabhängige Herrschaft auf. Weitere Gebietsverluste erlitt das Osmanische Reich unter Sultan Mahmud II. (1808–39) auf dem Balkan und in Nordafrika, wo Frankreich 1830 Algier besetzte und Marokko und Tunesien durch massiven wirtschaftlichen Druck faktisch in Protektorate verwandelte. In der zweiten Hälfte des 19. Jahrhunderts verstärkte sich der Druck auf das Osmanische Reich, das nach dem Krimkrieg (1853–56) und dem Russisch-Osmanischen Krieg (1877–78) fast sämtliche europäischen Besitzungen verloren hatte. Ägypten, das durch die Eröffnung des Suezkanals 1869 zusätzliche strategische Bedeutung erlangt hatte, wurde 1882 von den Briten besetzt, die dadurch ihre Vorherrschaft im Indienhandel sichern wollten. Zugleich entwickelte sich – von den europäischen Mächten unterstützt – eine aktive Opposition gegen die autokratische Regierung von Sultan Abdülhamid II. (1876–1909), die sogenannten Jungtürken. Ihnen gelang es 1909 den Sultan abzusetzen und seinen Bruder Mehmed V. auf den Thron zu erheben. 1914 trat das Osmanische Reich auf Seiten der Mittelmächte in den Ersten Weltkrieg ein und zählte nach Kriegsende zu den Verlierern. Im Vertrag von Sèvres wurde das Reich weitgehend unter den Siegermächten aufgeteilt, und es war nur dem politischen und militärischen Geschick von Mustafa Kemal Pascha (Atatürk) zu verdanken, dass diese sich zumindest aus Anatolien zurückziehen mussten. 1922 erklärte die von Mustafa Kemal gegründete Nationalregierung in Ankara das Sultanat für abgeschafft, 1923 wurde die Republik ausgerufen. Es folgte eine Phase tiefgreifender Reformen von Politik, Wirtschaft, Rechtssystem und Gesellschaft, die darauf abzielten, die Türkei in einen modernen säkularen, am Westen orientierten Nationalstaat zu verwandeln.

Die arabischen Provinzen des Osmanischen Reiches waren gegen den Willen der Bevölkerung seit 1916 sukzessive unter französisches beziehungsweise britisches Mandat gestellt worden. Die damit verbundenen willkürlichen Grenzziehungen ebenso wie die Förderung der zionistischen Bewegung durch die britische Regierung legten den Grundstein für den bis heute andauernden Palästinakonflikt. In Reaktion auf die Bevormundung durch die europäischen Mächte entwickelten die arabischen Intellektuellen das Konzept eines arabischen Nationalismus weiter. Als zentrale, Identität stiftende Kriterien galten ihnen die arabische Sprache und die islamische Kultur, nicht die Religion. Auf dieser Basis entstanden nach dem Ende des Zweiten Weltkriegs und der damit verbundenen Auflösung der Mandatsgebiete die arabischen Nationalstaaten in ihren noch heute bestehenden Grenzen, mit Ausnahme des seit seiner Gründung 1948 expandierenden Staates Israel.

Auch das zweite der ehemaligen großen Reiche, der Iran, wurde seit Ende des 18. Jahrhunderts zunehmend Gegenstand und Austragungsort europäischer Großmachtpolitik. Seit 1797 waren die iranischen Kadscharenherrscher mehrfach in militärische Auseinandersetzungen mit Russland verwickelt und zu Bündnissen mit Frankreich und Großbritannien gezwungen, denen weitreichende Handelsprivilegien eingeräumt wurden. Dies bürdete dem Land erhebliche finanzielle Belastungen auf, die durch die Konzessionen der nachfolgenden Friedensverträge noch gesteigert wurden. Den Siegern wurden nicht nur hohe Reparationszahlungen geleistet und Gebiete abgetreten, sondern auch weitreichende wirtschaftliche Privilegien wie die Befreiung von Binnenzöllen zugesprochen. Hinzu kam, dass ab den 1860er Jahren ein Kampf der europäischen Investoren um wirtschaftliche Konzessionen einsetzte. In der Bevölkerung formierte sich angesichts dieses Ausverkaufs der Wirtschaftsquellen des Landes zunehmender Widerstand, der von traditionellen und laizistischen Gruppierungen getragen wurde. Doch erst 1906 gelang es der Opposition, den

Schah zur Gründung einer beratenden Nationalversammlung zu zwingen, die bereits zwei Jahre später wieder aufgelöst wurde. Währenddessen unterzeichneten Russland und Großbritannien ohne Einbeziehung der iranischen Regierung einen Vertrag, der die Aufteilung des Landes in eine russische (Nord- und Zentraliran), eine britische (Südostiran) und eine neutrale Einflusssphäre im Südwesten vorsah. Nachdem 1908 in der neutralen Zone Ölfelder entdeckt worden waren, besetzte Großbritannien auch den Südwesten des Landes. Grundlegende Veränderungen dieser Machtverhältnisse ergaben sich erst nach der Oktoberrevolution und dem damit einhergehenden Verzicht der Bolschewiken auf die Anleihen, Verträge und Konzessionen der zaristischen Regierung. Nach Jahren des Chaos gelangte nach einem Staatsstreich der oberste Offizier der Kosakenbrigade, Riza Khan, an die Macht. Er wurde 1925 zum Schah gekrönt und nahm in der Folgezeit ein umfangreiches Reformprogramm in Angriff, dessen Schwerpunkt die Modernisierung des Militärs war. Doch als der Iran während und nach dem Zweiten Weltkrieg wegen seiner strategischen Position und seiner Ölvorräte für die Alliierten Bedeutung erlangte, nahm die Einmischung des Auslands in inneriranische Angelegenheiten wieder zu. Riza Schah wurde zur Abdankung zugunsten seines Sohnes Muhammad Riza gezwungen, Emanzipationsversuche wie der Mossadegh-Aufstand von 1953 wurden mit amerikanischer Hilfe niedergeschlagen.

Im ehemaligen Mogulreich stellte sich die Situation etwas anders dar, da dort die britische East India Company bereits sehr früh, 1757, in Bengalen die Macht übernommen hatte und in der Folgezeit weitere Fürstentümer annektierte. Wenig später wurde ihr von dem machtlosen Mogulherrscher Schah Alam II. die Verwaltung der Steuereinkünfte der Provinzen Bengalen, Orissa und Bihar übertragen. In den annektierten Gebieten führten die Briten weitreichende Reformen durch, unter anderem wurde die muslimische Rechtsprechung durch das britische Gewohnheitsrecht ersetzt, ein neues Steuersystem implementiert und Englisch zur offiziellen Schul- und Behördensprache erklärt. Zugleich verfolgte man eine dezidiert antimuslimische Politik, die die hinduistischen Teile der Bevölkerung bevorzugte. Die aus dieser Politik resultierenden Spannungen zwischen nationalistischen Hindus und Muslimen sollten schließlich 1947 in der Abtrennung mehrheitlich muslimischer Provinzen und der Gründung Pakistans münden.

Die koloniale Expansion und die Nationalstaatsbildung hatten tiefgreifende Auswirkungen auf die Entwicklung von Kunst und Kultur, sowohl in der islamischen Welt als auch in Westeuropa. Angeregt durch literarische Werke wie *Tausendundeine Nacht* und europäische Adaptionen des Stoffes ebenso wie durch die Genrebilder der orientalistischen Maler und Lithographien in den illustrierten Berichten europäischer Reisender avancierte der Orient in Westeuropa zum Inbegriff eines als exotisch und fremd wahrgenommenen Gegenentwurfs zur eigenen, wohlgeordneten Existenz, zu einer imaginären Welt, in der grausame Despoten in verwunschenen, von Haremsdamen bevölkerten Palästen herrschten. Erweitert und ausgeschmückt wurde dieser romantisierende Blick auf einen weitgehend fiktiven »Orient« durch die großen Weltausstellungen, die seit 1851 in unregelmäßigen Abständen stattfanden. Diese professionell inszenierten Spektakel präsentierten Nationen, Waren und Völker als symbolische Repräsentation der kolonialen Ordnung der Welt. In originalgetreuen Kulissenarchitekturen baute man authentische Rekonstruktionen des urbanen Alltagslebens nach, in denen die Besucher zu aktiven Teilnehmern des exotischen Treibens wurden. So versetzte die *Rue du Caire* auf der Pariser *Exposition Universelle* von 1889 die Besucher in eine vermeintlich realistisch reproduzierte Straße in der Altstadt von Kairo, in der Kupferschmiede und andere »orientalische« Handwerker ihrer Arbeit nachgingen, während Bauchtänzerinnen die erotischen Assoziationen bedienten, die mit Vorstellungen von einem mysteriös-exotischen Orient verbunden waren.

Die Auffassung vom Orient als dem gegensätzlichen Fremden, das hier in Szene gesetzt wurde, zeigt sich auch in der wissenschaftlichen Auseinandersetzung mit der Kunst der islamischen Welt, die im 19. Jahrhundert in Europa einsetzte. Reich illustrierte Prachtbände wie *La decoration arabe* von Emile Prisse d'Avennes (1887) oder *L'art arabe* von Albert Gayet (1893) griffen den polarisierenden Ansatz auf, indem sie die künstlerischen Traditionen von Ost und West vergleichend einander gegenüberstellten. Die europäische Kunst wurde als dynamisch und in Entwicklung begriffen charakterisiert, als rational, bedeutungsgeladen und abbildend. Die Kunst des islamischen Orients hingegen galt als statisch und an Traditionen gebunden, als spirituell, rein dekorativ und der Oberfläche verhaftet. Als Verkörperung dieser Charakterisierung sah man das geometrische, vegetabile oder kalligraphische Ornament, die Arabeske. In ihr schien sich eine spezifisch orientalische Mentalität, ein orientalischer Geist, zu manifestieren. Dieser galt als Ergebnis klimatischer Faktoren und als Ausdruck einer Rassenmentalität. Der Religion hingegen, dem Islam, schrieb man in diesem Zusammenhang zunächst keine nennenswerte Bedeutung zu.

Von der islamischen Kunstgeschichte werden diese Zusammenhänge und ihre Auswirkungen erst seit den 1990er Jahren thematisiert. Ausgelöst durch das 1978 von Edward Said veröffentlichte Werk *Orientalism* und den dadurch in Gang gesetzten postkolonialen Diskurs begann ein bis heute anhaltender Prozess der kritischen Reflexion des eigenen Standpunkts und der Geschichte des Faches. Saids grundlegender Beitrag war die Kritik an einem Denken in essentialistischen Kategorien, das Definitionen über die Konstruktion von Gegensätzen erstellt. So stellt das von ihm kritisierte orientalistische Denken die rationale, entwicklungsorientierte »westliche Zivilisation« einem »Orient«

gegenüber, der als mysteriös und exotisch beschrieben wird und generell das »Andere« im Gegensatz zum Eigenen verkörpert.

Für die Betrachtung der Kunst und Architektur, die im 19. und 20. Jahrhundert in der islamischen Welt entstanden, ist ein Bewusstsein um diese Zusammenhänge essentiell. Das europäische Bild vom Orient als einem exotischen Anderen prägte ganz wesentlich die durch die Umbrüche der bestehenden Ordnung in Gang gesetzte Suche nach kultureller Identität. In dem Maße, wie Europa als die technologisch führende, wissenschaftlich überlegene Macht akzeptiert wurde, übernahm man nicht nur westliche Konzepte und Formen, sondern auch das von Europa konstruierte Orientbild. Es bestimmte die Diskussion um eine Modernisierung nach westlichem Vorbild und die Beibehaltung traditioneller Werte und Formen, die in der islamischen Welt bis heute geführt wird.

## *Zwischen Tradition und Reformwillen: die Bildende Kunst im 19. und frühen 20. Jahrhundert*

Bedingt durch die Neuorientierung von Politik und Gesellschaft und angeregt durch die Einführung neuer Techniken wie Buchdruck und Photographie durchliefen **Malerei und Buchkunst** im 19. und 20. Jahrhundert einen Prozess tiefgreifender Veränderungen. Diese Entwicklung erscheint auf den ersten Blick als unreflektierte Übernahme westlicher Auffassungen und wurde von der Forschung auch lange Zeit so wahrgenommen. Eine differenziertere Sicht hat sich im Rahmen des postkolonialen Diskurses herausgebildet. So richtet Sylvia Naef, die sich vor allem mit der arabischen Welt auseinandersetzt, den Fokus auf die Übernahme eines westlichen Kunstbegriffs und die Negierung der eigenen künstlerischen Traditionen. Sie hebt hervor, dass die führenden Eliten der islamischen Welt die im 19. Jahrhundert gründende Gegenüberstellung von westlicher und islamischer Kunst und die negative Bewertung der islamischen Kunst als eine »Nicht-Kunst« übernahmen und bis in das 20. Jahrhundert fortführten. Wendy Shaw hingegen stellt die Begriffe Interaktion und Kontinuität in den Mittelpunkt. Sie interpretiert die Verwestlichung weiter Teile des kulturellen Lebens als Bestandteil des grundlegenden gesellschaftlichen und politischen Wandels, der durch die Reformen von Verwaltung, Staatsführung und Militärwesen in Gang gebracht wurde. Die Bürokratisierung und Neuordnung kam demzufolge unter anderem in der Errichtung neuer Verwaltungsbauten zum Ausdruck sowie im Bau zahlreicher neuer Paläste, deren Ausstattung den veränderten Ansprüchen der herrschenden Eliten Rechnung trugen.

Dass die Auseinandersetzung mit westlichen Kunstformen sich tatsächlich in einem Prozess der fortgesetzten Interaktion zwischen Traditionsbewusstsein und Reformwillen vollzog, lässt sich am Beispiel der Porträtmalerei aufzeigen. Das Thema an sich war keineswegs neu. In der osmanischen, mogulindischen und persischen Buchmalerei waren Herrscherporträts seit dem 15. Jahrhundert üblich, allerdings in idealisierter Form. Im 16. Jahrhundert entstanden im Iran in großer Zahl idealisierte Porträts von Höflingen, jungen Frauen oder Derwischen, während in Indien das individualisierte Porträt zunehmend an Bedeutung gewann. Individualisierte Porträts im europäischen Stil entstanden schließlich in größerer Zahl ab Beginn des 19. Jahrhunderts, unter anderem als Folge der intensivierten diplomatischen Kontakte mit den europäischen Mächten. Im Iran war es Fath Ali Schah, der zahlreiche Porträts anfertigen ließ. Die ersten osmanischen Sultane, die in größerem Umfang Porträts in Auftrag gaben, waren Selim III. (reg. 1789–1807) und Mahmud II. (reg. 1808–39). Besonders geschätzt waren Porträtmedaillons nach dem Vorbild der europäischen Miniaturporträts. Diese Herrscherporträts, *tasvir-i Hümayun*, wurden gefasst oder auf Objekten angebracht und waren begehrte Geschenke. Zusammengehörige Sets solcher Medaillons, die Porträts der gesamten Dynastie zeigten, wurden in der Türkei bis 1922 angefertigt. Außerdem ließen die osmanischen und qadscharischen Herrscher großformatige Porträts anfertigen, die in öffentlichen Gebäuden ausgestellt wurden. Diese zeigen in ihrer Technik – Ölmalerei – und Ikonographie deutlich den Einfluss europäischer Herrscherporträts. So ließ sich der osmanische Sultan Mahmud II. nicht mehr in traditioneller Kleidung und als Büste porträtieren, sondern ganzfigurig. Die großformatigen Bilder zeigen den Herrscher in heroischer Pose, stehend oder auf einem Pferd sitzend und umgeben von Objekten, die seine militärische Stärke und Macht symbolisieren. Ausgeführt wurden diese neuen Porträts vielfach von europäischen Künstlern wie beispielsweise Paolo Verona oder Thomas Allom. Die Überführung und Installation der Porträts wurden in Istanbul ebenso wie im Iran als aufwendige Paraden inszeniert, in deren Verlauf die Bilder von Ehrengarden und Salutschüssen geleitet ihren neuen Bestimmungsort erreichten.

Von der breiten Öffentlichkeit wurde die Praxis der Porträtmalerei beziehungsweise der figürlichen Malerei jedoch weiterhin mit religiös begründeter Abneigung betrachtet. Im Osmanischen Reich eskalierte der Widerstand gegen die öffentliche Ausstellung der Herrscherporträts unter Sultan Mahmud II. zu Protesten, die blutig niedergeschlagen werden mussten. In Teheran musste eine lebensgroße Reiterstatue des Nasir ad-Din Schah, die für einen der Boulevards bestimmt war, nach Protesten der Religionsgelehrten hinter den Mauern der Palastgärten aufgestellt werden. Erst ein Erlass (*fatwa*) des Muhammad Abduh, zwischen 1899 und 1905 Großmufti von Ägypten und damit oberste religiöse Autorität der muslimischen Gemeinde, lieferte den Impuls für eine Revision der bildkritischen Position der Rechtsgelehrten. Er bestimmte, dass Bilder nach islamischem Recht zulässig seien und ein vorzügliches Instrument für den Unterricht darstellten. Vor diesem Hintergrund ist es zu verstehen, dass der figürlichen Malerei und speziell dem Genre des Porträts in der Ausbildung und Praxis der Künstler bis in das frühe 20. Jahrhundert eine untergeordnete Bedeutung zukam. Die großformatigen Porträts und Skulpturen, die im Auftrag der Herrscher entstanden, wurden für die Abgeschiedenheit der Paläste produziert oder als diplomatische Geschenke weitergegeben.

Die Wechselwirkung zwischen Reformpolitik und Kunstproduktion, die im Umgang mit dem Thema Porträt aufscheint, prägte in weiten Teilen der islamischen Welt auch die Ausbildung des künstlerischen Nachwuchses. In der osmanischen Türkei ebenso wie im qadscharischen Iran waren es zunächst die staatlichen Militärschulen, in denen im Rahmen der Reformen des Heereswesens Malerei nach westlichen Vorbildern als Unterrichtsfach eingeführt wurde. Sowohl in der 1793 gegründeten Reichsingenieurschule und der 1834 eröffneten Reichsschule für Militärwissenschaft als auch in der entsprechenden qadscharischen Einrichtung, dem 1851 eröffneten Dar al-Funun, wurden die jungen Offiziere in Kartographie, graphischen Techniken und perspektivischer Darstellung unterrichtet, um sie in die Lage zu versetzen, topographische und technische Zeichnungen anzufertigen. Die Ausbildung erfolgte vor allem durch das Kopieren fotografischer oder gedruckter Vorlagen. Außerdem wurde ein Teil der Studenten nach Europa geschickt, vorzugsweise nach Frankreich, um dort bei europäischen Lehrern beziehungsweise an den Kunstakademien ihre Ausbildung zu vervollständigen. In der osmanischen Türkei wuchs unter diesen Umständen die Generation der sogenannten »Soldatenmaler« heran, die vorzugsweise idyllische Landschaften und Stadtansichten malten. Künstler wie Ali Riza oder Hüseyin Zekai hielten in ihren Arbeiten eine idealisierte osmanische Welt fest, die in ihrer Zeitlosigkeit Parallelen aufweist zu der Malerei der europäischen Orientalisten. Thematisch knüpften ihre Bilder an die Wandmalereien mit Landschaftsdarstellungen im europäischen Stil an, die bereits seit dem Ende des 18. Jahrhunderts die Paläste der osmanischen Eliten zierten. Technisch und als Medium hingegen stellten ihre Gemälde eine Neuerung dar. Anstelle der Wandmalerei trat das in Öl auf Leinwand ausgeführte Tafelbild, das an die Wand gehängt wurde und den Innenräumen eine moderne, westliche Prägung gab.

Auftraggeber und Förderer der osmanischen »Soldatenmaler« waren der Hof und der kleine Kreis der herrschenden Elite. Öffentliche Ausstellungen, die den Künstlern erlaubt hätten, ihre Arbeiten einem breiteren Publikum vorzustellen, wurden erst ab 1873 veranstaltet und stellten auch dann die Ausnahme dar. Wie zuvor die Künstler des traditionellen Hofateliers, des Nakkaşhane, fungierten auch die »Soldatenmaler« als Instrument des machtpolitischen Apparates. Ihre Malerei wurde nicht primär als kreative Tätigkeit, als Kunst, aufgefasst, sondern als Mittel, die nationale Geschichte der osmanischen Türkei zu dokumentieren und zu konstruieren. Damit kam der Malerei eine vergleichbare Bedeutung zu wie den ersten Museen, die seit 1846 eingerichtet wurden. Ihre Aufgabe war ebenfalls nicht das Ausstellen von Kunst, sondern die Präsentation von Objekten, die die Geschichte und territorialen Ansprüche der osmanischen Türkei versinnbildlichten. So waren in der »Sammlung der Altertümer« (*Mecmua-i Asar-i Atika*) und der »Sammlung alter Waffen« (*Mecmua-i Esliha-i Atika*) neben erbeuteten Waffen und Uniformen historisch bedeutungsgeladene Objekte ausgestellt wie beispielsweise das Schwert Mehmed des Eroberers oder die Prunkkaftane der osmanischen Sultane.

Neben der Malerei war es die neue Technik der **Fotografie**, die diesem Bedürfnis nach Dokumentation durch visuelle Medien besonders entgegenkam. Sowohl im Iran wie auch in der osmanischen Türkei war die Erfindung von den Eliten mit Begeisterung aufgenommen worden. Besonders im Iran wurde die Fotografie von höchster Stelle gefördert, da Nasir ad-Din Schah selbst als passionierter Fotograf dilettierte. Hier wurde die Fotografie bereits 1860 in den Lehrplan der Hochschule der Künste aufgenommen. Die breite Öffentlichkeit und die Religionsgelehrten hingegen blieben skeptisch, was unter anderem darin zum Ausdruck kam, dass die ersten Fotostudios von Angehörigen der christlichen Minderheiten oder der Militärakademien eingerichtet wurden. In Istanbul eröffnete der Italiener Carlo Naya 1845 ein Studio im Stadtteil Pera. Wenig später, 1857, folgte die Eröffnung des Studios der Abdullah Frères sowie des Fotoateliers von Pascal Sabah, das später als Sabah & Joaillier weltbekannt wurde. In Iran eröffnete der armenischstämmige Antoine Sevrugian 1883 in Teheran ein Fotoatelier und avancierte wenig später zum Hoffotografen Nasir ad-Din Schahs.

Neben den bekannten Aufnahmen für den europäischen Markt, die exotische bis stimmungsvoll-romantische Darstellungen eines idealisierten orientalischen Alltags zeigten, produzierten die frühen Fotostudios im Auftrag des osmanischen ebenso wie des qadscharischen Hofes umfangreiche fotografische Dokumentationen. Die in Alben zusammengefassten Fotografien dienten repräsentativen, administrativen und Kontrollzwecken und wurden bewusst als Propagandainstrument eingesetzt. So ließ Sultan Abdülhamid 1893 Gruppen von mehr als fünfzig Alben nach Washington und London schicken, die Landschaften, historische Monumente, moderne Industrieanlagen und Verwaltungsgebäude zeigen (Abb. 19, s. S. 304). Außerdem wurden die offiziellen Fotoalben auch als Vorlagen verwendet für die Anfertigung von Landschaftsdarstellungen und Porträts im neuen, europäischen Stil.

Die stärkere Verbreitung von Bildern durch Reproduktionstechniken wie Fotografie und Lithographie ebenso wie die Zunahme von Kunstausstellungen führten dazu, dass die Rolle und Funktionszusammenhänge von Malerei

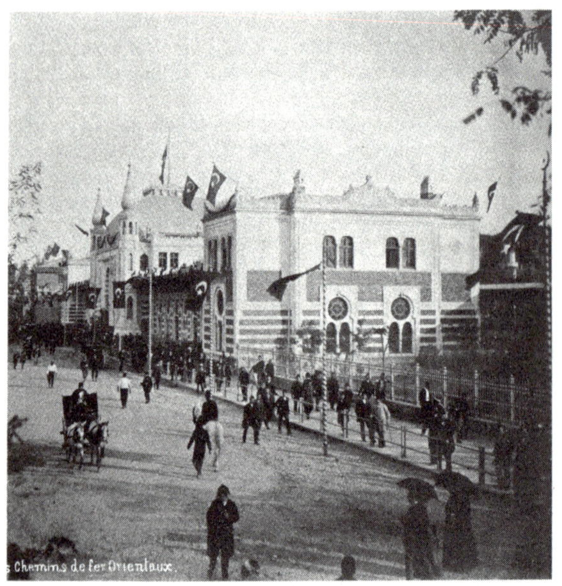


*Abb. 19.* Einweihung des Bahnhofsgebäudes in Istanbul-Sirkeci 1890

schrittweise neu definiert wurden. Hinzu kam, dass neben den Absolventen der Militärschulen seit der Jahrhundertwende eine Generation von Künstlern heranwuchs, die in den neu eingerichteten Kunstakademien ausgebildet worden waren und teilweise auch längere Studienaufenthalte im Ausland absolviert hatten. Im Iran wurde 1911 eine erste Akademie der Schönen Künste gegründet, nachdem bereits 1861 an der Staatlichen Dar al-Funun eine Malklasse eingerichtet worden war, deren Schüler eine akademische Ausbildung nach europäischem Vorbild erhielten. In der osmanischen Türkei war 1883 unter der Leitung von Osman Hamdi die Akademie der Schönen Künste eröffnet worden, 1914 folgte eine gesonderte Akademie, die der Ausbildung weiblicher Studierender vorbehalten war. In Kairo eröffnete 1908 eine Hochschule der Schönen Künste, in Libanon wurde 1937 die Académie des Beaux Arts gegründet, im Irak wurde 1941 eine Kunstschule und 1962 eine Kunstakademie eingerichtet, in Syrien eröffnete 1959 die Kunstakademie *Kulliyat al-Funun al-Dschamila*. Die Einrichtung der Akademien war Bestandteil der staatlichen Reformprogramme, ein Blick auf ihr Curriculum zeigt die enge Bindung der Institutionen an das politische System. So bildete – um nur ein Beispiel zu nennen – im Iran der Unterricht in verschiedenen Drucktechniken einen wichtigen Bestandteil des Lehrplans. Dies wird verständlich, wenn man sich die zunehmende Bedeutung vergegenwärtigt, die der Druckpresse bei der Verbreitung der politischen Agenda des Staates zukam. Leiter der ersten staatlichen illustrierten Tageszeitung Irans wurde 1861 Abu'l Hasan Ghaffari, der an der Kunstakademie und in Italien studiert hatte.

In den Akademien wurde eine im westlichen Sinne klassische künstlerische Ausbildung vermittelt und das Lehrpersonal bestand vorwiegend aus Europäern. Die Künstler, die in diesem Umfeld studierten, waren stark von europäischen Vorbildern geprägt, ein Phänomen, das von der neueren Forschung mit dem Begriff »Okzidentalismus« beschrieben wird, in bewusster Anlehnung an den »Orientalismus«, die Orientmode des Westens. Anders als ihre Vorgänger machte diese neue Generation von Künstlern sich einen Kunstbegriff zu eigen, der Kunst als individuelle Ausdrucksform auffasste und sie somit aus ihren traditionellen Funktionszusammenhängen herauslöste. Damit einhergehend wurde die Kommunikation mit einem Publikum zunehmend als Aufgabe erkannt und umgesetzt, Künstlergruppen wurden gegründet, Ausstellungen organisiert und eine Monatszeitschrift wurde herausgegeben. Ein Beispiel für diese Entwicklung bildet die sogenannte »Generation von 1914«, eine einflussreiche Gruppe von Künstlern, die ihre Ausbildung in Europa erhalten hatten und bei Ausbruch des Ersten Weltkriegs in die Türkei zurückkehrten. Im Geist des europäischen Impressionismus brachen die Angehörigen der »Generation von 1914« mit den akademischen Regeln malerischer Praxis. Zu einem Zeitpunkt, da der Impressionismus in Europa bereits an Aktualität eingebüßt hatte, machten Ibrahim Çallı, Namık Ismail, Nazmi Ziya Güran oder Feyhaman Duran das Licht zu ihrem zentralen Thema. In ihren Arbeiten experimentierten sie mit den Effekten und Veränderungen, die wechselnde Lichtverhältnisse auf Farben und Formen ausüben. Auch in der Wahl ihrer Themen emanzipierten sich die »Türkischen Impressionisten« von ihren Vorgängern, den »Soldatenmalern«. Anstelle der Landschaften und Stillleben traten nun Szenen aus dem Alltag, Interieurs, Moscheeszenen und vor allem figürliche Kompositionen.

Die intensive Auseinandersetzung mit der Bildenden Kunst Europas und die Aneignung eines westlich geprägten Kunstbegriffes, die am Beispiel der »Soldatenmaler« und der »Türkischen Impressionisten« aufscheinen, waren nicht auf die Türkei beschränkt. Auch in der arabischen Welt wurde die Kunst des europäischen Westens rezipiert, allerdings vielfach unter anderen Voraussetzungen. Anders als in der Türkei, die zwar spätestens seit der zweiten Hälfte des 19. Jahrhunderts starkem politischem und wirtschaftlichem Druck seitens der europäischen Mächte ausgesetzt war, sich aber ihre Souveränität bewahren konnte, standen Länder wie Marokko, Tunesien oder Algerien als Kolonien unter starkem Assimilationszwang. Die Umwandlung ihres Bildungs- und Kulturwesens nach europäischem Vorbild wurde von den Kolonialmächten verordnet und gesteuert, wobei sowohl die Inhalte als auch die Zugänglichkeit von Ausbildung einem strengen Reglement unterlagen. So waren in der 1945 in Tetouan eröffneten spanischen Kunsthochschule Marokkaner zunächst gar nicht zugelassen, und auch die 1950 in Casablanca eröffnete École des Beaux Arts war den im Lande lebenden Europäern und marokkanischen Juden vorbehalten. In der 1920 gegründeten Kunstakademie in Casablanca wurden zwar sowohl französische als auch marokkanische Studenten ausgebildet, doch das Unterrichtsziel war ein anderes. Während die französischen Studierenden auf den Besuch einer Kunstakademie in Frankreich vorbereitet wurden, durchliefen die marokkanischen Absolventen eine anwendungsorientierte Ausbildung in den Bereichen Architektur, Schreinerei, Kunsthandwerk. Hinter dieser Politik stand eine Auffassung, wie sie andernorts von dem Franzosen Max Herz vertreten wurde, der 1890 bis 1914 als Kurator am Arabischen Museum von Kairo tätig war. Er erklärte, dass jede Nation ihren eigenen Charakter habe, der in ihrer Kunst zum Ausdruck komme. Als die authentischen Prinzipien der islamischen Kunst galten das Dekorative, das Ornament und allgemein das Kunsthandwerk. Vor diesem Hintergrund wird auch klar, warum in Marokko, ebenso wie in anderen Kolonien oder Mandatsgebieten in der ersten Hälfte des 20. Jahrhunderts zahlreiche bildende Künstler ihre Laufbahn als Autodidakten begannen. Ihre Unabhängigkeit vom akademischen Kunstbetrieb kommt in der leuchtenden Farbigkeit und den dichten, flächigen Kompositionen der Malereien zum Ausdruck, die von der nordafrikanischen Volkskunst inspiriert sind.

Diese Auswirkungen des europäischen Kolonialismus auf den Kunstbetrieb in weiten Teilen der islamischen Welt sind allerdings nur eine Facette jenes komplexen Interaktionsprozesses, der in der zweiten Hälft des 20. Jahrhunderts einsetzte und bis heute andauert. Während in Marokko die französische Kolonialmacht unter der Überschrift *mission civilisatrice* massive Eingriffe in den ästhetischen Kanon der berberisch-arabisch-islamisch geprä gten Kultur vornahm, reisten europäische Künstler nach Nordafrika, Ägypten oder in die Türkei, um sich mit einer Kunsttradition auseinanderzusetzen, die nicht von der klassischen Auffassung *ars imitat naturam* (›die Kunst ahmt die Natur nach‹) geprägt ist. Auf der Suche nach dem »Reich des Ungegenständlichen« und der Sprache der reinen Formen und Farben ließen sie sich von der islamischen Kunst mit ihrer reichen Ornamentik inspirieren, um Themen wie Raum und (Bild-)Fläche, Figur/Grund, Gegenständlichkeit und Fläche auszuloten und neue Ordnungsprinzipien für die Verwirklichung ihrer malerischen Konzepte zu entwickeln.

Zu ihrer Auseinandersetzung mit der Kunst des islamischen Orients wurden Künstler wie Paul Klee, August Macke, Henri Matisse und Louis Moillet unter anderem durch die Ausstellung »Muhammedanische Kunst« angeregt, die 1910 von dem Sammler und Wissenschaftler Friedrich Sarre in München kuratiert wurde. Die Ausstellung stellte einen Paradigmenwechsel in dem Verhältnis zur islamischen Kunst dar. Während in dem begleitenden Katalog wiederholt zu einem Dialog zwischen islamischer Kunst und »moderner künstlerischer Schöpfung« aufgerufen wurde, zeichnete sich in der Präsentation der Objekte ein grundlegender Wandel der Sicht auf den islamischen Orient ab. In vorangehenden Ausstellungen wie der 1903 in Paris gezeigten *Exposition des Arts Musulmans* hatte man eine Vielzahl von Objekten unterschiedlichster Herkunft und Materialien zu exotisch-orientalisch wirkenden Interieurs zusammengestellt. Ähnlich wie bei den Industrie- und Handelsschauen oder den Weltausstellungen stand die Bedeutung der Objekte als Ware oder (käufliches) Sammlerstück im Vordergrund. Die Münchner Ausstellung hingegen zeigte die Objekte in regionaler und chronologischer Ordnung, in einer um Sachlichkeit bemühten Atmosphäre. Anstelle des ethnographisch-romantisierenden Blicks trat die objektive, wissenschaftliche Sichtweise. Die Ausstellung bereitete damit maßgeblich die Entstehung einer »Islamischen Kunstgeschichte« als akademische Disziplin vor.

Diese Verflechtung der verschiedenen Bereiche von Kunstproduktion, Ausstellungswesen und wissenschaftlicher Auseinandersetzung hatte einen prägenden Einfluss auf die Entwicklung der Kunst des frühen 20. Jahrhunderts in Europa und, rückwirkend, auch in der islamischen Welt.

## *Architektur und Städtebau im 19. und frühen 20. Jahrhundert*

Die grundsätzliche Dynamik der Entwicklungen in den Bereichen Architektur und Städtebau lässt sich mit denselben Schlüsselbegriffen charakterisieren, die im Vorhergehenden bereits eingeführt wurden: Kolonialismus, Okzidentalismus und die Interaktion von Tradition und Reformwillen. Die Reformpolitik, die von den Kolonialmächten und den souveränen Regierungen in Angriff genommen wurde, ließ nicht nur neue Bauaufgaben entstehen wie beispielsweise Industrieanlagen, Ministerien, Schulen oder Museen. Vielmehr waren die Modernisierung des Stadtbildes und die grundlegende Neuordnung des städtischen Raumes unmittelbare Bestandteile der Reformprogramme und Ausdruck ihrer politischen Agenda. Diese grundlegende Feststellung trifft auf alle Länder der islamischen Welt zu, auch wenn sich bei genauerem Hinsehen regionale Unterschiede zeigen. So hatte im Osmanischen Reich bereits seit dem 18. Jahrhundert ein kreativer Dialog mit der europäischen Architektur eine osmanische Barockarchitektur hervorgebracht, die europäische Elemente in die traditionelle osmanische Formensprache integrierte. Entwicklungen wie die Einführung des neoklassizistischen Stils Anfang des 19. Jahrhunderts oder orientalistische Entwürfe, wie sie unter Abdülaziz (1861–76) umgesetzt wurden, sind vor diesem Hintergrund als Fortsetzung eines bereits existierenden Austauschprozesses zu sehen. Dieser war allerdings insofern Veränderungen unterworfen, als unter Mahmud II. (1808–39) das Bauwesen radikalen Reformen unterzogen wurde. Der Sultan löste das Büro der Hofarchitekten auf, was weitreichende Folgen hatte für die Ausbildung und Praxis der Architekten. Die Ausbildung erfolgte nun in der Akademie der Schönen Künste oder in der Ingenieursschule. Dort unterrichteten europäische oder levantinische Lehrer wie Alexandre Vallaury oder August Jasmund. Für die Entwurfspraxis bedeutete dies, dass nun europäische Techniken der graphischen Darstellung übernommen und Entwürfe durch Grundrisse, Schnitte, Aufrisse und Detailzeichnungen präzise erfasst wurden. Eine weitere Folge der Umstrukturierungen war, dass Entwürfe für Regierungsbauten nun nicht mehr von einer Baubehörde, sondern von ausgewählten Einzelpersonen erarbeitet wurden. Neben europäischen Architekten wie Antoine Ignace Melling oder François Kauffer, die Anfang des 19. Jahrhunderts in Istanbul arbeiteten, waren dies vor allem die Angehörigen einer armenischen Architektendynastie, der Balian Familie. In diesem Klima entstand eine kosmopolitische, von europäischen Stilen wie Neoklassizismus über französischen Empire bis hin zu Art Nouveau geprägte Architektur.

Zu Beginn des 20. Jahrhunderts führten die konstitutionelle Revolution von 1908 und die damit verbundenen gesellschaftlichen und politischen Umbrüche zur Entstehung einer neuen Architektursprache, die bis in die 1930er Jahre vorherrschend blieb und vor allem auf öffentliche Bauten wie Banken, Bahnhöfe, Schulen etc. angewendet wurde. Das Vokabular der Entwürfe basierte noch weitgehend auf den *Usul-i Mimari-yi Osmani* (Grundlagen der osmanischen Architektur), die anlässlich der Teilnahme des Osmanischen Reiches an der Weltausstellung in Wien 1873 geschrieben und in drei Sprachen veröffentlicht worden waren. Sie kombinierten Elemente der klassischen osmanischen Architektur wie die halbkugelförmige Kuppel, Fliesendekors und Spitzbögen, die nun jedoch nach kompositorischen Prinzipien der *beaux-arts*-Tradition – Symmetrie, Axialität – zusammengestellt wurden und moderne Techniken wie Eisen-, Stahl- und Betonkonstruktionen verwendeten. In dieser protonationalistischen Architektur kam das Bestreben der osmanischen Eliten zum Ausdruck, nach einer Periode tiefgreifender Reformen eine neue Balance zwischen Erneuerung und Traditionsbewusstsein zu finden.

Wenn man in Bezug auf die Türkei somit von einem kontinuierlichen, staatlich gesteuerten Entwicklungsprozess sprechen kann, waren in Ländern wie Ägypten beziehungsweise Iran die Veränderungen stärker von Brüchen gekennzeichnet. Besonders deutlich zeigen dies die Erweiterung und Umgestaltung der Hauptstädte Kairo und Teheran nach europäischen städtebaulichen Prinzipien. In Kairo wurden bereits Anfang des 19. Jahrhunderts im großen Umfang Altstadtquartiere abgerissen und durch neue Stadtviertel nach europäischen Plänen ersetzt. Bis dahin war die Stadt nach dem traditionellen Ordnungsmuster der orientalisch-islamischen Stadt in Quartiere unterteilt, die gegeneinander durch Tore abgesperrt werden konnten. Jedes Quartier hatte seine eigene Infrastruktur, zu der Moschee, Friedhof, Schule, Bad und Bazar gehörten. Die Erschließung erfolgte durch Sackgassen, die häufig von einem zentralen Strang ausgingen. Die zentralen Zugangswege waren durch schmale, enge Tore, die nachts abgesperrt werden konnten, nach außen abgesichert. Auf das Stadtganze bezogen bedingte die Quartierstruktur ein zweigeteiltes Straßenmuster: einerseits öffentliche Durchgangsstraßen, die als Verbindungsachsen fungierten, andererseits die gemeinschaftlich genutzten Gassen und Sackgassen. In diesem System gab es keine klare Polarität von öffentlichem und privatem Raum, sondern eine sukzessive Staffelung von Zugangsbeschränkungen. Europäische Reisende des 19. Jahrhunderts beschreiben dieses ihnen fremde Stadtbild als unüberschaubares Chaos, in dem einzig die Minarette oder die Pyramiden die Möglichkeiten boten, Aussicht und damit auch Übersicht zu gewinnen. In Kairo konnten die europäischen Besucher ihr Streben nach Überblick befriedigen, indem sie Gruppen von Beduinen anmieteten, die sie auf die Spitze der Pyramiden schleppten, um ihnen einen Blick über die Stadt zu ermöglichen.

Das Ziel der städtebaulichen Umgestaltungsmaßnahmen bestand darin, diese traditionellen Strukturen aufzubrechen und eine durch Blick- und Verkehrsachsen erfahrbare und damit auch kontrollierbare räumliche Organisation zu schaffen. Eine zusätzliche Dynamik gewann dieser Prozess unter der Regierung des Khediven Ismail (reg. 1863–79). Er war 1867 eigens nach Paris gereist, um die für die Weltausstellung errichteten ägyptischen Bauten zu eröffnen, und wurde während seines Aufenthalts mehrfach von dem Pariser Prefet de la Seine, Baron Haussmann, durch das nach dessen Plänen neu gestaltete Paris geführt. Nach der Rückkehr des Khediven nach Kairo begann eine kurze Phase intensiver städtebaulicher Planungen und Arbeiten, die zum Ziel hatten, die Stadt anlässlich der geplanten Eröffnung des Suez-Kanals am 17. November 1869 als ein den europäischen Metropolen gleichwertiges Zentrum präsentieren zu können. Kern der Umgestaltung war – nach Haussmannschem Vorbild – die Anlage breiter, geradliniger Straßenachsen und offener Plätze, die als Knotenpunkte in einem System von Verbindungs- und Blickachsen dienten. Zugleich wurde das funktionale Gefüge der Stadt durch die Einführung neuer Bautypen wie Hotels, Kaufhäuser, Banken oder Museen verändert. Formal war die Architektur der modernen Stadtviertel europäisch geprägt. Das Opernhaus, das Ismail errichten ließ, folgt in seinen klassizistischen Formen dem Vorbild der Mailänder Scala. Den Einfluss der Pariser École des Beaux-Arts hingegen zeigen die etwas später, um die Jahrhundertwende entstandenen Kaufhäuser Sednaoui oder Omer Efendi, ebenso wie die Bank Misr. Die Hauptgebäude der Post und der Feuerwehr schließlich, die am Maidan Ataba entstanden, greifen mit ihrer kastellartigen Architektur englische Vorbilder auf.

Neben der europäisch geprägten Architektur entstanden zwischen etwa 1870 und 1930 zunehmend auch Bauten in einem hybriden neo-mamlukischen Stil, der europäische Konstruktionsprinzipien mit dekorativen Elementen verbindet, die aus der mamlukischen Architektur abgeleitet sind. Neben Moscheen, Mausoleen sowie Wohn- und Palastbauten wurden auch öffentliche Anlagen wie der zwischen 1891 und 1893 nach einem Brand wieder aufgebaute Hauptbahnhof von Kairo oder das berühmte Shepheards-Hotel im neo-mamlukischen Stil errichtet. Von der älteren Forschung wurde dieses Phänomen als Ausdruck eines erstarkenden Nationalbewusstseins interpretiert. Jüngere Untersuchungen hingegen betonen, dass auch in diesem Fall der Adaption europäischer architektonischer Trends eine entscheidende Bedeutung zukommt. Träger und Vertreter des Bauens im neo-mamlukischen Stil waren einerseits europäische Architekten, die in Ägypten arbeiteten, wie die Franzosen Max Herz Pascha oder Eugène Viollet le Duc, der zugleich leitendes Mitglied des 1881 gegründeten Comité de Conservation des Monuments de'l Art Arabe war. Andererseits entwarfen auch ägyptische Architekten Bauten im neo-mamlukischen Stil, wie beispielsweise der langjährige Leiter der ägyptischen Denkmalbehörde Saber Sabri.

Der Dialog mit der europäischen Architektur und der eklektische Rückgriff auf das kulturelle Erbe der eigenen Vergangenheit prägten auch die Entwicklungen in Iran. Bereits unter Fath Ali Schah hatte Anfang des 19. Jahrhunderts der Ausbau Teherans zu einer repräsentativen Hauptstadt des qadscharischen Reichs begonnen. Die umfassendsten Maßnahmen gehen jedoch auf Nasir ad-Din Schah zurück, der die Stadt seit 1867 nach europäischen Grund- und Aufrissmustern ausbauen ließ. Auch hier wurden bestehende Altstadtquartiere abgerissen und durch moderne

Wohnviertel ersetzt, in denen die qadscharische Oberschicht residierte und europäische Handelsgesellschaften und Botschaften ihren Sitz nahmen. Die verkehrstechnische Erschließung der Stadt durch breite Boulevards und Plätze wurde ergänzt durch die 1889 eingerichtete Pferde-Trambahn, die zwischen Teheran und dem Schrein des Abd al-Azim im nahe gelegenen Rayy verkehrte. Die Architektur der neu entstehenden Regierungs- und Repräsentationsbauten zeigt eine historisierende Verbindung europäischer und persischer Formen. Auf altpersische Vorbilder zurückgehende Elemente wie der Talar, die nach einer oder mehreren Seiten hin offene Säulenhalle, wurden kombiniert mit mehrgeschossigen Aufrissen mit großen Fensterflächen und klassizisierenden Säulenstellungen, die sich an europäischen Vorbildern orientierten. Auch traditionelle Ordnungssysteme wie die Palastanlage mit zahlreichen, in Gärten verstreuten Pavillonbauten wurden abgewandelt durch die Integration von »Chalets« im europäischen Stil. Besonders deutlich wird der Rückgriff auf das persische Erbe Irans im Baudekor, der Motive aus der achämenidischen und sassanidischen Kunst aufgreift. Dabei war die Vorliebe für persische Themen und Motive nicht auf die herrscherlichen Repräsentationsbauten beschränkt. Auch die Angehörigen der qadscharischen Aristokratie ließen sich im letzten Viertel des 19. Jahrhunderts Wohnhäuser im altiranischen Stil bauen. In Schiraz gab der Gouverneur von Fars, Ibrahim Khan, 1879 einen Palast in Auftrag, dessen Grundriss und Dekorprogramm eine Adaption achämenidischer Vorbilder darstellt. Dass diese Zitate einer historischen Architektursprache bewusst eingesetzt wurden, um einen Bezug zwischen Vergangenheit und Gegenwart herzustellen, belegen die Reliefs an der Fassade der Residenz. Im Stil der sassanidischen Felsreliefs sind hier iranische und britische Soldaten in zeitgenössischen Uniformen dargestellt.

Eine Fortführung und Erweiterung dieses architektonischen Eklektizismus zeigen eine Reihe von Bauten, die in der Umbruchszeit zwischen 1896 und 1926 entstanden. In einer radikalen Synthese wurden hier Elemente der achämenidischen, sassanidischen, römischen, islamischen und italienischen Renaissance-Architektur zusammengeführt. Ein letztes Beispiel dieser protonationalistischen Architektur ist der im Norden Teherans als Privatbüro Reza Khans errichtete sogenannte »Grüne Palast«. Zwischen 1922 und 1928 erbaut, zeigt die Fassade des Repräsentationsbaus Arkaden auf korinthischen Säulen aus italienischem Marmor, den Eingang flankieren zwei Steinreliefs, die Paneele des italienischen Renaissance-Bildhauers Lucca della Robbia kopieren. Das Dekorprogramm der Innenausstattung greift achämenidische Motive auf, die mit Elementen aus dem islamischen Formenrepertoire wie Muqarnas, Holzeinlegearbeiten oder Spiegelmosaik kombiniert werden.

Architektonische Collagen wie diese werden von der neueren Forschung als Demonstration des universalistischen Anspruchs der iranischen Reformer gedeutet. Demnach ist die Aneignung der eigenen nationalen Traditionen und ihre Verbindung mit einem als vorbildhaft empfundenen fremden Erbe als eine Geste des antikolonialen Widerstandes zu interpretieren. In dieser Auffassung deutet sich somit bereits jene Haltung an, die in der kemalistischen Türkei zu der programmatischen Formulierung »Verwestlichung trotz des Westens« weiterentwickelt werden sollte.

## *Auf der Suche nach einer eigenen Identität: Nationalstaatsbildung und Unabhängigkeit*

Der durch die soziopolitischen und wirtschaftlichen Umbrüche in Gang gesetzte Wandel, der im 19. Jahrhundert begann und Kunst und Kultur tiefgreifend veränderte, setzte sich im 20. Jahrhundert fort. Eine umfassende überblicksartige Darstellung dieses Prozesses, die den regionalen Sonderentwicklungen in einem Gebiet, das sich von

Afrika bis nach Südostasien erstreckt, gerecht wird, ist angesichts der Komplexität der Entwicklungen im vorliegenden Rahmen kaum möglich. Hinzu kommt, dass die Auseinandersetzung mit der Kunst der Moderne beziehungsweise der Gegenwart andere Fragestellungen verfolgt und ein anderes methodisches Instrumentarium erfordert. Im Vordergrund stehen weniger Fragen der Datierung, Zuordnung und Typologie, als vielmehr soziokulturelle und soziopolitische Themen. Der folgende Überblick kann daher nur eine Annäherung an einige zentrale Begriffe und Phänomene bieten.

Während in der Türkei und im Iran die Umwandlung in einen Nationalstaat bereits in der 1920er Jahren eine grundlegende Wende in der Produktion und Konzeptualisierung von Kunst einleitete, fand ein entsprechender Prozess in weiten Teilen der arabischen Welt erst in der Dekade zwischen 1940 und 1950 statt. Prägende Ereignisse waren das Ende des Zweiten Weltkriegs, die damit einhergehende Unabhängigkeit und der Aufschwung des Nationalismus. Zentrale Begriffe, die nun die Diskussion um Kunst und kulturelle Identität bestimmten, waren Modernität (*hadatha*), Authentizität beziehungsweise Tradition (*asala*) und Erbe (*turath*). Auf der Suche nach Eigenständigkeit griffen Künstler wie der Iraker Dschawad Salim oder der Ägypter Abd al-Hadi al-Dschazzar auf Elemente aus der Volkskunst sowie aus einer als national vereinnahmten Vergangenheit zurück. Bei aller Unterschiedlichkeit regionaler Entwicklungen ist dieses Phänomen in weiten Teilen der islamischen Welt zu beobachten. Im Irak besann man sich auf eine mesopotamische Geschichte, in Ägypten zitierten Künstler Elemente der pharaonischen Kunst, im Iran diente das alte Persien als Folie für die Konstruktion einer nationalen Identität. Lediglich die Türkei stellte eine Ausnahme dar, da hier die Reformen Atatürks bereits sehr früh eine staatlich gesteuerte, radikale Hinwendung zur europäischen Moderne zur Folge hatten.

Der Irak war als osmanische Provinz Anfang des 20. Jahrhunderts zunächst noch dem Einfluss der Entwicklungen in Istanbul ausgesetzt. Als Pioniere einer neuen, an westlichen Vorbildern orientierten Kunst wirken irakische Offiziere, die an der osmanischen Militärakademie in Istanbul ausgebildet worden waren und nach Ausbruch des Ersten Weltkriegs in den Irak zurückkehrten. Nach der Gründung des britisch kontrollierten Nationalstaats 1921 wurde diese junge Kunstszene gezielt gefördert, unter anderem durch staatlich finanzierte Studienaufenthalte in Europa. Die Künstler begeisterten sich für die künstlerischen Konzepte und Ideen Europas, die eine willkommene Abkehr von den als fremd und aufgezwungen empfundenen Ideologien der osmanischen Vergangenheit zu bieten schienen. Wie in anderen Regionen der islamischen Welt auch arbeitete diese Generation von Künstlern zunächst streng innerhalb der Grenzen einer konventionellen, akademischen Malweise, von der sie sich ab den 1930er Jahren zunehmend emanzipierte, um sich dem Experimentieren mit expressionistischen und kubistischen Ausdrucksformen zuzuwenden. Die Kunst wurde schrittweise vom Diktat des Abbildens befreit und als eine Formensprache des Geistigen aufgefasst. Damit einhergehend entstanden Künstlergruppen wie die von Faiq Hassan gegründete Société Primitive (1950) oder die von Dschawad Salim ins Leben gerufene »Bagdader Gruppe für Moderne Kunst« (1951). Die Mitglieder dieser Zusammenschlüsse entwickelten eine zunehmend kritische Position gegenüber dem politischen und kulturellen Imperialismus des Westens und erarbeiteten Konzepte für eine eigenständige irakische moderne Kunst. Diese Suche nach einer nationalen künstlerischen Identität ging einher mit der Entdeckung und kreativen Vereinnahmung der historischen Kunst des Irak, der babylonischen und assyrischen Reliefs ebenso wie der Miniaturen des al-Wasiti, der im 13. Jahrhundert eine Makamen-Handschrift illustrierte.

Die Auffassung, dass das Verstehen und Adaptieren eines ethnisch definierten historischen Erbes die Grundlage bildet für die Entstehung einer modernen nationalen Kunst, wurde auch von ägyptischen Künstlern vertreten. Gründergestalt der ägyptischen neopharaonischen Kunst war der Bildhauer Mahmud Mukhtar, der in Kairo und Paris studiert hatte. In seiner Wahl von Technik – Bildhauerei – ebenso wie in den klaren Linien seiner großformatigen Skulpturen verband er autochthone Ausdrucksformen mit einer modernen Formensprache. Sein bekanntestes Bildwerk, *Erwachen Ägyptens*, entstand 1919–20 in Paris, in der Zeit der Unabhängigkeitsbestrebungen vom britischen Protektorat. Die monumentale Skulptur zeigt eine junge Bäuerin, die mit der linken Hand ihren Schleier abhebt, während ihre Rechte auf dem Kopf einer Sphinx ruht. Die Fellachenfrau und ihre Geste des Schleierlüftens versinnbildlichen die befreite lokale Tradition, deren Verbindung mit der Vergangenheit durch die Sphinx zum Ausdruck gebracht wird. Zugleich stellte Mahmud Mukhtar durch die Wahl der Technik und des Materials – Skulptur und Granit – einen Bezug zur Tradition der pharaonischen Monumentalskulptur her. Mit Arbeiten wie diesen ebnete er den Weg für Künstler wie den Architekten Hasan Fathi, der ebenfalls zu jener Generation gehörte, die über den Rückgriff auf lokale Traditionen eine moderne, nationale Identität suchten. Anders als die Verfechter eines neuen, technischen Zeitalters, die ihre Fortschrittlichkeit durch die Verwendung von Stahl, Glas und Beton unter Beweis stellten, propagierte Hasan Fathi eine angepasste Technologie, die lokale Baumaterialien und Techniken einsetzt. Inspiriert von der traditionellen Lehmziegelarchitektur des Landes entwickelte er eine revolutionär neue architektonische Formensprache, die kulturelle Authentizität als das Verwurzeltsein in lokalen Traditionen begreift. Bekanntestes Beispiel für seine Utopie einer »Architektur für Arme« – so der Titel eines seiner Bücher – ist die Neuplanung für das

Dorf Neu-Gurna. Zwischen 1945 und 1948 entstand unter seiner Leitung im Tal der Könige bei Luxor die Siedlung Neu-Gurna, die neben Wohnhäusern eine Moschee, ein öffentliches Bad, eine Schule und ein Freilichttheater umfasste. Alle Bauten wurden in traditionellen Materialien errichtet, aus luftgetrockneten Lehmziegeln und in traditioneller Bauweise. Mit seinen Vorstellungen blieb Hasan Fathi im eigenen Land allerdings eine Ausnahmegestalt. Ein Großteil der Bauherren, darunter auch der ägyptische Staat, orientierte sich seit den 1930er Jahren an der Entwicklung der Architektur in Europa und Amerika. Man baute im Stil der »Sachlichkeit«, der »Internationalen Moderne« oder des »Bauhauses«.

Besonders radikal verlief die Umorientierung hin zu einer internationalen Architektursprache in der Türkei. Als Inbegriff der konstruktiven Kräfte der jungen Republik wurde hier seit den 1930er Jahren die »Neue Architektur« (*yeni mimari*) zu einem der Symbole des »nation building«-Prozesses. Der vollständige Bruch mit der Vergangenheit und die Übernahme des formalen und ästhetischen Kanons der Internationalen Moderne schienen das geeignete Instrument, um den Fortschrittsgeist der kemalistischen Reformen zum Ausdruck zu bringen. In diesem Sinne wurde Ankara 1923 zur neuen Hauptstadt erklärt und nach modernen stadtplanerischen Konzepten ausgebaut. Um den Masterplan für diesen Ausbau zu entwickeln, lud man 1927 den deutschen Architekten Hermann Jansen ein. Weitere bekannte europäische Architekten wurden herangezogen, um mit ihren Entwürfen einzelner Bauten am neuen Gesicht Ankaras mitzuwirken. So wurde der Österreicher Clemenz Holzmeister mit dem Entwurf des gesamten Regierungskomplexes beauftragt, während Ernst Egli und Bruno Taut vor allem Schul- und Universitätsgebäude entwarfen. Ein weiterer wichtiger Bestandteil des republikanischen Bauprogramms waren Sportstätten und Erholungsparks, wie das von dem Italiener Paolo Vietti Violi entwor-

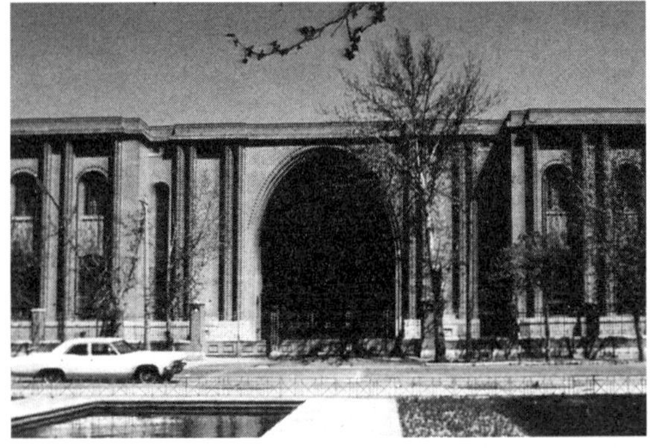

*Abb. 20.* Teheran, Archäologisches Museum Iran (Muze-i Iran-i Bastan), 1937

fene Stadion in Ankara. Sie wurden in allen größeren Städten des Landes angelegt und dienten einer zeitgemäßen Freizeitgestaltung. Außerdem wurden hier anlässlich der Nationalfeiertage große öffentliche Veranstaltungen abgehalten.

Auch im Iran wurde mit der 1925 einsetzenden Umwandlung in einen Nationalstaat das offizielle architektonische Vokabular politisiert und ideologisch aufgeladen. Die Zitate italienischer Renaissance-Architektur verloren an Bedeutung zugunsten einer homogenen Monumentalarchitektur, die vorislamische persische Formen zitierte. (Abb. 20). Dabei gewannen die Rückgriffe auf die vorislamische iranische Geschichte in dem zunehmend nationalistischen Klima eine neue Dimension. Sie wurden nun mit Verweisen auf die arische Rassenzugehörigkeit der Iraner in Verbindung gebracht und ideologisch ausformuliert. Große Bedeutung kam in diesem Zusammenhang der

1922 gegründeten »Gesellschaft für das nationale Erbe« (*anjoman-i asar-i melli*) zu, die sich der Wiederbelebung eines authentischen nationalen künstlerischen Erbes verschrieben hatte. Auf ihr Wirken hin wurden Museen und nationale Gedenkstätten errichtet, unter anderem etwa vierzig Mausoleen für historische Persönlichkeiten, beispielsweise für die großen persischen Dichter Firdausi, Hafiz und Umar Khayyam. Im Rahmen eines groß angelegten Programms wurden die Grablegen der ausgewählten Personen identifiziert, die sterblichen Überreste ausgegraben und naturwissenschaftlichen Untersuchungen unterzogen, um ihr Aussehen möglichst identisch zu rekonstruieren. Basierend auf diesen Ergebnissen wurden sodann Skulpturen und Porträts der Personen angefertigt, die auf Briefmarken, als Denkmäler oder auf Münzen in Umlauf gebracht wurden. Die Mausoleen selbst dienten nach der feierlichen Beisetzung der sterblichen Überreste als Ziele eines nationalen Tourismus, der bewusst gefördert wurde als Alternative zu den religiös motivierten Pilgerreisen zu schiitischen Heiligengräbern.

Nach der Periode der Nationalstaatsbildung und der damit verbundenen Suche nach einer eigenständigen, modernen Identität brachten die 1970er Jahre abermals eine entscheidende Wende. Angesichts der Niederlage der arabischen Armeen gegen Israel 1967, der Erfahrung der Unterlegenheit und der Wahrnehmung von Rückständigkeit gegenüber dem Westen gewann die Diskussion um die Schlüsselbegriffe Authentizität (*asala*) und Erbe (*turath*), die in den 1940er Jahren eingesetzt hatte, eine neue Aktualität. In vielen Ländern der islamischen Welt kam eine breite Diskussion auf um die Definition und Neubewertung des kulturellen Erbes und die Positionierung gegenüber einer Moderne, die vielfach mit Verwestlichung gleichgesetzt und abgelehnt wurde. In diesem intellektuellen Klima entstand eine künstlerische Bewegung, die in den folgenden zwei Dekaden die Kunstszene sämtlicher arabischer Länder erfasste und dominierte, die *hurufiya*. Nach dem arabischen Wort für ›Buchstabe‹, *harf*, (Plural *huruf*) benannt, bezeichnet der Begriff eine Kunstrichtung, die das arabische Alphabet zum Ausgangspunkt für die Entwicklung einer Formensprache nimmt, die visuelle Traditionen der islamischen Welt und moderne Kunstpraktiken miteinander verbindet. Dabei bringt die Wortbildung *hurufiya* eine deutliche Abgrenzung von der klassischen Kalligraphie zum Ausdruck, die im Arabischen mit dem Wort *khatt* beschrieben wird. Die Vertreter der *hurufiya* verstehen sich ausdrücklich nicht als Kalligraphen, *khattat*, sondern als *rassam*, also als Maler, oder als *hurufi*, als Schriftkünstler.

Eine der Gründergestalten der *hurufiya*-Bewegung war der Iraker Schakir Hasan Al Said. Als Theoretiker entwarf er eine Kunstphilosophie, die islamische Mystik und westliche philosophische Positionen miteinander verband, als Künstler war er auf der Suche nach dem Spirituellen in der Kunst durch Abstraktion. Die arabischen Buchstaben galten ihm als essentielle Ausdrucksform, die dem modernen Künstler erlaubt, jenseits des Figurativen Form und Bedeutung beziehungsweise Inhalt miteinander zu verbinden. Der Tunesier Nja Mahdaoui hingegen konzentriert sich in bewusster Abgrenzung von der von Isidore Isou 1945 in Paris gegründeten künstlerischen Bewegung des Lettrismus auf die Form der Buchstaben. In seinen »Kalligrammen« wird die arabische Schrift auf ihre ästhetische Dimension reduziert, ohne dass eine Lesbarkeit im Sinne eines Textes angestrebt wird. Außerhalb der arabischsprachigen Welt, im Iran, waren es Hossein Zenderoudi und die von ihm gegründete Künstlergruppe *saqqakhane*, die in den 1950er und 60er Jahren auf der Suche nach einer eigenständigen künstlerischen Formensprache die Möglichkeiten ausloteten, die das arabische Alphabet bietet.

Nach den Traditionalismen der Kunst der 1960er und 70er Jahre zeichnet sich seit Beginn der Golfkrise 1991 mit einem abermaligen Paradigmenwechsel der Übergang von der Moderne zur Gegenwartskunst ab. Die Globalisierung und die damit einhergehende Vereinheitlichung und Vervielfältigung von Techniken, Materialien und Konzepten künstlerischen Arbeitens hat eine international vernetzte Generation von Künstlern hervorgebracht, die sich der »Ethnisierung« oder »Orientalisierung« ihrer Arbeit widersetzen. Sie distanzieren sich mit ihren Arbeiten bewusst von dem staatlich geförderten Kunstbetrieb in ihren Heimatländern, der weiterhin einer Kunst im klassischen akademischen Sinne den Vorzug gibt. Stattdessen experimentieren sie mit Neuen Medien und thematisieren Fragestellungen, die aus dem individuellen Erleben eines zunehmend globalisierten Lebensumfelds erwachsen. Damit einhergehend haben neben Galerien auch einige der großen internationalen Museen das Thema Islam und Moderne entdeckt. So sammelt das British Museum seit den 1980er Jahren gezielt auch Moderne Kunst aus dem Nahen Osten. In der Kunstgeschichte hat dies eine Diskussion angestoßen, die den Begriff »Moderne islamische Kunst« kritisch hinterfragt und sich mit grundsätzlichen Fragestellungen befasst wie beispielsweise, ob es in einer globalisierten Welt eine grenzüberschreitende islamische Weltkunst gibt.

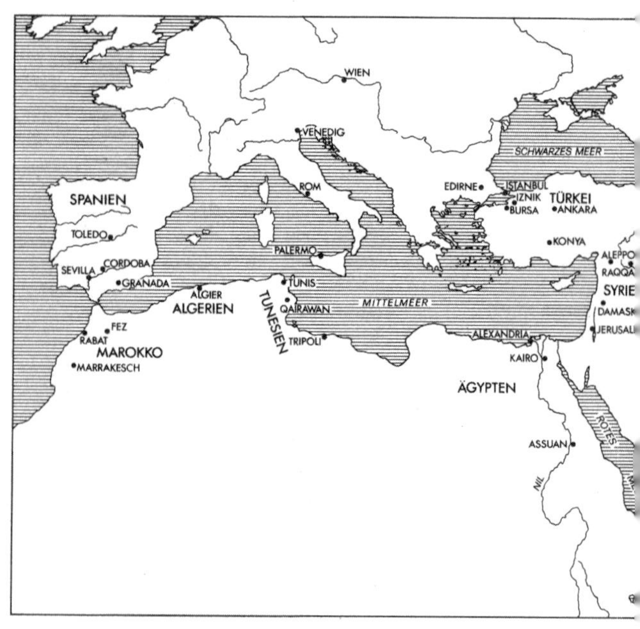
WIEN
VENEDIG
SCHWARZES MEER
ROM
EDIRNE
ISTANBUL
IZNIK
TÜRKEI
BURSA
ANKARA
SPANIEN
TOLEDO
PALERMO
KONYA
ALEPPO
RAQQA
SEVILLA
CORDOBA
GRANADA
TUNIS
SYRIE
ALGIER
ALGERIEN
TUNESIEN
QAIRAWAN
MITTELMEER
DAMASK
JERUSAL
FEZ
RABAT
MAROKKO
TRIPOLI
ALEXANDRIA
KAIRO
MARRAKESCH
ÄGYPTEN
ROTES
ASSUAN
NIL

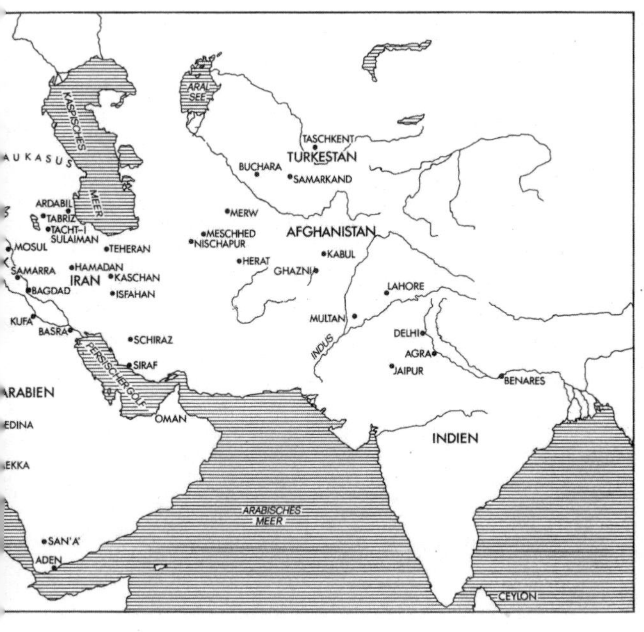
ARAL SEE
KASPISCHES MEER
TASCHKENT
TURKESTAN
BUCHARA
SAMARKAND
ARDABIL
TABRIZ
TACHT-I SULAIMAN
MERW
MESCHHED
NISCHAPUR
AFGHANISTAN
MOSUL
TEHERAN
HERAT
KABUL
SAMARRA
HAMADAN
GHAZNI
IRAN
KASCHAN
BAGDAD
ISFAHAN
LAHORE
KUFA
MULTAN
BASRA
SCHIRAZ
DELHI
INDUS
PERSISCHER GOLF
AGRA
SIRAF
JAIPUR
BENARES
OMAN
INDIEN
ARABISCHES MEER
SAN'A'
ADEN
CEYLON

# Literaturhinweise

## Einleitung

Ardalan, Nader / Laleh Bakhtiar: The Sense of Unity. The Sufi Tradition in Persian Architecture. Chicago 1973.

Blair, Sheila / Jonathan Bloom: The Mirage of Islamic art. Reflections on the Study of an Unwieldy Field. In: The Art Bulletin 85/1 (2003) S. 152–184.

Flood, Finbarr B.: From the Prophet to Postmodernism? New world orders and the end of Islamic art. In: Elizabeth C. Mansfield (Hrsg.): Making Art History. A changing discipline and its institutions. New York 2007. S. 31–53.

Grabar, Oleg: The Formation of Islamic Art. New Haven 1973.

Nasr, Seyyed Hossein (Hrsg.): Islamic art and Spirituality. New York 1987.

Riegl, Alois: Stilfragen. Grundlegungen zu einer Geschichte der Ornamentik. Berlin 1893.

Strzygowski, Josef: Orient oder Rom. Beiträge zur Geschichte der spätantiken und frühchristlichen Kunst. Leipzig 1901.

van Berchem, Max: Matériaux pour un Corpus inscriptionum Arabicarum. Kairo 1927–49.

## Die Zeit der Umaiyadenherrschaft

Creswell, Keppel A.C.: A Short Account of Early Muslim Architecture. Revised and enlarged by James W. Allan. Aldershot 1989.

Flood, Finbarr, B.: The Great Mosque of Damascus. Studies on the Making of an Umayyad Visual Culture. Leiden/Boston/Köln 2001.

Fowden, Garth: Qusayr Amra. Art and the Umayyad elite in late antique Syria. Berkeley 2004.

Gaube, Heinz: Die syrischen Wüstenschlösser. Einige wirtschaftliche und politische Gesichtspunkte zu ihrer Entstehung. Zeitschrift des Deutschen Palästina Vereins 95 (1979) S. 182–209.

Grabar, Oleg: Die Entstehung der Islamischen Kunst. Köln 1977.
– / Renata Holod [et al.]: City in the Desert, Qasr al-Hayr East. Harvard Middle Eastern Monographs 23/24. New Haven 1978.
Hamilton, Robert: Khirbat al-Mafdschar. An Arabian mansion in the Jordan valley. Oxford 1959.
– Walid and his friends. An Umayyad tragedy. Oxford 1988.
Johns, Jeremy: The House of the Prophet and the Concept of the Mosque. In: Jeremy Johns (Hrsg.): Bayt al-Maqdis. Jerusalem and Early Islam. Oxford 1998.
King, Gerald R. D.: Settlement Patterns in Islamic Jordan: The Umayyads and their Use of the Land. In: Studies in the History and Archaeology of Jordan IV. S. 369–375.
Lammens, Henri: La Bâdia et la Hîra sous les Omaiyades. Un mot à propos de Mshattâ. Mélanges de la Faculté Orientale de l'Université Saint-Joseph IV (1910) S. 91–112.
Sauvaget, Jean: Châteaux umayyades de Syrie. Contribution à l'étude de la colonisation arabe aux 1er et 2ieme siècles de l'Hégire. In: Revue des Études Islamiques 35 (1967) S. 1–52.
Soucek, Priscilla: The Temple of Solomon in Legend and Art. In: Joseph Gutmann (Hrsg.): The Temple of Solomon. Archaeological Fact and Medieval Tradition in Christian, Islamic, and Jewish Art. Missoula, Mont 1976. S. 73–123.
Walmsley, Allan: Early Islamic Syria. An Archaeological Assessment. London 2007.

## Irak, Iran und Ägypten (8.–11. Jh.)

Creswell, Keppel A. C.: The Muslim Architecture of Egypt. 2 Bde. Oxford 1952–59.
– A Short Account of Early Muslim Architecture. Revised and enlarged by James W. Allan. Aldershot 1989.
Ewert, Christian / Jens-Peter Wisshak: Forschungen zur almohadischen Moschee. Mainz 1981.
Grube, Ernst: Cobalt and Lustre. The first Centuries of Islamic Pottery. London 1995.
Herzfeld, Ernst: Der Wandschmuck der Bauten von Samarra und seine Ornamentik. Berlin 1923.
– Die Malereien von Samarra. Berlin 1927.
Hoffman, Eva: Between East and West. The Wall Paintings of Sa-

marra and the Construction of Abbasid Princely Culture. In: Muqarnas 25 (2008) S. 107–132.

Lassner, Jacob: The Topography of Baghdad in the Early Middle Ages. Text and Studies. Detroit 1970.

Müller-Wiener, Martina: Von Istanbul bis Mogulindien. Meisterwerke des Museums für Angewandte Kunst Frankfurt. Frankfurt a. M. 2008.

Northedge, Alastair: The Historical Topography of Samarra. Samarra Studies I. London 2005.

Tampoe, Moira: Maritime Trade between China and the West. An Archaeological study of the ceramics from Siraf (Persian Gulf), 8th to 15th century A. D. Oxford 1989.

**Der islamische Westen I**

Ewert, Christian: Spanisch-Islamische Systeme sich kreuzender Bögen / 1: Die senkrechten ebenen Systeme sich kreuzender Bögen als Stützkonstruktionen der vier Rippenkuppeln in der ehemaligen Hauptmoschee von Córdoba. Mainz 1968.

– Spanisch-islamische Systeme sich kreuzender Bögen / 3: Die Aljafería in Zaragoza. 3 Bde. Mainz 1978–80.

– / Jens-Peter Wisshak: Forschungen zur almohadischen Moschee. Mainz 1981.

Grabar, Oleg: Die Alhambra. Köln 1981.

Kühnel, Ernst: Die islamischen Elfenbeinskulpturen, VIII.–XIII. Jahrhundert. Berlin 1971.

Müller-Wiener, Martina / Christiane Kothe [et al.] (Hrsg.): Al-Andalus und Europa. Zwischen Orient und Okzident. Petersberg 2004.

**Der islamische Westen II**

Behrens-Abouseif, Doris: Islamic Architecture in Cairo. An Introduction. Leiden 1989.

Bloom, Jonathan: Arts of the City Victorious. Islamic Art and Architecture in Fatimid North Africa and Egypt. New Haven / London 2007.

Creswell, Keppel A. C.: The Muslim Architecture of Egypt. 2 Bde. Oxford 1952–59.

Goitein, Shlomo D.: A Mediterranean Society, The Jewish Communities of the Arab World as portrayed in the Documents of the Cairo Geniza. Vol.1: Economic Foundations. Berkeley / Los Angeles 1967.
Grabar, Oleg: The Earliest Islamic Commemorative Structures, Notes and Documents. In: Ars Islamica 6 (1966) S. 7–46.
Grube, Ernst J.: Fostat Fragments. In: Basil W. Robinson (Hrsg.): Islamic Painting and the Arts of the Book. London 1976.
Halm, Heinz: Die Kalifen von Kairo. Die Fatimiden in Ägypten 973–1074. München 2003.
Leisten, Thomas: Architektur für Tote. Bestattungen in architektonischem Kontext in den Kernländern der islamischen Welt zwischen 3./9. und 6./12. Jahrhundert. Berlin 1998.
Qaddumi, Ghada H. (Übers.): Book of Gifts and Rarities. Cambridge (Mass.) 1996.
Rabbat, Nasser: Al-Azhar Mosque. An Architectural Chronicle of Cairo's History. In: Muqarnas 13 (1996) S. 45–67.
Sanders, Paula: Ritual, Politics and the City in Fatimid Cairo. New York 1994.
Seipel, Wilfried (Hrsg.): Schätze der Fatimiden. Islamische Kunst zur Fatimidenzeit. Ausstellungskatalog. Wien 1998.

### Der islamische Osten im 10.–13. Jahrhundert

Baer, Eva: Metalwork in Medieval Islamic Art. Albany 1983.
Finster, Barbara: Frühe Iranische Moscheen. Vom Beginn des Islam bis zur Zeit salǧūqischer Herrschaft. Berlin 1994.
Galdieri, Eugenio: Isfahan, Masǧid-i Ǧum'a. 3 Bde. Rom 1972–84.
Grabar, Oleg: The Great Mosque of Isfahan. New York 1990.
Hillenbrand, Robert: Islamic Architecture. Form, Function and Meaning. Edinburgh 1994.
Melikian-Chirvani, Asadullah: Islamic Metalwork from the Iranian World, 8th – 18th centuries. London 1982.
– Le Roman de Varqé et Golsâh. Art Asiatiques 22, Numéro Spécial, Paris 1970.
Schlumberger, Daniel [et al.]: Lashkari Bazar, Une résidence royale ghaznévide et ghoride, Mémoires de la Délégation Archéologique Francaise en Afghanistan. Paris 1978.
Ward, Rachel: Islamic Metalwork. London 1993.

Watson, Oliver: Persian Lustreware. London 1986.
Wilkinson, Charles K.: Nishapur. Pottery of the Early Islamic Period. New York 1973.

## Ägypten, der syro-mesopotamische Raum und Kleinasien im 12.–13. Jahrhundert

Baer, Eva: Aiyubid Metalwork with Christian images. Leiden 1989.
Carboni, Stefano / David Whitehouse: Glass of the Sultans. New York 2001.
Gierlichs, Joachim: Mittelalterliche Tierreliefs in Anatolien und Nordmesopotamien. Untersuchungen zur figürlichen Baudekoration der Seldschuken, Artuqiden und ihrer Nachfolger bis in das 15. Jahrhundert. Tübingen 1996.
Grabar, Oleg: The Illustrations of the Maqamat. Chicago 1984.
– From Dome of Heaven to Pleasure Dome. In: Journal of the Society of Architectural Historians 49/1 (1990) S. 15–21.
Hoffman, Eva: Christian-Islamic Encounters on a Thirteenth-Century Ayyubid Metalwork: Local Culture, Authenticity, and memory. In: Gesta XLIII/2 (2004) S. 129–142.
Kennedy, Hugh: Crusader Castles. Oxford 1994.
Kerner, Jaclynne J.: Art in the name of science.The *kitāb al-dīryāq* in Text and Image. In: A. Contadini (Hrsg.): Arab Painting. Text and Image in Illustrated Arabic Manuscripts. Leiden 2007.
Korn, Lorenz: Ayyubidische Architektur in Ägypten und Syrien. Bautätigkeit im Kontext von Politik und Gesellschaft 564–658 / 1169–1260. Heidelberg 2004.
Meinecke, Michael: Rückschlüsse auf die Form der seldschukischen Madrasa in Iran. In: Damaszener Mitteilungen 3 (1988) S. 185–202.
Necipoğlu, Gülru: The Topkapı Scroll. Geometry and Ornament in Islamic Architecture. Santa Monica 1995.
Tabbaa, Yasser: Constructions of power and piety in medieval Aleppo. University Park 1997.
– The Transformation of Islamic Art during the Sunni Revival. Washington 2001.
Tükel, Ayşıl Yavuz: The Concepts that Shape Anatolian Seljuq Caravanserais. In: Muqarnas 14 (1997) S. 80–95.

## Ägypten und der islamische Osten im 13.–15. Jahrhundert

Blair, Sheila: A Compendium of Chronicles. Rashid al-Din's Illustrated History of the World. London 1995.

Dschingis Khan und seine Erben. Das Weltreich der Mongolen. Ausstellungskatalog, Kunst- und Ausstellungshalle der Bundesrepublik Deutschland. Bonn 2005.

Golombek, Lisa / Donald Wilber: The Timurid Architecture of Iran and Turan. Princeton 1988.

Meinecke, Michael: Die mamlukische Architektur in Ägypten und Syrien. 2 Bde. Glückstadt 1992.

Lentz, Thomas W. / Glenn Lowry: Timur and the Princely Vision. Persian Art and Culture in the Fifteenth Century. Washington 1989.

Roxburgh, David: Kamal al-Din Bihzad and Authorship in Persian Painting. In: Muqarnas 17 (2000) S. 119–146.

The Legacy of Genghis Khan. Ausstellungskatalog. The Metropolitan Museum of Art. New York 2002.

Wilber, Donald: The Architecture of Islamic Iran. The Ilkhanid Period. Princeton 1955.

## Die drei großen Reiche der Safawiden, Osmanen und Mogulherrscher

Atasoy Nurhan / Walter Denny: Ipek. The Crescent & the Rose. Imperial Ottoman Silks and Velvets. London 2001.

Canby, Sheila: Persian Painting. London 1993.

Koch, Ebba: Mughal Architecture. München 1991.

Necipoğlu, Gülru: Architecture, Ceremonial and Power. The Topkapı Palace in the Fifteenth and Sixteenth Centuries. Massachusetts 1991.

– The Age of Sinan. Architectural Culture in the Ottoman Empire. London 2005.

Okada, Amina: Indian Miniatures of the Mughal Court. New York 1992.

Raby, Julian / Nurhan Atasoy: Iznik. The Pottery of Ottoman Turkey. London 1989.

Roxburgh, David: Prefacing the Image. The Writing of Art History in Sixteenth Century Iran. Leiden 2001.

Thomson, Jon / Sheila Canby (Hrsg.): Hunt for Paradise. Court Arts of Safavid Iran 1501–1576. New York / Mailand 2003. S. 271–318.
Rogers, Michael: Topkapı Sarayı Museum. Manuskripte. Herrsching 1986.
– Mughal Miniatures. London 1993.
The Sultan's Portrait: Picturing the House of Osman. Ausstellungskatalog. Istanbul 2000.

### Das 19. und 20. Jahrhundert

Ali, Wijdan (Hrsg.): Modern Islamic Art. Development and Continuity. Gainsville 1997.
Behrens Abouseif, Doris / Stephen Vernoit (Hrsg.): Islamic Art in the 19th century. Tradition, Innovation, and Eclecticism. Leiden/Boston 2006.
Bozdogan, Sibel: Modernism and Nation Building. Turkish Architectural Culture in the Early Republic (Studies in Modernity and National Identity). Washington 2001.
Bruckstein Çoruh, Almuth Sh. / Hendrik Budde (Hrsg.): Taswir. Islamische Bildwelten und Moderne. Berlin 2009.
Brüderlin, Markus (Hrsg.): Ornament und Abstraktion. Kunst der Kulturen, Moderne und Gegenwart im Dialog. Fondation Beyerler, Köln 2001.
Dercon, Chris / León Krempel / Avinoam Shalem (Hrsg.): The Future of Tradition – The Tradition of Future. 100 years after the exhibition *Masterpieces of Muhammadan Art* in Munich. München 2010.
Diba, Layla (Hrsg.): Royal Persian Paintings. The Qajar Epoch 1785–1925. Two Hundred Years of Painting from the Royal Persian Courts. London 1999.
Faraj, Maysaloun: Strokes of Genius. Contemporary Iraqi Art. London 2001.
Flood, Finbarr B.: From the Prophet to Postmodernism? New World Orders and the End of Islamic Art. In: Elizabeth C. Mansfield: Making Art History. A Changing Discipline and Its Institutions. New York 2007. S. 31–53.
Grigor, Talinn: Building Iran. Modernism, Architecture, and Cultural Heritage under the Pahlavi Monarchs. New York 2009.

Naef, Sylvia: Reexploring Islamic Art. Modern and contemporary creation in the Arab world and its relation to the artistic past. In: Res 43 (Spring 2003). – Anthropology and aesthetics, Islamic arts, Cambridge 2003, S. 164–174.

Roxburgh, David: Au Bonheur des Amateurs: Collecting and Exhibiting Islamic Art, ca. 1880–1910. In: Ars Orientalis 30 (2000) S. 9–38.

Said, Edward W.: Orientalism. New York 1978.

Shaw, Wendy M. K.: Ottoman Painting. Reflections of Western Art from the Ottoman Empire to the Turkish Republic. New York 2011.

– Possessors and Possessed. Museums, Archaeology, and Visualization of History in the Late Ottoman Empire. London 2003.

# Glossar

**Ablaq,** arab. *ablaq*; regelmäßiger Wechsel von Lagen dunkler und heller Steine, meist an Fassaden, die dadurch wie »gestreift« aussehen.

**Ambulatorium,** lat. *ambulare* ›gehen‹; Umgang.

**Apodyterium,** griech. *apodyterion*; der erste Raum in den öffentlichen römischen Bädern. Hier legte man die Kleidung ab.

**Bacini,** ital. *bacini*; Bezeichnung für Keramikschalen, die zwischen dem 11. und 15. Jh. nach Italien importiert und als Schmuck an Gebäudefassaden, insbesondere Kirchen, angebracht wurden. Die meisten Bacini stammen aus Ägypten oder Byzanz.

**Bait al-hikma,** arab. *bait al-ḥikma*; d. i. »Haus der Weisheit«. Im 9. Jh. in Bagdad eine vom Kalifenhof geförderte Bibliothek, in der Gelehrte wissenschaftliche Texte aus dem Griechischen, Aramäischen und Persischen ins Arabische übersetzten.

**Basmala,** arab. *basmala*; Eröffnungsformel von 113 der 114 Suren des Korans. Sie lautet *bismi-llāhi 'r-raḥmāni 'r-raḥīm* ›im Namen des barmherzigen und gnädigen Gottes‹. Die Basmala wird im Zusammenhang mit den täglichen Gebeten gesprochen und leitet zahlreiche Texte ein wie Bau- und Grabinschriften oder Verträge.

**Brekzie,** Gestein, das aus eckigen Gesteinstrümmern besteht, die in eine feinkörnige Grundmasse eingelagert sind.

**Dschihad,** arab. *ǧihād*; d. i. ›Anstrengung, Kampf, Bemühen‹. Konzept in der islamischen Religion, das die »Anstrengung auf dem Weg Gottes« (*ǧihād fī sabīli-llāh*) meint. Das Konzept umfasst nicht nur militärische Aspekte, sondern auch die persönliche Anstrengung des Gläubigen um Wahrhaftigkeit.

**Flabellum,** Fächer zum zeremoniellen Gebrauch, der aus unterschiedlichen Materialien (Metall, Federn, Leder, Seide, Pergament) hergestellt werden kann.

**Geniza,** hebr. *gənīzā*; Hohlraum, in dem ausgediente jüdische liturgische Schriften, aber auch andere Schriftstücke gesammelt, aufbewahrt und durch Zumauern gesichert wurden.

**Ghulam,** arab. *ġulām* ›Knabe, Sklave‹.

**Glacis,** Fachbegriff aus dem Festungsbau, der eine ansteigende

Erdanschüttung vor dem Graben bezeichnet. Das Glacis dient den Verteidigern auf den Wällen als Schussfeld und bietet idealerweise keine toten Winkel.

**Hammam,** arab. *ḥammām*; Dampfbad in Weiterentwicklung des griechisch-römischen Bades. Der Hammam besteht aus einer Folge von Räumen, die unterschiedlich stark geheizt werden und dem Entkleiden, Reinigen und Schwitzen dienen.

**Hasten,** Hasten sind die senkrechten Oberlängen einiger arabischer Buchstaben.

**Hidschra,** arab. *hiǧra*; Auswanderung des Propheten Muhammad aus seiner Geburtsstadt Mekka nach Medina. Das Datum der Hidschra (22. September 622) bezeichnet zugleich den Beginn der muslimischen Zeitrechnung.

**Hypokausten,** Warmluftheizung, die in der islamischen Welt vor allem in Bädern eingesetzt wurde. Hohlräume unter dem Boden und in den Wänden werden von aufgeheizter Luft durchströmt und heizen so den Raum. Das Prinzip der Hypokaustenheizung stammt aus der römischen Architektur.

**Hypostyl,** griech. *hypostylos*; d.i. »auf Säulen ruhend«. Als Hypostyl wird eine große Halle bezeichnet, deren Decke wegen ihrer Spannweite auf Säulen oder Pfeilern ruht.

**Imam,** arab. *imām*; d.i. Anführer. Als Imam wird allgemein der Vorbeter beim Gebet bezeichnet. Nach schiitischer Auffassung ist der jeweilige legitime Nachfolger des Propheten Muhammad Imam.

**Iwan,** an drei Seiten geschlossener, nach vorne hin offener, meist tonnengewölbter Raum.

**Joch,** Achsabstand zwischen zwei Säulen oder Pfeilern. Gemessen wird von Mittelpunkt zu Mittelpunkt der Stütze.

**Karawanserei,** pers. *karwānsarai*; befestigte Herberge, in rund 30 km Abstand an Fernhandelsstraßen gelegen, die Reisenden und Händlern Unterkunft, Verpflegung, Wasser und Schutz bietet. In der Regel aus einem Hof mit angrenzenden Räumen bestehend.

**Khan,** pers. *ḫān*; synonym verwendet zu Karawansarai.

**Khil'a,** arab. *ḫil'a*; zeremonielle Verleihung eines Ehrengewandes.

**Khutba,** arab. *ḫuṭba*; Freitagspredigt beim wöchentlichen Freitagsgebet oder beim Festgebet zu den muslimischen Festen, die vor dem eigentlichen Gebet gehalten wird.

**Kibla,** arab. *qibla*; Gebetsrichtung nach Mekka, nach der der Betende sich ausrichtet. In der Moschee bezeichnen die Kiblawand und die darin eingelassene Gebetsnische die Kibla.

**Kitabkhana,** pers. *kitābḫāna*; Bibliothek. Spätestens ab dem 15. Jh. bezeichnet der Begriff den Zusammenschluss von Künstlern in einer Werkstatt, in der Bücher kopiert, illustriert und mit Schmuckseiten ausgestattet, aber auch Entwürfe für Dekore von Objekten oder Bauten produziert werden.

**Kufi,** arab. *kūfī*; einer der sechs klassischen Stile der arabischen Schrift. Kennzeichnend sind die eckige Linienführung der Buchstaben und häufig auch das Fehlen der diakritischen Zeichen, die die einzelnen Buchstaben voneinander unterscheiden oder Vokale bezeichnen.

**Maksura,** arab. *maqṣūra*; in der Moschee ein vor dem Mihrab gelegener, durch Holz- oder Metallgitter o. Ä. abgetrennter Bereich für den Herrscher. Die Maksura wurde eingeführt, nachdem in der Frühzeit des Islams mehrere Herrscher beim Gebet Attentätern zum Opfer fielen.

**Medina,** arab. *madīna*, allg. »Stadt«. Al-Medina ist der Name jener Stadt, in der der Prophet Muhammad nach der Flucht (Hidschra) aus seiner Geburtsstadt Mekka lebte. Medina, Mekka und Jerusalem sind für den gläubigen Muslim die drei heiligsten Orte.

**Medrese,** arab. *madrasa*; juristisch-theologische Hochschule.

**Mihrab,** arab. *miḥrāb*; Nische in der Wand, die die Gebetsrichtung nach Mekka (Qibla) angibt. Gebetsnischen können weitgehend schmucklos bis prächtig dekoriert sein. Die Form variiert von flachen, halbrunden und polygonalen bis hin zu tiefen Nischen.

**Minbar,** arab. *minbar;* Gebetskanzel, die beim Freitagsgebet und an religiösen Feiertagen dem Imam für die Freitagspredigt (Khutba) dient. Der Minbar ist elementarer Bestandteil einer Freitagsmoschee und an der Qibla-Wand, rechts vom Mihrab, angebracht.

**Moschee,** arab. *masǧid*; Ort des gemeinschaftlichen Gebets. Im Arabischen wird unterschieden zwischen *masǧid* und *ǧāmiʿa*. Letztere ist die Freitagsmoschee, in der das Freitagsgebet (Khutba) gehalten wird. Als *masǧid* bezeichnet man die kleineren Quartiersmoscheen, die dem täglichen Gebet dienen.

**Muqarnas,** dreidimensionales, modulares Dekormotiv, das aus einer Vielzahl unterschiedlich gestalteter Einzelelemente zusammengesetzt ist. Als Grundeinheiten dienen sphärische Elemente wie Kugeldreiecke oder Bogennischen, die waagerecht und senkrecht gereiht zu komplexen räumlichen Strukturen zusammengesetzt werden.

**Musalla,** arab. *muṣalla*; von einer Mauer eingefasster, offener Gebetsplatz, meist außerhalb der ummauerten Stadt gelegen.

**Naskhi,** arab. *nasḫī*; einer der sechs klassischen Stile der arabischen Schrift. Kennzeichnend sind kurze Horizontalen, annähernd gleiche Höhe der Vertikalen oberhalb und unterhalb der Grundlinie sowie volle, tiefe Kurven.

**Notabel,** Angehörige der herrschenden Oberschicht.

**Päonie,** Pfingstrose. In der chinesischen Kunst ein beliebtes Motiv.

**Pishtaq,** pers. *pīštāq*; aus der Fassade eines Gebäudes hervorspringendes Portal, das aus einem hohen Bogen und einem rechteckigen Rahmen zusammengesetzt ist. Vielfach wird der Rechteckrahmen außerdem von zwei Türmen flankiert. Der Pishtaq ist als Bauform vor allem in Kleinasien, im iranischen Kulturraum und im indo-islamischen Raum verbreitet.

**Qibla** s. Kibla.

**Repoussé,** Dekortechnik in der Metallbearbeitung. Durch Hämmern von der Rückseite wird in Metallblech ein Reliefdekor erzeugt.

**Riwaq,** arab. *riwāq*; von Pfeilern oder Bögen getragener Arkadengang.

**Seladon,** chinesische Keramikgattung mit einer charakteristischen, gräulich grünen Glasur.

**Spolien,** lat. *spolium* ›Beute, Raub‹; wiederverwendete Bauteile aus anderen, älteren Bauten.

**Sure,** arab. *sūra*; Abschnitt des Korans. Eine Sure wird weiter unterteilt in Verse (arab. *āya*).

**Takbir,** arab. *takbīr*, wörtl. »*Allahu akbar*« d.h. ›Gott ist groß‹ sagen. Teil des freiwilligen und des Pflichtgebets und des Gebetsrufs, mit dem der Muezzin zum Gebet ruft.

**Tambour,** vertikales Architekturelement mit beliebigem Querschnitt, das zwischen einem rechteckigen, polygonalen oder runden Baukörper und dessen aus einer Kuppel bestehendem Dach vermittelt.

**Tiraz,** arab. *ṭirāz*; d.i. Stickerei. Als Tiraz bezeichnete man auch dem Herrscher unterstellte Werkstätten, in denen u.a. Textilien mit gestickten, eingewebten oder aufgedruckten Inschriftbändern hergestellt wurden. Die Inschriften nennen häufig Herrschernamen und das Jahr der Herstellung. Tiraz-Textilien wurden als diplomatische Geschenke vergeben und im Rahmen der Khil'a (s. dort) als Auszeichnung verliehen.

**Transept,** Querschiff oder Querhaus, das rechtwinklig zum Langhaus verläuft und kürzer ist.

**Transversalbogen,** quer zur Längsachse eines Raumes verlaufender Bogen.

**Trompe,** Gewölbezwickel in der Form eines halben Hohlkegels mit nach unten gekehrter Öffnung. Über einem Quadrat, kann durch vier Trompen an den Ecken eine Trompenkuppel errichtet werden.

**Tschahartaq,** pers. *çahārtāq*; Baukörper, der aus vier über quadratischem Grundriss errichteten Bögen besteht und von einer Kuppel bekrönt wird.

**Umma,** arab. *umma*. Religiöse Gemeinschaft aller Muslime.

**Wadi,** arab. *wādī*; Fußlauf in einem Trockental in der Wüste oder Steppe, der nur zeitweilig, nach starken Regenfällen, Wasser führt.

**Waqf,** arab. *waqf*; fromme Stiftung, die einem gemeinnützigen Zweck dient. Stiftungsgut können sowohl Bauten, als auch Objekte wie Ausstattungsgegenstände sein.

**Ziyada,** arab. *ziyāda*; äußerer Vorhof einer Freitagsmoschee, der diese vollständig oder teilweise umgibt und eine zusätzliche Abgrenzung zur umgebenden Stadt bildet.

# Register

## Personennamen

## Ortsnamen

## Fachbegriffe

## *Zur Autorin*

Martina Müller-Wiener, geboren 1960 in Istanbul. Studium der Islamkunde, Islamischen Philologie, Kunstgeschichte und Ethnologie in Frankfurt a. M. und Mainz. 1991 Promotion im Fach Islamkunde an der Johannes-Gutenberg-Universität Mainz mit einer Arbeit über *Eine Stadtgeschichte Alexandrias von 564/1169 bis in die Mitte des 9./15. Jahrhunderts. Verwaltung und innerstädtische Organisationsformen.* 1991–93 Volontariat in der Islamischen Abteilung des Museums für Angewandte Kunst in Frankfurt a. M., bis 1998 freie Kuratorin; Ausstellungen zur Islamischen Kunst, Bestandskatalog der Islamischen Keramik des Museums für Angewandte Kunst in Frankfurt a. M. 1998–2008 Wissenschaftliche Mitarbeiterin am Seminar für Orientalische Kunstgeschichte der Rheinischen Friedrich-Wilhelms-Universität Bonn. Seit 1998 Mitarbeit bei archäologischen Ausgrabungen in Syrien und Afghanistan. 2009 Habilitation zu Fragen des Verhältnisses von Kunst, Technik und Naturbeherrschung am Beispiel islamischer Astrolabien und Automaten des 8. bis 14. Jahrhunderts. Derzeit Mitarbeiterin der TU Berlin im Rahmen eines Forschungsprojekts zu Regionalismus im frühislamischen Syrien und Irak.